ぶらり日帰りで、運気アップ！

御朱印さんぽ 埼玉の寺社

秩父・川越

開運さんぽに出かけるにゃ〜

御朱印を快くいただくための 心に留めておきたい

五カ条

一、寺社に敬意を払い、いわれを学ぶ

神社仏閣を参拝するときに心がけるとよいでしょう。その歴史や系統、宗派などを理解してこそ、意義深い御朱印となります。

二、参拝を済ませてから御朱印をいただく

御朱印は観光記念スタンプではありません。参拝をまず済ませるのがマナーです。おまいりせずに御朱印だけをいただいて帰るのはマナー違反です。

三、い[illegible]では限らない

無[illegible]ことも珍しくありません。御[illegible]場合もあります。書[illegible]ません。無[illegible]

四、書[illegible]異なる 印[illegible]、

いつ[illegible]とは限りません。書き[illegible]印の印象は大きく変わります。デザ[illegible]ます。期待通り[illegible]の御朱印ではなくても一期一会の味わいです。

五、寺社とのコミュニケーションを大切に

お寺や神社と接するまたとない機会です。寺社の方とのコミュニケーションを通して理解が深まれば、寺社がもっと身近に感じられるはずです。

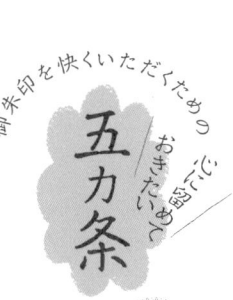

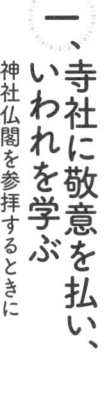

すてきな
縁と結ばれ、
心癒やされる
おさんぽへ
なぜ人は御朱印に魅せられるのでしょう。
どうして御朱印集めがブームになって
いるのでしょう。
大胆かつ繊細な筆使いによる墨書と、
カラフルで個性的な
押し印が織りなす世界観が、
日本人の美意識を
刺激するからかもしれません。
数あるものを、できるだけ多く
集めたいという、
コレクション魂をくすぐるからかもしれません。
さあ、
御朱印に
出合いに
行こう!
高麗神社

でも、それだけではないような気がします。
それだけでは、老若男女をこれほど
惹きつける理由にはならないと思うのです。

御朱印の最大の魅力は、
仏様や神様とのつながりを感じられること。

いくつか寺社をめぐるうちに、
境内の凛とした空気に癒やされ、
日常のストレスから解放され、
心の安らぎを感じられる瞬間が
あるはずです。

その感覚こそ、
仏様や神様を身近に感じられたということ。
参拝を通して神仏と縁を結べた
ということなのです。
御朱印はその証しといえるでしょう。

皆様が本書を片手に神社仏閣を訪れ、
すてきな縁に恵まれますように。

高麗神社（P86）

御朱印さんぽ 埼玉の寺社 秩父・川越

目次

第4章 ご利益でめぐる 御朱印

運気アップ！

第5章 ぐるっと 御朱印 めぐり旅

本書の使い方

○各寺社の名称ならびに本尊や祭神などの表記は、寺社への取材に基づきます。そのため、同じ本尊や祭神でも異なる表記の場合があります。
○本尊や祭神は主なものを表記しました。
○各寺社の住所などデータの凡例は以下のとおりです。

- …宗派（お寺の場合）
- …山号（お寺の場合）
- …本尊（お寺の場合）
- …祭神（神社の場合）
- …創建年
- …本殿の建築様式
- 住…住所
- 交…最寄り駅からのアクセス
- 料…拝観料

○境内自由の寺社が多くありますが、開門・閉門時間が決まっている場合もあります。参拝時間の目安は9～16時です。御朱印がいただける寺務所や社務所の受付時間が決まっている寺社もあります。おでかけの際には、各寺社のHPなどで事前にご確認ください。なお、例大祭や行事、法要、年末年始、お盆などの時期は御朱印がいただけないこともあります。
○本書記載の情報は2019年10月末日現在のものです。
○本書記載の御朱印、ならびに写真につきましては、すべて各寺社より掲載許可をいただいております。ブログやHPなど、電子データを含む無断転載は固くお断りいたします。

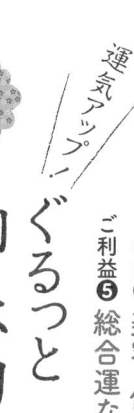

第1章 色彩豊かな御朱印セレクション

カラフルな添え印でにぎやかなものから、芸術的なものまで御朱印めぐりを始めたくなるような、寺社の個性が光る御朱印をピックアップ。

2019年9〜11月 限定

右の字……秋詣
中央の字…埼玉厄除　開運大師
中央の印…キリーク(梵字)千手観音菩薩
左の印……厄除け開運本山
全体の絵…紅葉
左の絵……本堂

☞「色鮮やかな人生になるよう」願いを込めて3枚の葉のシールを貼って完成させる、艶やかな秋の御朱印

熊谷市

埼玉厄除け開運大師龍泉寺《さいたまやくよけかいうんだいしりゅうせんじ》 P38

埼玉厄除け開運大師・龍泉寺では、2018年秋より切り絵の期間限定御朱印を頒布しています。色付き台紙に切り絵があしらわれ、2〜3面を使った斬新なデザインが話題に。季節に合わせた3カ月ごとの頒布で、四季の情景が自由に鮮やかに表現されています。切り絵部分は半透明で、透かすと色の光がこぼれて思わず笑顔に。いただいた人を幸せにする、素敵なアイデアが詰まった御朱印です。

美しい切り絵と色彩にうっとり 季節ごとに授与されるアートな御朱印

2019年3～5月 限定

☝ソメイヨシノの満開をイメージ。江戸末期に生まれた桜から「江戸小染め」という名の紙を使用

右の字……桜詣
中央の字…埼玉厄除 開運大師
中央の印…キリーク(梵字)千手観音菩薩
左の印……埼玉厄除開運大師龍泉寺

右の字……奉拝
中央の字…木花咲耶姫
左の印……上・埼玉厄除開運大師
　　　　　下・埼玉厄除開運大師
　　　　　龍泉寺

☝神話上最も美しいとされる桜の女神・木花咲耶姫。龍泉寺のある観音山の山頂にもお祀りしています

右の字……春詣
中央の字…龍泉寺
中央の印…キリーク(梵字)千手観音菩薩
左の印……埼玉厄除開運大師龍泉寺

☝桜の花が散ったあとの葉桜を表現。切り絵にはスプリング・グリーン(春の緑)という紙を使っています

人とお寺をつなぐ御朱印の縁結び

空前の御朱印ブームのなか、「御朱印が、普段寺社にご縁のない方との『縁結び』となれば」とおっしゃる住職の小久保さん。切り絵御朱印を始めてからは全国から人が集まるようになり、定期的に訪れる方も。より楽しんでいただけるよう、当初は1面だったのが、見開きや3面に進化。最後に参拝者自身がシールを貼って「完成」させる、参加型の御朱印も登場。「お寺をもっと身近な存在にしたい」という思いが込められた御朱印です。

すべての季節に参拝すればいただける、黄金に輝くスサノオノミコトの御朱印

1〜3月 限定

4〜6月 限定

7〜9月 限定

10〜12月 限定

右の字……上・奉拝　下・埼玉県 川口市青木鎮座
中央の字…上・鎮守　下・氷川神社
右の印……埼玉県 鎮守氷川神社 川口市
中央の印…鎮守氷川神社
左の印……素戔嗚命

☞四季折々に表情を変える鎮守の杜を訪れてほしいという願いを込めて季節の御朱印を頒布

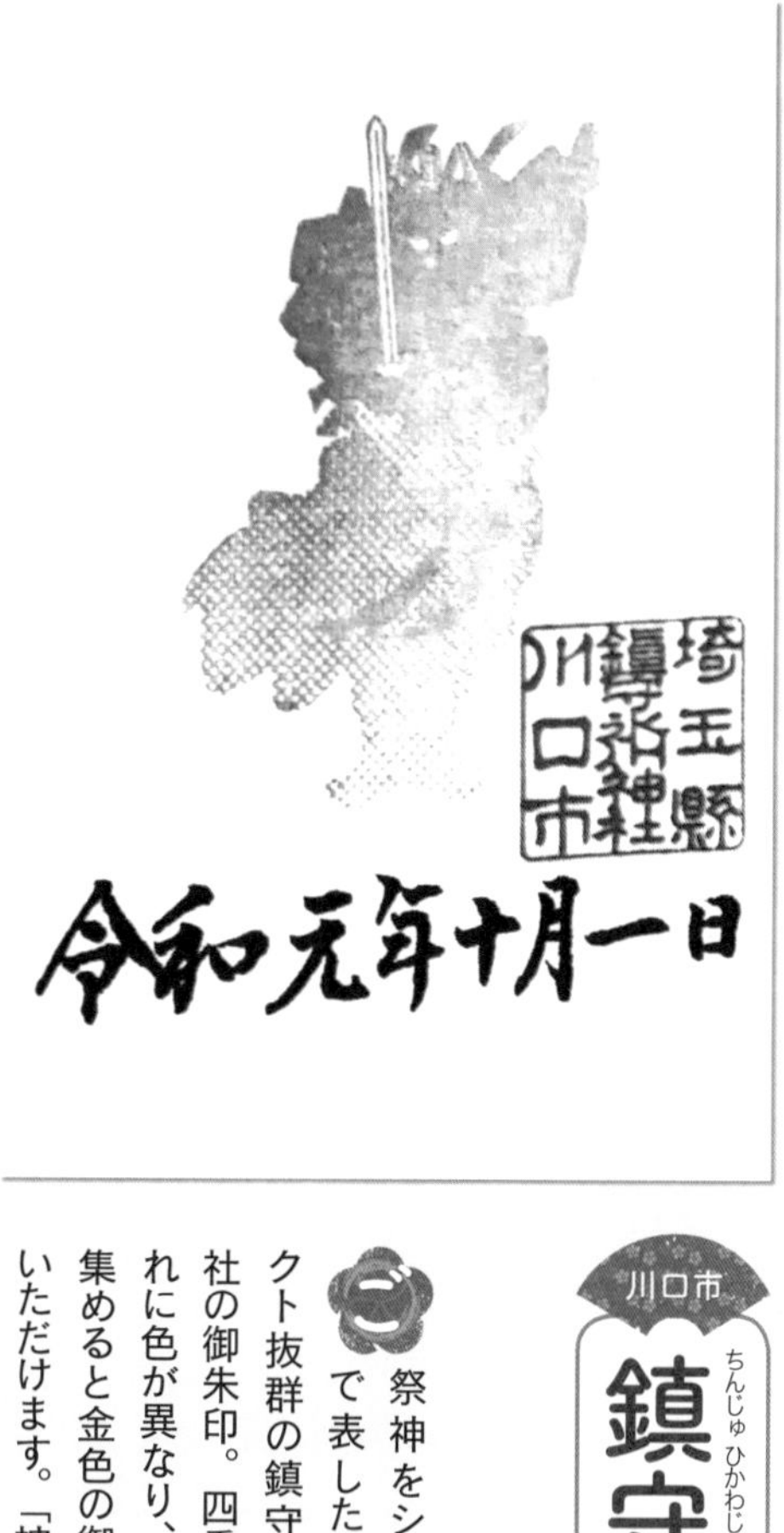

右の印……埼玉県 鎮守氷川神社 川口市
中央の印…素戔嗚命

☞素戔嗚命は、ヤマタノオロチを退治した神話界の英雄。剣を構えた眼光鋭い姿に、魔も逃げ出しそうです

ゾロ目の日 限定

右の字……上・奉拝　下・埼玉県川口市青木鎮座
中央の字…上・鎮守　下・氷川神社
右の印……埼玉県 鎮守氷川神社 川口市
中央の印…鎮守氷川神社
左の印……櫛稲田姫命

☞2月2日や8月8日など、数字が揃った日にいただける櫛稲田姫命の御朱印も。こちらは書置きのみです

川口市

鎮守《ちんじゅ》 氷川神社《ひかわじんじゃ》

P126

祭神をシルエットで表した、インパクト抜群の鎮守氷川神社の御朱印。四季それぞれに色が異なり、4種類集めると金色の御朱印がいただけます。「神社は名前でご祭神がわかりますが、今はそれを知らない人も多い。氷川神社の神様を覚えていただくためにシルエットを入れるようになりました」と禰宜《ねぎ》の鈴木智之さん。雄々しい姿から、邪を切り裂く力も表現。見た目だけではなく、神様のことを知る工夫が凝らされています。

ラインストーンのデコもアリ!? 女子力全開のガーリー御朱印

新座市 馬場氷川神社《ばばひかわじんじゃ》

P46

七夕 限定

右の字……上・馬場氷川神社
　　　　　下・七夕
左の字……奉拝
右の印……宮司之印
中央の印…七夕
全体の絵…笹の葉　巻雲
　　　　　七夕飾り
「七夕」の文字を作る2本の竹は、織姫と彦星でしょうか。周りの巻雲がにぎやかな楽しい御朱印

6月 限定

右の字……奉拝
中央の字…馬場氷川神社
中央の印…上・馬
　　　　　中・リボン　神璽
　　　　　下・紫陽花　カエルの足跡
左の印……カエル　宮司之印
ジューンブライドを表現したロマンチックな月替わり御朱印。左下のカエルにも注目!

七夕の見開き御朱印は、年2回の限定御朱印のひとつ。授与のタイミングは、年によって変わります。笹の葉先には、小さなラインストーンがきらり。小道具も駆使して自由な発想で作り上げるのが、馬場氷川神社流。思わずキュンとしてしまう、遊び心たっぷりのデザインが好評です。下の月替わり御朱印も、月の行事を表現したカラフルな押し印が人気。毎月楽しみにしているファンも急増中です。

四季折々に手作りの印を施した御朱印は ひとつひとつご祈祷をした、お札に等しいもの

さいたま市 芳林寺《ほうりんじ》

P123

境内に多数の花木が咲き誇る芳林寺では、「枝垂れ桜が咲いている間」「お正月の松の内」「山吹が咲く頃」など、日本の自然や行事に合わせて限定御朱印が登場。しかも、印もすべて手作りで、ひとつひとつ丁寧に押し、色をつけたものを前日までに祈祷しています。「私どもの御朱印は書置きではなく、作り置きなんですよ」とご住職。季節限定だけに、一期一会の喜びも感じられる御朱印です。

しだれ桜の開花期間 限定

右の字……奉拝
中央の字…釈迦如来
左の字……ほうりんじ
中央の印…上・仏法僧宝(三宝印)
　　　　　下・太田道灌の家紋
左の印……枝垂れ桜

☞芳林寺は枝垂れ桜の名所としても有名。毎年、桜の花の開花に合わせて頒布が始まるのが風流です

通年

右の字……奉拝
中央の字…釈迦如来
右の印……七重八重花は咲けども山吹のみのひとつだになきぞ悲しき
中央の印…山吹の花
　　　　　上・仏法僧宝(三宝印)
　　　　　下・太田道灌の家紋
左の印……太田道灌資長公御廟 曹洞宗太平山芳林寺

☞太田道灌と山吹の花の言い伝えになぞらえた山吹の花の御朱印です

7月25・26日 限定

左の字……道灌忌
右の印……バク(梵字)釈迦如来
中央の印…上・矢と筆、宝珠
　　　　　下・蓮の花
左の印……武州岩槻 芳林寺

☞7月25・26日の太田道灌忌限定。文武両道の道灌公を表す矢と筆に、宝珠が添えられています

正月 限定

中央の字…一心
左の字……芳林寺
右の印……上・干支
　　　　　下・だるまや打ち出の小槌などの縁起物と亥の字
中央の印…仏法僧宝(三宝印)
左の印……松竹梅

☞毎年図柄が変わるというお正月限定御朱印。2019年はおめでたい図柄をちりばめたものでした

訪れるたびに季節の色をまとうご神木御朱印。すべて集めると特別な御朱印がいただけます

中央の字…九重神社御神木
右の印……神恩感謝
中央の印…上・社紋(九曜紋)　下・九重神社
中央の絵…黄金のスダジイ
左の印……九重神社々務所之印

☞8種類揃うと授与される御朱印。九重神社オリジナル御朱印帳にすべて集めると記念品もいただけます

5月 限定

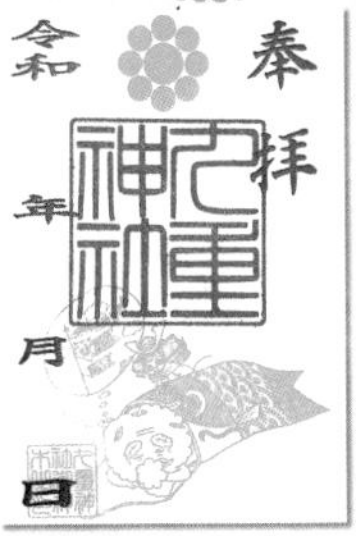

右の字……奉拝
中央の印…上・社紋(九曜紋)
中・九重神社
下・鯉のぼりスダじいと兎フクちゃん
左の印……九重神社御神木之印

☞5月のスダじい御朱印。鯉のぼりになったスダじいがかわいい。色も季節に合わせて変わります

8月 限定

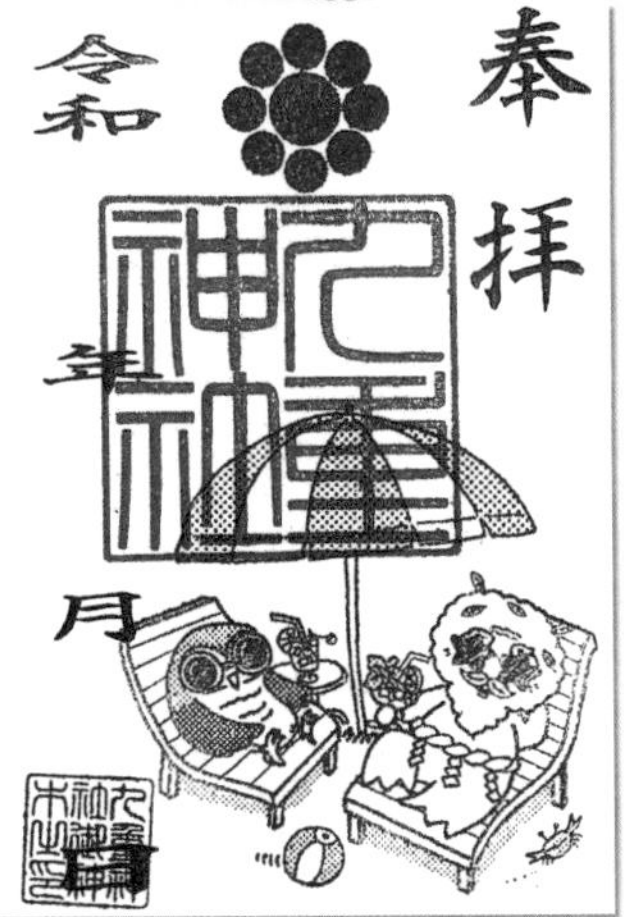

右の字……奉拝
中央の印…上・社紋(九曜紋)　中・九重神社
下・スダじいとフクちゃん
左の印……九重神社御神木之印

☞8月のスダじい御朱印。ご神木の精霊である「スダじい」とふくろうのフクちゃんが夏休みを満喫

3月 限定

右の字……奉拝
中央の字…九重神社御神木
中央の印…上・社紋(九曜紋)
下・九重神社
左の印……九重神社々務所之印
中央の絵…桜色のスダジイ

☞神社境内地に咲いている安行桜をモチーフにした御朱印。やや濃いピンク色が特徴です

川口市

九重神社《ここのえじんじゃ》

P129

重なり合うように枝葉を広げる、樹齢500年以上の2本のスダジイのご神木を描いた見開きの御朱印が大迫力。新緑や桜、紅葉など、季節ごとに葉の色が変わり、全部で8種類も揃います。さらに、すべて集めると黄金の葉を茂らせたご神木の御朱印を初穂料なしで授与。ほかにも、ご神木の精霊「スダじい」が季節の行事を楽しむユーモアたっぷりの御朱印も月替わりで用意されています。

慶事や例大祭のときだけ頒布される、美しく縁起の良い御朱印が話題

秋季例祭 限定

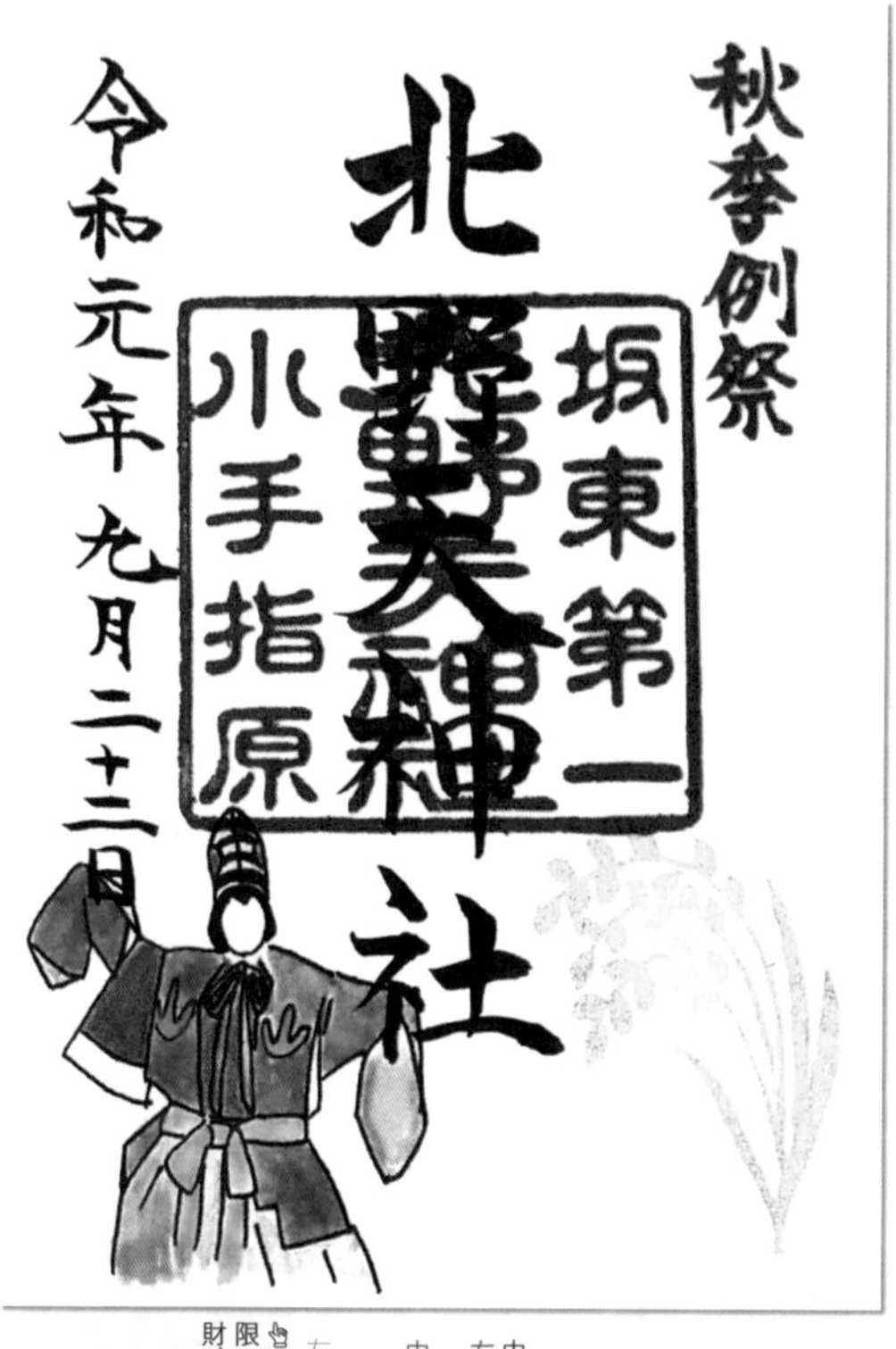

中央の字…北野天神社
右の印……上・秋季例祭
　　　　　下・稲穂
中央の印…坂東第一
　　　　　北野天神社
　　　　　小手指原
左の絵……御神楽奉納

☞隔年9月に行われる秋季例祭限定御朱印。県の有形民俗文化財、竹間沢里神楽が描かれます

春季例大祭 限定

右の印……上・春季例大祭
　　　　　下・坂東第一北野天神社
中央の印…坂東第一 北野天神社
　　　　　小手指原
左の絵……春季例大祭に飾られる「封じ」

☞「封じ」は春季例大祭で女の子が行う伝統的な習わし。色紙に願いを書いて梅の枝に吊るします

令和元年 限定

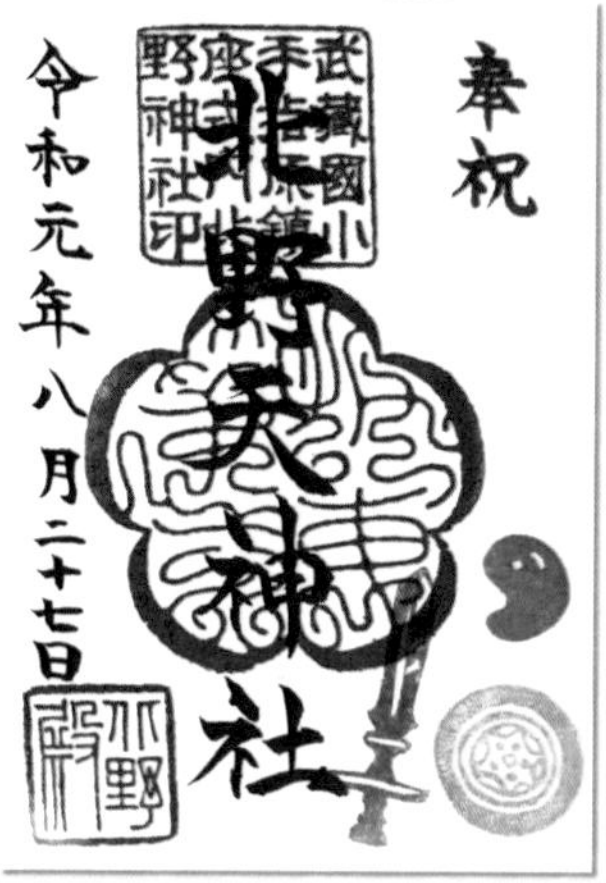

中央の字…北野天神社
右の印……上・奉祝　下・三種の神器
中央の印…上・武蔵国小手指原
　　　　　鎮座式内北野神社印
　　　　　下・坂東第一
左の印……北野殿

☞令和元年限定御朱印。皇位継承にちなんだ三種の神器と、社紋の梅が入ります

所沢市

北野天神社《きたのてんじんじゃ》

P82

日本武尊が創建したと伝わる延喜式内神社に、関東で初めて北野天満宮を勧請し、菅原道真公を祀った北野天神社。慶事や神事を大切にしており、お正月や春季例大祭、秋季例祭など、おめでたい日には特別な御朱印が登場します。こちらの御朱印は、神社に代々伝わる印や、行事にまつわる絵などを入れたカラフルなデザインもいただく際の楽しみ。令和元年の間は、令和記念御朱印も頒布されています。

2018年から始まったご神木の御朱印が話題。コンプリートすると特別な御朱印帳を授与！

草加市

草加神社《そうかじんじゃ》

P41

境内にある銀杏のご神木は、雷を受けて成長が止まっていますが、実は樹齢４００年以上。落雷してもなお青々とした生命力あふれる姿に、抱き着いて「気」をいただく参拝者も多いそうです。そんなご神木の12カ月を表した御朱印が1年前からスタート。葉や幹の色が月ごとに変わり、1年分集めると特別な御朱印帳がいただけます。御朱印帳は２０１９年12月に初お目見えの予定。月まいりをしてぜひいただいては。

6月 限定

右の字……奉拝
中央の字…草加神社
左の字……御神木
右の印……社紋(三つ巴)
左の印……草加神社埜印
左の絵……新緑のご神木

☞初夏の青々とした葉が茂ったご神木の姿を描いた御朱印。幹の色も濃く、勢いを感じます

12月 限定

右の字……奉拝
中央の字…草加神社
左の字……御神木
右の印……社紋(三つ巴)
左の印……草加神社埜印
左の絵……紅葉のご神木

☞12月はイチョウの葉が色づく一年で最も美しい季節。御朱印の御神木も黄金色に

6月中旬～8月中旬の間は「夏詣」の印が。境内社の厳島神社の御朱印も人気です

川越市

川越熊野神社《かわごえくまのじんじゃ》

P81

神使である八咫烏《やたがらす》が真ん中に押された御朱印がかっこいい川越熊野神社。八咫烏は太陽を招く鳥といわれ、人生の闇から抜け出し、明るい希望の世界へ導いてくれる霊鳥として信仰されています。境内の厳島神社の御朱印とともに、夏の間だけは「夏詣」の印が押されます。厳島神社の御朱印は、弁天様の日である己巳《つちのとみ》の日には金色の「己巳の日」の押印もされ、金運や芸事の向上にご利益があるそう。

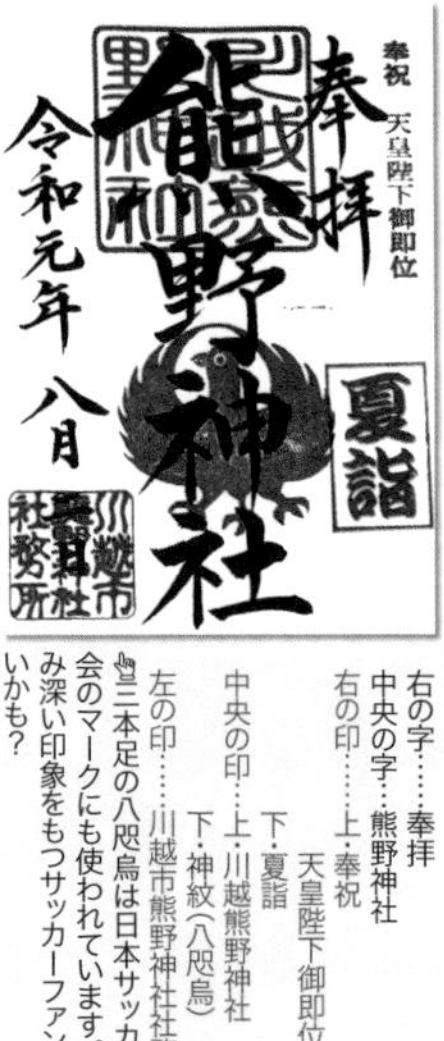

7・8月 限定

右の字……奉拝
中央の字…熊野神社
右の印……上・奉祝　天皇陛下御即位
　　　　　下・夏詣
中央の印…上・川越熊野神社
　　　　　下・神紋(八咫烏)
左の印……川越市熊野神社社務所

☝三本足の八咫烏は日本サッカー協会のマークにも使われています。なじみ深い印象をもつサッカーファンも多いかも？

7・8月 限定

右の字……奉拝
中央の字…厳島神社
右の印……上・奉祝　天皇陛下御即位
　　　　　下・夏詣
中央の印…上・川越銭洗弁財天埜印
　　　　　下・弁財天
左の印……川越市熊野神社社務所

☞宝池のほとりにある厳島神社は、財運や芸事の神様。池でお金を洗って御朱印をいただけば金運UP！

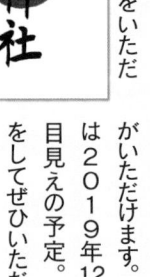

神様と縁を結ぶには 笑顔でおまいりを楽しむことが大切

神社やお寺におまいりするとき、どんなことに気をつければ開運につながるのでしょう。パワースポットの達人、キャメレオン竹田さんが教えてくれます。

プロフィール

キャメレオン竹田さん
きゃめれおんたけだ

占星術研究家、波動セラピスト、画家、作家。国内外のパワースポットをめぐって、受信したメッセージを伝えるのがライフワーク。『開運ダイヤリー2020』など著書50冊以上。

笑顔の人のほうが神様にだって気に入られるはず

神社をすごく特別な場所だと思っていませんか？もちろん、神様がいらっしゃるので神聖な場所であることは間違いないんですが、必要以上に緊張しなくてもいいんです。参拝のルールにガチガチに縛られて、せっかくのおまいりを楽しめないのもナンセンス。そう、神社って楽しむための場所なんです。

好きな友だちと訪れて、すがすがしい気の流れを心身で感じて、気持ちよく元気をチャージする場所。神様だってね、暗い顔をしてる人より、笑顔の人と縁を結びたいって思うはずですよ。

私はいつもおまいりの前後もめいっぱい楽しむようにしています。特にその土地の名物グルメを食べるのは絶対！事前にしっかり調べて、おいしいものを食べて、その土地を舌でも感じる。そうすれば、より充実した気分でおまいりも楽しめるでしょ。

瞑想状態だと神様とつながりやすい

よく、「どの神社に行ったらいいですか？」って質問を受けますが、行きたいと思った神社に行けばいいんです。それは神様に呼ばれたってことは、行きたいと思ったってことは、すべては決められていたうこと。すべては決められたことで、あなたがその時、その神社に行きたいって思ったことは、何かしらの意味があるんです。信じて行けば、きっと運も開けるはずですよ。

参拝するときは、なるべく頭を空っぽにしてください。思考が働いていると、神様にアクセスするのを邪魔しちゃいます。そんなに難しいことじゃありません。ゆっくり呼吸しながら歩いて、吸い込んだ息が体をめぐるのを意識してあげるだけでもスイッチが入るはず。メンタルじゃなくフィジカルにフォーカスして、思考をどこかに飛ばしちゃうイメージです。

あと、私は境内に小川が流れていたら、少しすくって唇を潤したり、髪を湿らせたりもします。そうすると、すっとエネルギーが体に入ってきて神様とつながりやすくなる気がします。

最後に、拝殿で手を合わせたら、お願いをするのではなく具体的な質問をしたほうがいいですよ。頭が空っぽになっていれば、きっと神様からのアドバイスが届くはずです。

パワーストーンを神社のご神水で洗うのもルーティン

秩父市
三峯神社 P58
竹田さんの大好きな神社のひとつ。次回訪れたら、絶対に奥宮まで登山したいのだとか

長瀞町
寶登山神社 P60
秩父長瀞（ながとろ）ご神水は最強！パワーストーンを浄化すると、驚くほど軽くなり、ピカピカに！

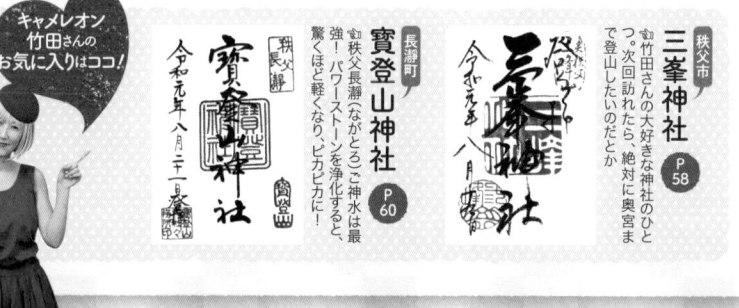

第2章

はじめよう！

御朱印集めの基本のキ

御朱印のもつ意味、お寺と神社の違い、参拝の仕方など…　御朱印さんぽにおいて知っておきたいことはこちら。ビギナーさんもこれで安心です。

御朱印と御朱印帳

御朱印はいつ、どこでどのようにはじまり、いつ頃今のような形になったのでしょうか。まずは御朱印の歴史と意味を学びましょう。

もともとは納経帳！

御朱印は、巡礼者が書き写した経文をお寺に納めた際の受取印としてはじまったという説が有力です。

このため、今でも御朱印のことを「納経印《のうきょういん》」とよぶ場合もあります。印刷技術のなかった時代には、経典を書き写すことで功徳を積み、それをお寺に納めれば現世の安穏を得られると考えられていました。

表紙
多くの寺社ではオリジナルデザインの御朱印帳を用意しています。社紋や社殿などモチーフはさまざまです。

墨書《ぼくしょ》・押し印
墨で書かれた文字が墨書、朱色の印が押し印。墨書が金色だったり、押し印が多色だったりする場合も。

江戸時代後期には納経をしなくても御朱印が授与されるようになったといいます。

仏様や神様との絆

納経を行う人も機会も減り、明治時代になると神社でも御朱印を授与するようになるなど、御朱印が本来もつ「納経印」としての意味は薄れてきました。ただ、それでも神社仏閣を訪れ、心から参拝した証しとして御朱印をいただくことの価値までは失われません。御朱印をいただけば、そのときの参拝の思い出は長く心に残ります。御朱印は、神仏との縁を結んでくれるアイテムなのです。

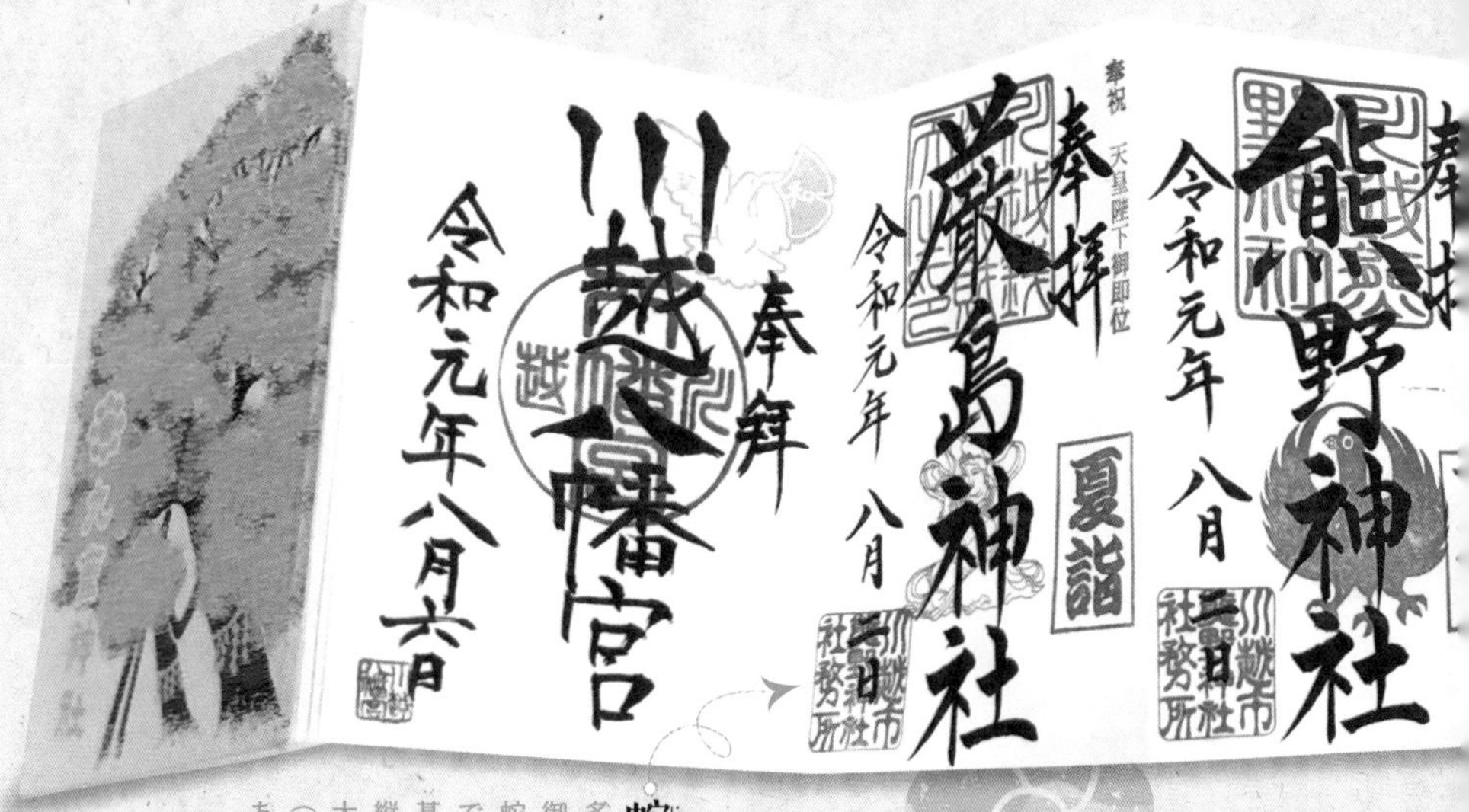

蛇腹《じゃばら》折り

多くの御朱印帳は蛇腹折りでできています。基本サイズは縦16×横11cmが一般的ですが、大判タイプの18×12cmもあります（書置きで大判の場合もあるからです）。

一期一会の出合い

本書ではたくさんの御朱印を紹介していますが、実際に寺社に行っても、まったく同じものはいただけません。御朱印は、そのときいらっしゃる神職や住職による手書きが基本。書き手によって墨書に個性が表れ、押し印の位置も微妙に異なるのです。出合いが紡ぐ、世界でひとつだけのもの。これも御朱印の魅力です。

一生ものの趣味としてブームに

御朱印が一般の人にまで知れわたると、巡礼を伴わない御朱印集めというスタイルが誕生します。2010年代中頃にはパワースポットブームなどと結びつき、御朱印集めを趣味とする人が急増。旅行の合間などに手軽にできることも受けて、大ブームとなっています。

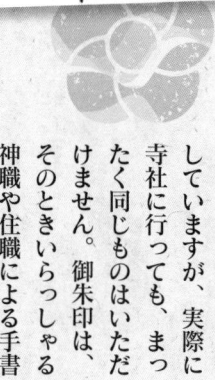

御朱印に書かれていること

墨書や押し印には
奥深い意味が込められています。
知れば楽しみ倍増。
不明な点は寺社の方に
尋ねてみましょう。

お寺でいただく御朱印の一例

奉拝《ほうはい》・参拝《さんぱい》
「謹んで拝します」という意味です。右上には札所霊場やお寺の通称などを示す朱印が押されることもあります

押し印
そのお寺を象徴する固有の印や、三宝印、ご本尊を梵字で表した宝印などが押されます

ご本尊名やお堂の名称
中央には祀られているご本尊の名前や、お堂の名前が書かれています

地名が入ることも
お寺によっては地名などが書かれる場合もあります

おまいりした年月日
参拝した年月日が書かれます

寺号《じごう》や寺格
お寺の名称が書かれます。山号が併記される場合もあります

お寺の押し印
お寺の名称を表した印が押されます

お寺の御朱印は、中央にご本尊や ご本尊を祀るお堂の名前、左下にお寺の名前が墨書されるのが一般的です。押し印は、右上に霊場めぐりの札所になっている場合はそのことを、中央に三宝《さんぼう》印《いん》（仏・法・僧を示す印）やご本尊を表す梵字、左下に篆書体《てんしょたい》で寺号や山号が押されることが多いようです。

ソボクなギモン……❶

お寺用と神社用で御朱印帳は分けるべき？

明確な決まりはありませんが、一部のお寺では「神社の御朱印帳には書けません」と断られることも。少なくともお寺用と神社用の2冊は用意したほうがいいでしょう。さらに、地域別、ご利益別などで御朱印帳を分けても楽しいですね。

神社でいただく御朱印の一例

アピールポイントのあるものも！
神社によっては特徴が書かれたり、印が押されたりする場合があります

奉拝《ほうはい》・参拝《さんぱい》
謹んで拝します、という意味です。通常は右上に書かれる場合が多いようです

神社の押し印
神社の名称を表した印が押されます

神社名
中央には神社の名称が書かれます。祀っている神様の名前の場合もあります

おまいりした年月日
神社の名称を表した印が押されます

地名が入ることも
神社の所在地や地名などが書かれる場合もあります

さまざまな押し印
祀られている神様に由来する印や、神社の名物、境内の植物などをかたどった印です。社紋が押される場合もあります

一般的に神社の御朱印はお寺に比べてシンプルです。基本となるのは、中央に押される神社名の印、「奉拝」と参拝日の墨書。神社によってはこれだけの場合もあります。ここに神社の紋章にあたる社紋や神紋の印、神社名の印の上に神社名の墨書が加えられるのが、多く見られるパターンです。

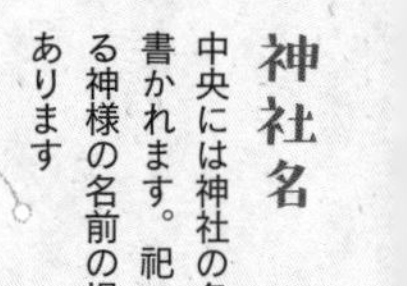

ソボクなギモン……②
御朱印帳以外の紙にも書いてもらえる？

ノートやメモ帳などには書いていただけません。もし御朱印帳を忘れてしまったら、その旨を伝えてください。多くの場合は、寺社で用意している紙に書いてくださるか、書置きの御朱印を授与していただけるはずです。帰宅後に御朱印帳に貼って保管しましょう。

お寺と神社の基本

その1

お寺と神社は私たちの生活に当たり前のように溶け込んでいます。でも、その成り立ちや歴史については知らないことも多いのでは? 事前に基礎知識を学んでおけば、参拝がさらに楽しくなるはずです。

お寺はどのようにはじまったの?

お寺は仏教の出家者が修行するための施設です。仏教は紀元前5世紀頃にインドの釈迦によって説かれました。当初はお寺も経文もありませんでしたが、出家者が増え、自然発生的に生まれたようです。

朝鮮半島を経て日本に伝わったのは飛鳥時代。時の権力者に保護され、聖武天皇の代には全国に国分寺が建立されました。

平安時代になると最澄と空海という日本仏教のキーパーソンが現れます。2人はともに中国に渡って仏教を学び、それぞれ比叡山で天台宗、高野山で真言宗を開きました。その後も宗派は増え、現在では主なものだけでも13あります。

主なご本尊はこちら

大日如来《だいにちにょらい》

真言宗における最高仏で、宇宙そのものとされています。如来像は質素な姿が多いのですが、大日如来は装身具をまとっています

毘盧遮那如来《びるしゃなにょらい》

大乗仏教経典のひとつ「華厳経」における中心的な仏。密教では大日如来と同一。奈良の東大寺の大仏が毘盧遮那如来です

釈迦如来《しゃかにょらい》

如来とは「悟りを開いた人」という意味で、釈迦如来とは仏教の開祖である釈迦が悟りを開いたあとの状態のことを指します

阿弥陀如来《あみだにょらい》

大乗仏教の仏のひとつで、さまざまな宗派で尊ばれています。生きとし生けるものすべてを救うとされる仏様です

薬師如来《やくしにょらい》

病気平癒など現世利益をもたらしてくれる仏様として日本に伝来し、広く信仰されています

不動明王《ふどうみょうおう》

五大明王の筆頭で、大日如来の化身とされています。悪を断ちきる剣と救済の羂索《けんさく》を持っています。「お不動さん」という愛称もあります

お寺コラム 仏様にも序列がある!?

お寺でよく見る仏様は大きく4つのグループに分けられ、序列を守ったそれぞれの役割を果たしています。最高ランクは、悟りの境地を開いた仏様「如来」。続いて、如来になることが約束され、人びとを救済する「菩薩」。如来に背くと怒りの力で正しい道に導

神社はどのようにはじまったの？

海に囲まれ、高い山々の麓には豊かな森があり、四季折々に豊かな恵みがもたらされる日本において、自然は神そのものでした。古代の日本人は、恵みをもたらし、ときに災害を起こす森羅万象に神が宿っていると考えたのです。そうした神々が宿るのにふさわしい場所を選んで神坐を設けて神々を招き、また戻ってきてもらうために神事を行うようになったのが神社のはじまりです。

飛鳥時代には中国の寺院建築に影響を受け、聖域に大規模な神殿が建てられるようになりました。日本の神話のほとんどは『古事記』や『日本書紀』などによって伝わっています。

江戸時代になると、商売繁盛の神とされる稲荷様も信仰されるようになりました。

く「明王」。最後は、仏様やその教えを守り、現世利益をもたらすとされる「天部」です。

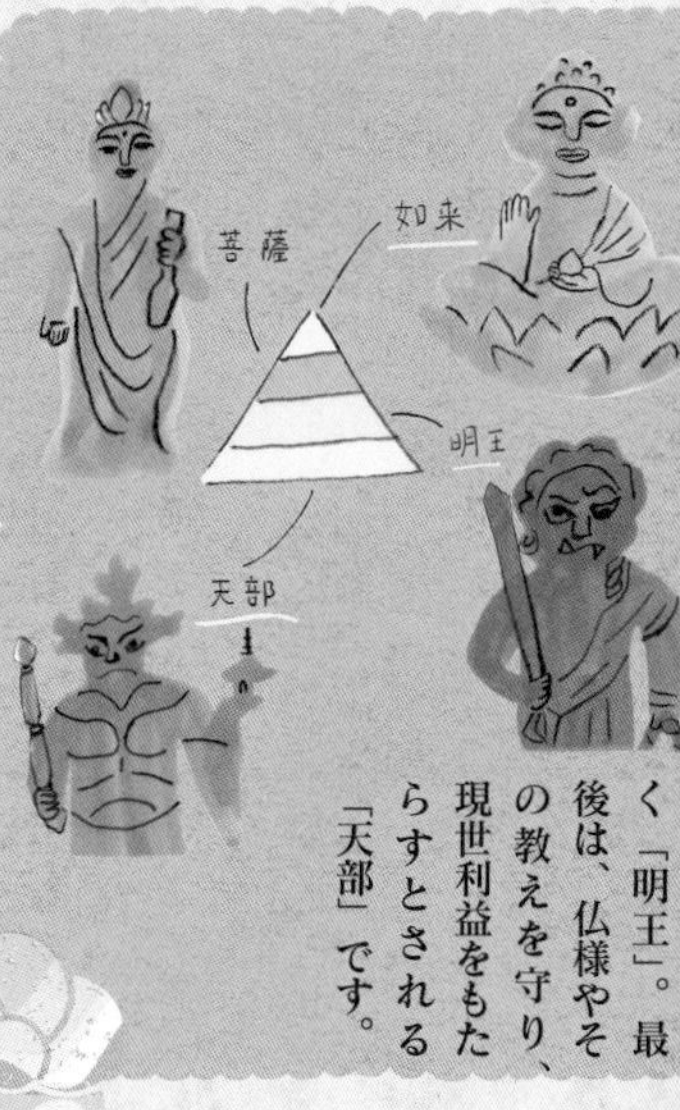

主なご祭神はこちら

伊弉諾尊《いざなぎのみこと》

高天原《たかまがはら》に住む神々に命じられて矛で海をかき回し、できあがった島で伊弉冉尊と結婚。これが日本の元となりました

伊弉冉尊《いざなみのみこと》

伊弉諾尊の妹であり妻。伊奘諾尊との間に日本を形作る多数の神々を産んだことから、創造神として信仰されています

天照大神《あまてらすおおかみ》

天の岩戸伝説で有名な女神で、神々が住む高天原を治める。月読命《つくよみのみこと》、素盞嗚命と並び伊弉諾尊が産んだ三貴子のひとり

素盞嗚命《すさのおのみこと》

日本神話の代表神格で、出雲の祖神とされています。高天原から出雲に下り、八岐大蛇《やまたのおろち》を退治したことで有名です

大国主命《おおくにぬしのみこと》

素盞嗚命の娘と結婚した神で出雲大社のご祭神。天照大神に国土を献上したことから、国譲りの神ともよばれています

お寺と神社の基本 その2

ご本尊やご祭神を祀る建物も、時代を経るにしたがって様式が分けられるようになりました。本堂や本殿の建築についても注目してみましょう。

お寺 本堂の屋根の形にも注目！

神社の屋根は茅葺きや檜皮《ひわだ》葺きなど天然素材、または銅葺きなど金属素材が多いのに対し、お寺の大多数は瓦屋根。さらに形状は切妻造、寄棟造、入母屋造、宝形造の4種類に大別されます。また、建築様式では日本古来の和様建築と、鎌倉時代に中国から伝わった大仏様や禅宗様に分けられます。

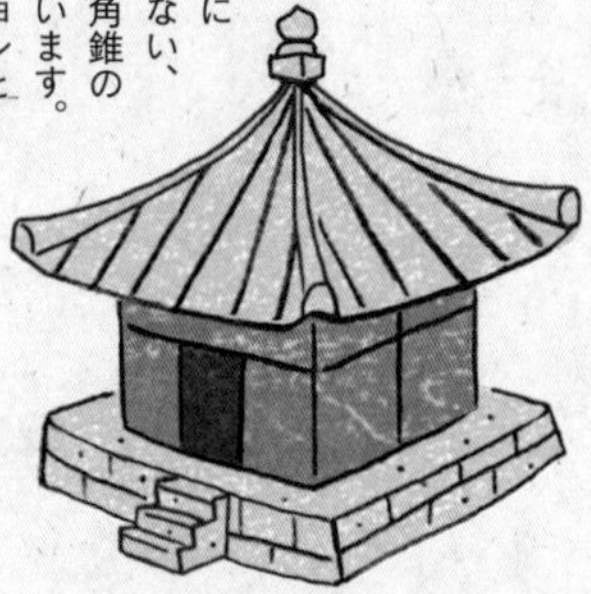

宝形造《ほうぎょうづくり》
屋根の頂部に水平を造らない、いわゆる四角錐の形状をしています。バリエーションとして六角形や八角形もあります

切妻造《きりづまづくり》
本を開いて建物の上に被せたような、屋根形状ではもっともシンプルなスタイル。かつては一番格の高い形とされていました

寄棟造《よせむねづくり》
屋根の面が4方向に傾斜しているのが特徴で、四注造ともよばれます。日本だけでなく世界各地の住宅にも見られる形状です

入母屋造《いりもやづくり》
上部は切妻造、下部は寄棟造というハイブリッド。仏教建築に多く見られます

今さら聞けない 寺院用語

住職《じゅうしょく》 「住持職」の略で、一般的に寺院を代表する僧侶のこと。資格規定は宗派によって異なり、和尚、方丈といった呼び方をする場合もあります。

総本山《そうほんざん》 各宗派によって、特別の格を与えられた寺院を本山といい、総本山はそれら本山を統括する寺院のこと。例えば華厳宗の総本山は東大寺、天台宗の総本山は延暦寺です。

神仏習合《しんぶつしゅうごう》 神と仏を調和させ、神道と仏教を融合すること。奈良時代に始まり、明治維新後の神仏分離政策まで続きました。それまでは神前で読経するなどされていたそうです。

題目《だいもく》 日蓮宗や法華宗の勤行で唱えられる「南無妙法蓮華経」の7文字のこと。念ずるだけで功徳があるといいます。

説教《せっきょう》 宗教の教義や経典の内容を、信者にわかりやすく説き聞かせること。またはその話自体。

神社 本殿の形にも注目!

大社造《たいしゃづくり》
建物はほぼ正方形。屋根に優美な曲線が与えられているのと、妻入《つまいり》で入口が向かって右側にあるのが特徴です

神明造《しんめいづくり》
屋根が沿っていないため直線的な外観なのが特徴。建物の長辺である平《ひら》に入口があります

権現造《ごんげんづくり》
本殿と拝殿の間を別棟の石の間で連結しています。日光東照宮など、多くの神社で見られる様式です

流造《ながれづくり》
全国でもっとも多い本殿形式。屋根の前のほうが長く伸びていて、庇《ひさし》となっているのが特徴です

神社の本殿の建築様式は、いくつかの種類に分けられます。代表的なのは伊勢神宮の「神明造」と出雲大社の「大社造」。どちらも定期的に建て替えるので、創建当時とほぼ変わらない姿を今に伝えています。ほとんどの様式に通じるのは、妻があることと、瓦と土塀を用いないことです。

今さら聞けない 神社用語

神職《しんしょく》 神社で祭事や事務に従事する人の総称。役職は一般的に上から宮司、権宮司、禰宜《ねぎ》、権禰宜と続きます。女性も神職になれます。

巫女《みこ》 神に仕える女性のこと。古来は神楽や祈祷、占いをしたりするのが役割でしたが、現在では神職の補佐が主な役割となっています。

氏神《うじがみ》 同じ地域に住む血縁関係にある人たちが共同で祀る神様のこと。地縁関係にある人たちが祀る鎮守の神様である産土神《うぶすながみ》とは本来別のものですが、現在は区別が曖昧になってきています。

大祓《おおはらえ》 6月と12月に行われる行事で、穢れや災厄の原因となる罪や過ちを祓い清めるのが目的。

注連縄《しめなわ》 神界の入口を示しており、縄に白い紙垂《しで》を下げるのが基本。天照大神が天岩戸から出た際、二度と入れないよう注連縄で戸を塞いだのが起源。

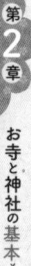

お寺と神社の基本 その3

お寺や神社の境内には
さまざまな建物があります。
その中で、主だったものをご紹介。
どの建物にどんな意味があるのか知れば、
おまいりがより有意義になるでしょう。

お寺 境内の一例

境内の奥や少し離れた山深い場所などにあり、お寺の発祥と関わりがある神聖な場所です
奥の院
❺寺務所
ご本尊を安置する建物。お寺によっては金堂や中堂、仏殿などと呼ぶこともあります。
❸本堂
❹祖師堂
梵鐘を吊るした建物のこと。お寺によっては山門と一体化している場合もあります

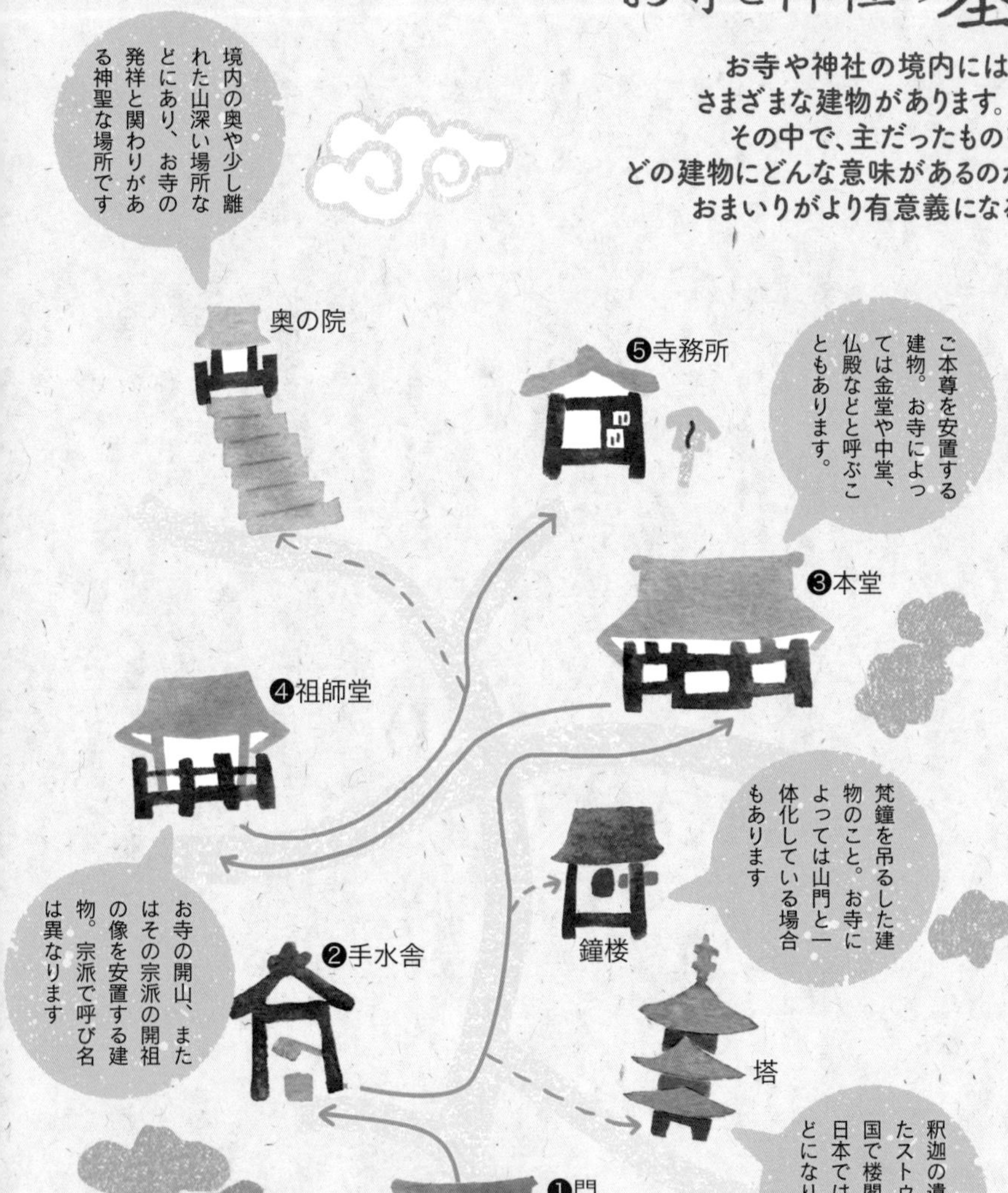
釈迦の遺骨を納めたストゥーパが中国で楼閣となり、日本では五重塔などになりました

❶門
正式には山門、または三解脱門。お寺はもともと山にあったことから山門とよびます
【境内のようす】

塔、金堂《こんどう》(本堂)、講堂、鐘楼など主要な建物の配置方法は、飛鳥時代から奈良時代にかけて形式化され、四天王寺式、法隆寺式、川原寺《かわはらでら》式などとよばれるようになりました。平安時代には密教寺院が山中を境内としたため不規則な配置が多くなりましたが、鎌倉時代には山門、仏殿、法堂《はっとう》を一直線上に並べる禅宗寺院の形式も見られるように。

お寺の開山、またはその宗派の開祖の像を安置する建物。宗派で呼び名は異なります
❷手水舎

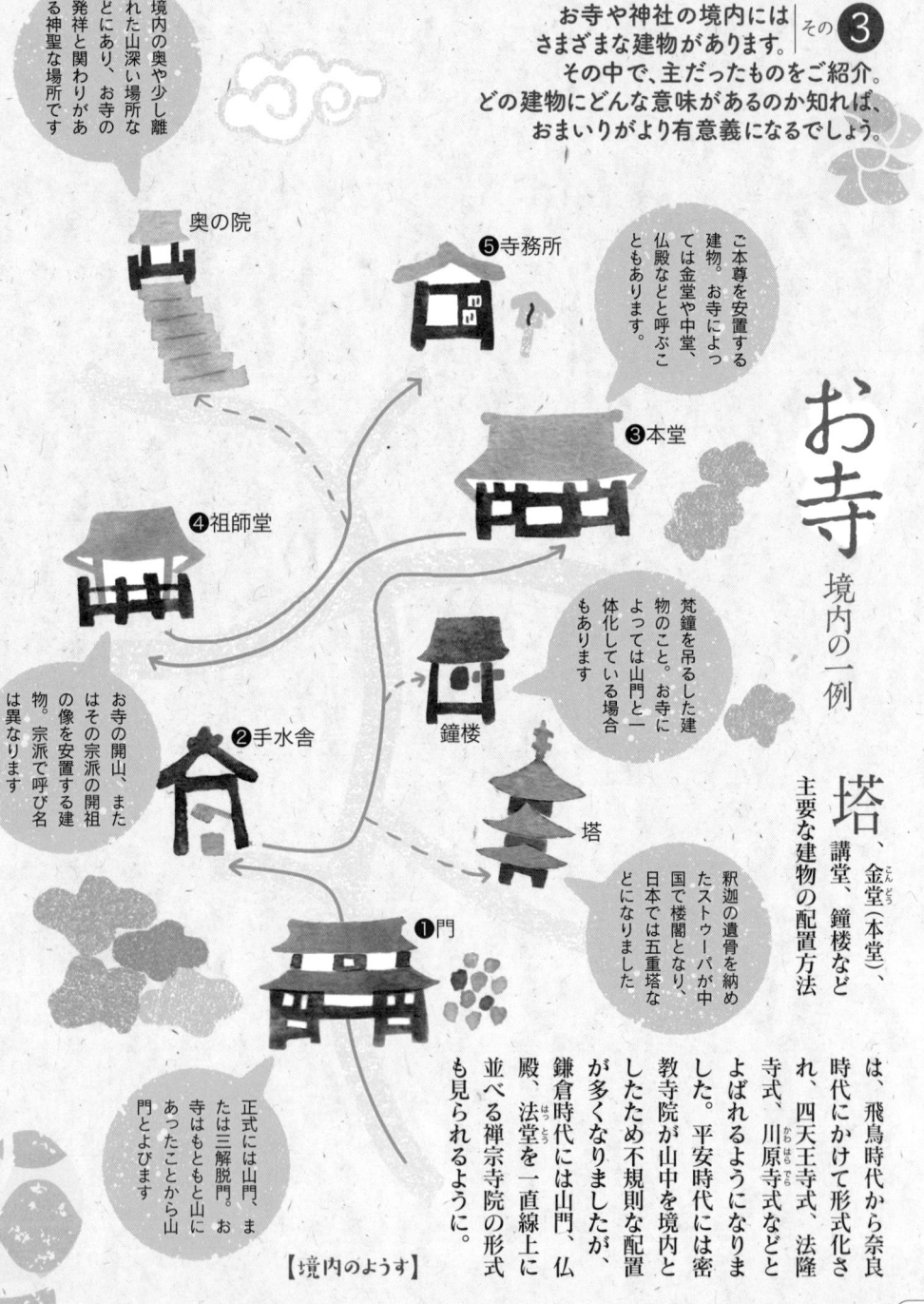

神社

境内の一例

お寺と比べると神社の境内はずっとシンプル。基本的には鳥居、拝殿、本殿で構成されています。鳥居をくぐって狛犬に挟まれた参道を進み、手《ちょう》水舎《ずや》に向かいます。身を清めたら拝殿へ。本殿は拝殿の影に隠れて見えない場合も多いので、こちらで手を合わせます。摂社や末社がある神社では、そちらにもおまいりしましょう。

ご神体を祀る神殿。通常、南か東を向いています。内部は見えにくい構造なのが一般的です
本殿
摂社
❸拝殿
末社
本殿の前にあり神職が祭祀をし、参拝者がおまいりをする場所で、人間のための建物です
境内に立つ小規模な社で、主祭神と縁の深い神様を祀っているのが摂社、それ以外が末社とよばれています
❹社務所
❷手水舎
聖域に入る前に汚れや邪気を祓い清める場所。「てみずしゃ」「てみずや」などともよびます
狛犬
日本にだけ見られる霊獣。魔除けや神様を守護するのが役割。2体一対で阿吽が基本です
❶鳥居
神域
俗界
人間界と神界を隔てる結界の役割を果たしています。大別すると神明系と明神系の2種類があります
【境内のようす】

参拝マナーをおさらい

お寺 神社

御朱印は、おまいりを済ませたあとに仏様や神様との絆を結んだ証としていただくもの。そこで、きちんと知っておきたいのが参拝手順。寺社によって異なる部分もありますが、一般的な参拝手順を知っておくことは大切です。

手水舎《ちょうずや》での手順

❶左手を洗う

❷右手を洗う

❸左手で水を受け、口をすすぐ

❹もう一度、左手を洗う

❺残った水を柄杓《ひしゃく》の柄に流して清める

1 境内に入る

山門、鳥居をくぐる前に一礼してから境内へ。帽子やサングラスはここで外しましょう。神社の参道の中央は歩かないのが基本です。

神社 鳥居の前では一礼を

お寺 門をくぐる前に一礼を

2 手水舎《ちょうずや》で身を清める

「禊《みそぎ》」の儀式を簡略化したのが手水舎での手順。神仏の前に立つ前に身の穢れを清めます。輪袈裟《わげさ》や念珠を身につける場合は、ここで身を清めてから整えます。

これは注意！

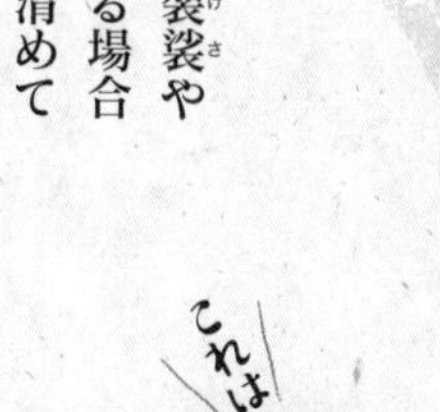

参拝前に御朱印をいただく

参拝後にいただくのがマナーですが、最近では参拝前に御朱印帳を預け、参拝している間に御朱印を書いていただくシステムを採用している場合も。

ペットを同伴する

一部の寺社では認められていますが、基本的にはペット同伴はNG。動物を不浄なものとする考え以上に、ほかの参拝者とのトラブル防止のためです。

境内での飲食

境内は神聖な場所なので、指定された場所以外での飲食は避けるのがマナー。寺社によっては厳格に禁止している場合もあるので確認してください。

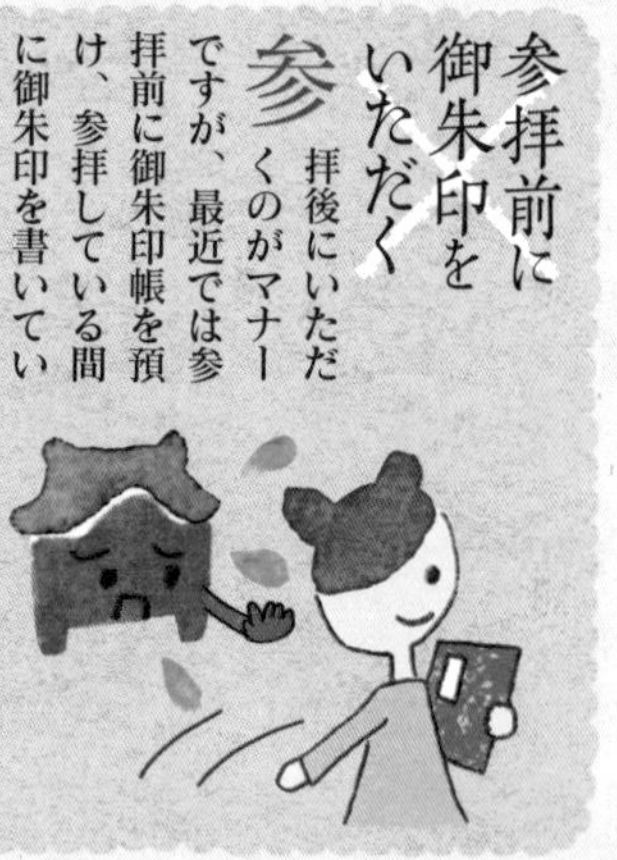

③ おまいりする

お寺なら本堂、神社なら拝殿の前に立ち、それぞれの作法に則っておまいりしましょう。その後、お寺なら祖師堂、神社なら摂社・末社にもおまいりを。

❶線香やろうそくをお供えする
❷一礼し鰐口《わにくち》があれば鳴らす
❸手を合わせ仏様と対話する
❹最後に一礼を

❶お賽銭を納める
❷深く2度礼をする
90°
❸2度手を叩く
❹心の中で神様と対話する
❺最後に深く一礼する
90°

※二拝四拍手一拝など、神社によっては異なる場合もあります。

④ 寺務所や社務所で御朱印をいただく

おまいりがすんだら寺務所、社務所に行って、御朱印をいただきたい旨を伝えましょう。御朱印帳を渡し、書き上がったあとによばれたらお礼を言って受け取りましょう。

小銭を用意し、御朱印帳カバーなどは外しておこう
目の前で書いていただけるとは限らない
❶参拝後に寺務所や社務所へ
❷静かに待つ
❸両手でありがたくいただく

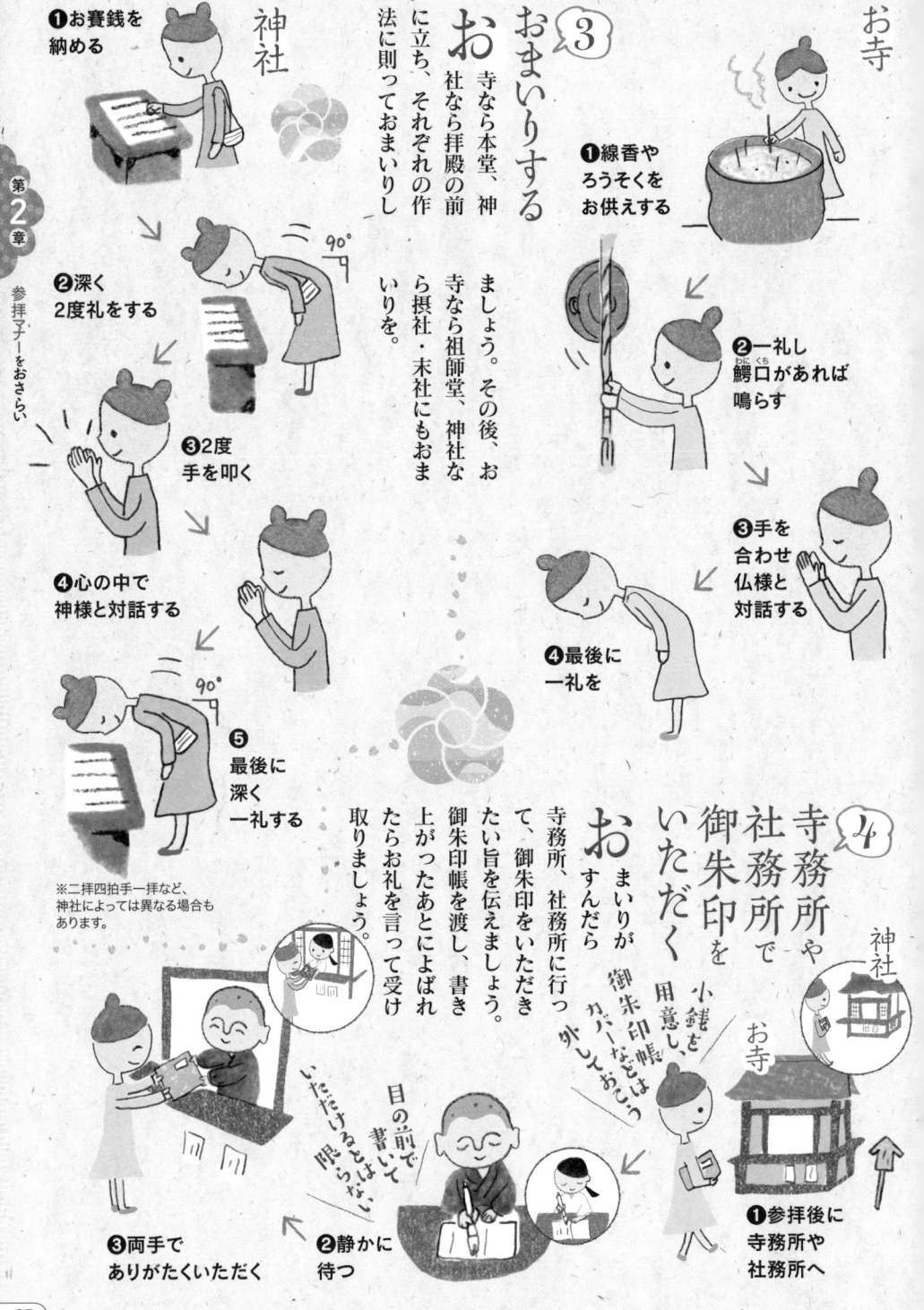

知っておきたい御朱印めぐりQ&A

これから御朱印集めをはじめる人が感じる素朴な疑問。あんなことやこんなことについてお答えします!

Q 地元のお寺や神社も、宗派などを問わず御朱印はいただけるの?

A **ほとんどの寺社でいただけます**

基本的に個人の宗派や住んでいる場所に関係なくいただけますが、一部宗派では受け付けていないお寺もあります。また、日蓮宗ではお題目が書かれたものを御首題《ごしゅだい》と呼びます。

Q 御朱印をいただくなら何時頃がベスト?

A **9~16時が一般的**

境内の開門時間と御朱印の受付時間は別なので注意が必要。ほとんどの寺社では9~16時までの間に御朱印をいただけます。受付時間外にお願いするのはマナー違反。

Q 御朱印をいただけないときもあるの?

A **授与の強要は絶対にNG**

書き手が不在だったり、神事、法事などで多忙な場合は対応できないこともあります。そうしたときのために、書き置きの御朱印を用意してくださっている寺社もあります。

Q 本に掲載しているものと同じ御朱印をいただける?

A **御朱印はそのときだけのオンリーワン**

書き手が変われば筆致は変わります。期間限定の御朱印が登場し、通常御朱印はいただけないこともあります。期待したとおりの御朱印でなくても、それが縁と受け止めましょう。

Q どうしてひとつの寺社にいろいろな御朱印があるの?

A **大規模な寺社ほど多様な傾向**

大規模な寺社では本堂だけでなく摂社、末社、奥の院などそれぞれに御朱印を用意していることも。そんなときは、自分の希望する御朱印をはっきり伝えましょう。

Q 御朱印をいただくときに納めるべき金額は?

A **300円か500円が大多数**

ほとんどは300円か500円ですが、1000円のものや、志納(気持ち)としている寺社も。あくまでも購入するものではないため、おつりが発生しないようにしましょう。

Q 御朱印所が境内で見つからないときは？

A まずは寺務所か社務所へ

基本的には境内のなかの寺務所か社務所でいただけます。寺社によっては御朱印所が独立して別の場所にあることがあります。不明な場合は寺社の方に尋ねてみて。

Q 御朱印をいただいたあとに話しかけても大丈夫？

A わからないことは聞いてみて

受付が混んでいなければ神仏のことや宗派の教え、寺社の歴史などについて質問してもかまいません。ただし、ほかの人の迷惑にならないよう、あまり長くならないように注意。

Q 一度に複数の御朱印をいただいてもいいの？

A すべておまいりしていただくのがマナー

本堂、摂社、末社、奥の院、観音堂などそれぞれに御朱印がある場合は、それらにすべておまいりしたうえでいただくのであれば、マナー違反にはならないでしょう。

Q 御朱印帳を渡すときの注意点は？

A 御朱印帳の上下をチェック

御朱印帳カバーやはさみ紙は取り除いてください。御朱印帳を逆さまにしないよう注意しながら、両手を添えて渡します。御朱印帳には名前を書いておくといいでしょう。

Q 携帯すると便利なものは？

A 御朱印帳入れは必携

カバンの中に入れた御朱印帳が開いてしまい、中身が折れたり汚れたりするのを防ぐために、御朱印帳袋や御朱印帳カバー、もしくは御朱印帳バンドを使用しましょう。

Q 御朱印ビギナーが気をつけることは？

A 神仏への敬意を忘れないで

神仏への敬意を忘れないようにしながら、素敵な御朱印をいただいてください。御朱印帳は仏壇や神棚に、ない場合は自分なりに神聖なスペースを作って保管しましょう。

知っておきたい参拝Q&A

お寺や神社での参拝について実はよく知らない…
そんな方に、こちらのQ&Aで役立つ知識をご紹介します。

Q 参拝に向いている時間帯は？

A 朝がおすすめ

開門時間後であれば、早ければ早いほどいいでしょう。人が少なく、境内が一日の始まりのエネルギーで満ち溢れているのが理由です。すがすがしい気分で参拝できますよ。

Q お賽銭はいくら入れればいいの？

A 金額よりも気持ちが大事

高額であればいいわけではないので無理のない範囲でかまいません。お賽銭は、願いを聞いてもらうときではなく叶ったときに感謝の気持ちを込めて納めるものとされています。

Q おみくじは結ぶの？持ち帰るの？

A どちらでも大丈夫

おみくじは、その内容を生活に生かすのが主目的。持ち歩いて読み返すのがいいという考えもありますし、境内の所定の場所に結んで神仏との縁を結ぶという考えもあります。

Q 摂社や末社をおまいりする順番ってあるの？

A 順番に決まりはない

すべての摂社、末社におまいりする必要はありませんし、順番にも決まりはありません。ただ、基本的には拝殿で参拝してから摂社、末社へ進むのがいいでしょう。

Q 神無月におまいりしても意味がない？

A 留守神がいるので大丈夫

神無月（10月）は日本中の神様が出雲大社に集まるため、出雲以外の神社が神様不在になってしまうとも。しかし、ご祭神の分霊が留守を預かるとされるので大丈夫です。

Q 参拝にはどんな服装がベスト？

A おすすめは正装

堅苦しく考える必要はありませんが、あまりにも肌が露出した服装はやめましょう。また、祈祷を受けるため拝殿や本堂に上がる場合などは正装したほうがいいでしょう。

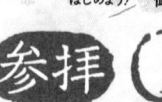

Q 参拝はどれくらいの頻度がいいの？

A 回数が多ければいいというわけではない

年に一度の参拝が少なすぎるということはありませんし、毎日の参拝が多すぎるということもありません。行きたいと思ったときに、まっすぐな気持ちで神仏と向き合えばOK。

Q お守りに有効期限はあるの？

A 基本的には1年が期限

1年を過ぎると効力がなくなるばかりか穢れが蓄積されるといわれているので、いただいた寺社に返納しましょう。1年経っていなくても願いが叶えば返納してください。

Q 生理中の参拝はNGってホント？

A 神経質になる必要はない

生理中は気が乱れているので、気が整うまで参拝は控えたほうがいい、といわれていた時代もあったようですが、現代ではそんなことはありません。気にせず参拝を楽しんで。

Q 神宮とか大社って何が違うの？

A 神社の称号の違い

神宮は皇室の祖先や皇室とゆかりの深い神社。大社はもともと出雲大社だけでしたが、戦後には全国の大規模で広く崇敬を集める神社にも呼び名が与えられました。

Q 境内は撮影してもいいの？

A 寺社のルールに従おう

拝殿内や本殿前は撮影禁止という寺社が多いようです。また、フラッシュは古い建物にダメージを与えるので控えて。自撮り棒やドローン、三脚も基本的にNGです。

Q 参拝時の柏手ってどんな意味があるの？

A 神様をお招きするためのもの

神社でおまいりするときに二度手を打つ柏手は、神様を呼び出すため、邪気を払うためなどの意味があります。手のひらを少し上下にずらして打つといい音がしてベター。

川越氷川神社の神職に聞きました!

若い女性がこぞって訪れる“縁むすび風鈴”とは?

川越氷川神社 権禰宜
荒川裕也さん ● あらかわゆうや

神様の気配を感じるかも?

鳥居から境内まで約2000個の江戸風鈴が揺れる夏の川越氷川神社。その美しさとロマンチックさに、年々参拝客が増加しています。話題の「縁むすび風鈴」に込められた思いをうかがいました。

縁むすび風鈴の期間中、19～21時は天の川に見立てて境内の小川に光が灯されます

目には見えない願いや声を境内いっぱいの風鈴の音に託して

今年で6年目を迎え、若い女性を中心にインスタグラムなどでも話題になっている川越氷川神社（P54）の「縁むすび風鈴」。7月になると約2000個の江戸風鈴が境内に現れ、その下には願い事を書いた短冊が揺れています。

「神社は、神様や祈りなど、目に見えないもので包まれている場所です。だから昔の人は、おまいりのときに風が吹くと、その風が神様や大切な人に思いを届けてくれると信じていました。でも、今は風が吹いても特に気に留めることのない時代です。そこで、目に見えない風を耳で感じていただけるよう、夏の間は風鈴を境内に飾りつけたのが始まりです。〝風鈴がチリンと鳴ったら思いが届いた合図かも……〟そんなふうに感じていただけたらと思います」

風鈴は、神職の人たちがすべて吊るし、終わるとひとつひとつ拭いて来年のために仕舞うそう。そうした丁寧な準備までもが神様への懸け橋を紡いでいるように思います。また、同じ時期、「恋あかり」というぼんぼりも頒布されます。

「川越氷川神社の創建にまつわる〝光る川の伝説〟にちなんだものです。それぞれの思いをぼんぼりに灯し、その光を携えて川越の夕景を楽しんでほしいですね」

自然のなかにある密やかなメッセージに気づかせてくれる素敵な仕掛けに、神様を近く感じられそうです。

緑と青空を背景に揺れる風鈴の回廊は写真映えも◎

神社が身近になる工夫を御朱印にも

縁むすび風鈴の期間には、限定御朱印も頒布されます。

「デザインも毎年変わる予定なのですが、実は同じ年の中でも何度かデザインが変わります。何度か来ていただいた方にも新しくおまいりの記念を持ち帰っていただければ、月まいりのきっかけになるのではと。御朱印帳のデザインになっているまもり結びも毎月変わるのは、そうした思いがあるからです」

御朱印をきっかけに昔を知り、感謝とおまいりの習慣を

「御朱印はもともとおまいりに来た証し。今はもらうことが目的の人も多いかもしれません。でも、神社が身近な場所になるきっかけになってくれるといいですね。いいことがあれば詣でて神様に手を合わせたり、風の音に神様の気配を感じたり。昔の日本人のようなゆったりした時間を思い出していただけたらと思います」

毎日限定20体の縁むすび玉で良縁祈願

風鈴ボトルがかわいいお水も登場

夫婦神と家族の神様を祀る、縁結びと家庭円満の神社で素敵なご縁をお願いして

神職が思いを込めて一枚一枚書く御朱印。いただく際には神様への感謝を忘れずに

第3章

テーマでめぐる御朱印

寺社めぐりをしたいから、おすすめの寺社が知りたいという人はここで探してみて。印象的な御朱印や、人気の寺社を揃えています。

1

美しく印象的な筆さばき

御朱印集めの楽しみのひとつは、美しい墨書との出合いでしょう。キラリと個性が光る、見惚れるような筆さばきの御朱印をご紹介します。

上尾市

地域に愛されるお獅子さま

八枝神社

●やえだじんじゃ

奇祭・どろいんきょで有名な神社として慕われています。ご神気たっぷりのケヤキなど、パワフルな神社です。

江戸時代までは牛《ご》頭天王社《ずてんのうしゃ》と称していましたが、江戸時代後期には御獅子《おしし》を奉斎し、悪疫退散、疫病除けの神様として信仰されました。明治初年に八枝神社と改称。同じく牛頭天王を祀っている、京都・八坂神社の枝社という意味をもちます。毎年7月に行われる夏祭り「どろいんきょ」は、水と泥と神様が一体となる珍しいお祭りで、埼玉県指定無形民俗文化財に登録されています。

☝中央に茂る2本のケヤキのご神木は、根っこが地中で絡んだ「夫婦のケヤキ」。右が夫で樹齢500～600年だそう ☞夫婦の木の間に立つと、ご神気が感じられます。幹に手を触れてパワーチャージをしてみて

悪疫・病疫から守るお獅子さまのお社

☟お寺の流れをくむ社殿で、建築様式は入母屋造です ☝ご祭神を守る狛犬は、さまざまなスタイルがあり個性的。拝殿右は親子の狛犬。仲睦まじい姿にほっこりします(右)。井戸の上にちょこんと座るカエルの石像は、水の守り神のよう(左)

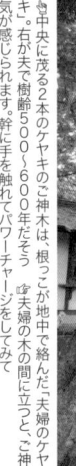

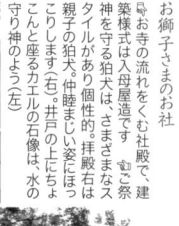

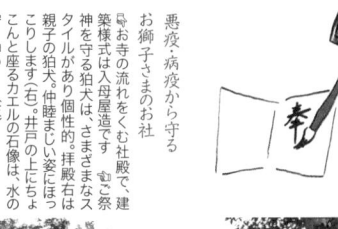

心願成就を促す
力強い墨書

右の字……上・奉拝　下・狛狗大神
中央の字…八枝神社
右の印……うぶすなのおおかみ
中央の印…狛狗大神
左の印……上・季節の印　下・埼玉県平方鎮座八枝神社

☞一筆一筆に魂が込められた、アートのような墨書。左上のスタンプはその月のもので、3カ月ごとに色が変わります

平方名物どろいんきょの限定御朱印

右の字……八枝神社
中央の字…泥
右の印……右上・奉拝
左上・獅子頭
下・平心講社
教会所之印
中央の絵…どろいんきょ祭り

☞どろいんきょ限定御朱印は祭りの当日、御輿が出発したあとの13時頃から頒布します。紙やデザインは、毎年新しいものに

ココだけの御朱印帳！

☞狛狗大神と菊のご紋が箔押しされた御朱印帳は、持っているだけでご利益ありそう。ピンクと紺の2種類あり各1200円

こちらもCHECK!

水と泥と神様が一体になる平方のどろいんきょ

白木の御輿に水をかけ、人も御輿も泥んこになって練り歩く、奇祭・どろいんきょ。八枝神社の祇園祭で、五穀豊穣・悪疫退散を願います。毎年7月中旬の日曜日に開催される、平方の夏の風物詩です。

☞御輿を泥の中でころがす様子は迫力満点です

DATA 八枝神社

素戔嗚尊《すさのおのみこと》・狛狗大神《はっくだいしん》

元禄年中(1688～1704)頃

入母屋造《いりもやづくり》(社殿全体)

住 上尾市平方487

交 JR京浜東北線ほか大宮駅から東武バス平方行きで33分、終点下車、徒歩2分

料 無料

☞シャンシャンと鳴らして幸せを呼ぶ「幸運鈴」は、社務所で自由に振ることができます

ご利益おもちかえり

御守 700円

☞お獅子さまが身を守ってくれるオリジナルお守り。金色の刺繍がゴージャス

しし みくじ 300円

☞おみくじがセットになった、お獅子さまの手作りマスコットお守りです

+α メモ／ 「その昔、穢れは“気枯れ”といわれていました。そして元気とは気が元に戻ること。神社に来て四季折々の自然を感じ、気をチャージしてください」と神職の方。境内には元気になれるスポットがいっぱいです。

川越市

妙昌寺

●みょうしょうじ

一面八臂の歴史ある弁天様

日蓮宗大本山池上本門寺の末寺として開創し600余年。室町時代から伝わる弁財天は、珍しい一面八臂の姿です。

かつて市内随一の富士山の眺望が楽しめると広く歌にも詠われた日蓮宗の古刹。小江戸川越七福神のひとつ、弁財天を祀っており、毎月1日は縁日が行われています。今でこそ2本の腕で琵琶を持った姿が有名な弁財天ですが、昔はこちらにあるのと同じ、一面八臂だったそう。たくさんの手で、開運、商売繁盛、弁舌、芸術など多彩なご利益を授けてくれます。

☝1992年に新しい本堂と客殿が完成。取材に訪れたときは、本堂から心落ち着く読経が響いていました

多くのご利益で知られる弁天様にもおまいりを

☝本堂裏手の階段を下りると弁天堂が。室町時代、地頭が法華経を小石に書いて塚を築き、弁財天を祀ったのが始まりと伝わります
☝富士山と弁天様が舞うレリーフが美しい

繊細で躍動感ある筆さばきの御首題

右の字……奉拝
中央の字…南無妙法蓮華経
左の字……川越 妙昌寺
右の印……不明
中央の印…仏法僧宝(三宝印)
左の印……弁財天妙昌寺

☝日蓮宗では、「南無妙法蓮華経」が書かれた御首題がいただけます。御首題帳を用意するのがベター

七福神めぐりの御朱印もあります

右の字……奉拝
中央の字…弁財天
左の字……法真山妙昌寺
右の印……小江戸 川越七福神
中央の印…仏法僧宝(三宝印)
左の印……弁財天妙昌寺

☝七福神の御朱印は書置きのみ。社務所でいただいて、御朱印帳に自分で貼りましょう

ご利益おもちかえり

交通安全守 500円

☝江戸の北に位置する川越は、昔から交通の要。旅の安全を祈っていただいて

御守 500円

☝迷ったら、開運や厄除けなど、全般にわたってご利益のあるお守りを

厄除け守 500円

☝特に厄除けにご利益のあるお守り。最近ツイてないと思う人や厄年の人はぜひ

DATA 妙昌寺
日蓮宗《にちれんしゅう》
法眞山《ほうしんざん》
三宝尊《さんぽうそん》
永和元年(1375) 不明
住 川越市三光町29
交 東武東上線川越市駅から徒歩7分
料 無料

+α メモ/ 毎年、土用の丑の日の5時～正午には伝統行事の「ほうろく灸」が行われます。素焼きのほうろく皿を頭にのせ、その上に大きなもぐさを載せて火をつけてもらい、ぐっと我慢すれば暑気あたり・頭痛に効能があるそう。

さいたま市

本堂の地下でお遍路めぐり

岩槻大師 彌勒密寺《いわつきだいしみろくみつじ》

常に開かれた門の先は、山野草が可憐に咲き誇る修行の場。地下のお遍路道場で自分と向き合う時間が過ごせます。

宝 亀5年(774)に開成和尚により開かれたと伝わる、岩槻でもっとも古い真言宗の寺院。ご本尊は弘法大師が刻まれたという不動明王で、関東三十六不動霊場第31番札所にも選ばれています。本堂の地下仏殿には、四国八十八カ所のご本尊とお大師様を勧請。ご本尊の下に各霊場寺院から分けられたお砂があり、おまいりすれば四国お遍路をしたのと同じ功徳が積めます。

☝コンクリート・半地下入母屋造という他に類を見ない本堂は、誰でも通えるお遍路道場

除災招福を祈るお堂や像が多数

☝お遍路道場は200円。自分の歳と同じ番号の仏様には特にしっかりおまいりを ☝人形の町・岩槻にちなんだ子育て人形大師の像 ☝写経剃髪殿の周囲には不動明王の眷属である三十六童子が祀られています

五大明王を表す梵字が躍動する力強い書

右の字…奉拝／中央の字…カーン(梵字)不動明王・ウーン(梵字)降三世明王・ウーン(梵字)軍荼利明王・キリーク(梵字)大威徳明王・ウーン(梵字)金剛夜叉明王／左の字…岩槻大師／右の印…上・普提関東不動霊場第三十一番 下・彩の国岩槻／左の印…上・戒光慧童子 下・岩槻大師弥勒密寺之印

☝山門の提灯にもある「五大力」は五大明王のこと。その力を秘めたかのような文字は圧巻です

お遍路道場をめぐった記念にいただきたい

右の字…奉拝／中央の字…右・お遍路道場 左上・ユ(梵字)弘法大師(弥勒菩薩) 左下・遍照尊／左の字…弥勒密寺／右の印…上・南無大師遍照金剛 下・彩の国岩槻／中央の印…弘法大師のお姿と岩槻大師／左の印…上・三密修行 弥勒密寺 下・岩槻大師弥勒密寺之印

☝遍照尊は弘法大師様のこと。お遍路道場は「南無大師遍照金剛」と、お経を唱えながらめぐります

ご利益 おもちかえり

大師様 御守 600円

☝弘法大師様のお姿がお守りに。心願成就や旅の安全を祈って身につけて

お不動様 御守 600円

☝立体的に彫られたお不動様のお姿が入ったお守りは、厄除けや出世にご利益が

ココだけの御朱印帳!

☝御朱印帳を購入すると、心が明るくなる詩から好きなものを選んで書いてもらえます。小1200円、大2200円

DATA 岩槻大師 彌勒密寺

- 真言宗智山派《しんごんしゅうちさんは》 光岩山《こうがんさん》
- 不動明王《ふどうみょうおう》 宝亀5年(774)
- 半地下入母屋造《はんちかいりもやづくり》
- 住 さいたま市岩槻区本町2-7-35
- 交 東武アーバンパークライン岩槻駅から徒歩10分
- 料 無料(お遍路道場参拝料は200円、子供100円)

+α メモ 境内を彩る何百種類もの山野草は、住職が大切に育てているもの。原種のヒガンバナなど珍しいものにも出合えます。365日、必ずどこかで花が咲いているそうなので、ぜひ散策して健気で可憐な花と対話してみて。

❷ アート&ユニークな御朱印

さまざまな御朱印があるなか、よりセンスに磨きがかった芸術的な御朱印も登場しています。もはや作品とも呼べる、アーティスティックな御朱印はこちら!

美しい切り絵御朱印

熊谷市

埼玉厄除け開運大師 龍泉寺

●さいたまやくよけかいうんだいしりゅうせんじ

黄金のお大師様が厄除&開運をパワフルに後押し。色鮮やかに四季を描いた、透明切り絵御朱印が話題です。

厄

「厄除」「開運」の2つのご利益を得られる関東唯一の寺院で、厄除け開運本山とされています。秘仏の厄除金色大師と開運金色大師は、厄除けと開運に特別な力があることで有名で、平安時代には弘法大師が訪れたことも。日本3大開運大師のひとつとされていることから、さまざまなご利益を期待して参拝者が全国から訪れます。2018年から始めた透明切り絵御朱印(P6)が話題に!

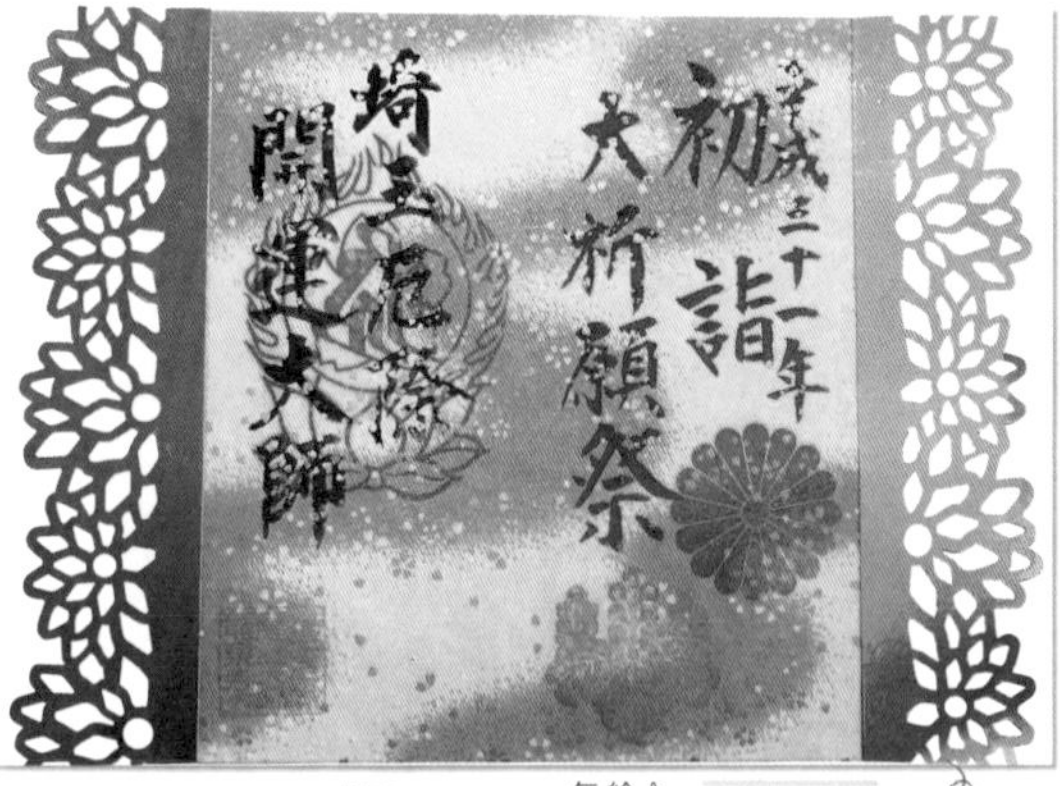

黄金に輝くお大師様の新春御朱印

右の字……右・初詣　左・大祈願祭
左の字……埼玉厄除 開運大師
右の印……右・菊の紋　左・真言宗豊山派の紋
左の印……上・キリーク(梵字)千手観音菩薩
下・埼玉厄除開運大師龍泉寺

お正月三が日限定、金色の切り絵がおめでたい新春御朱印です。毎年デザインが変わります

平成から令和へ。平和の祈りを込め改元を祝した豪華3面の限定御朱印

右の字……夏詣
中央の字…埼玉厄除
開運大師
右の印……花火
中央の印…キリーク(梵字)
千手観音菩薩
左の印……埼玉厄除開運大師
龍泉寺

右の字……奉祝
中央の字…令和
左の字……埼玉厄除開運大師
右の印……花火
中央の印…花菱
左の印……上・花火
下・埼玉厄除開運大師
龍泉寺

右の字……祝詣
中央の字…改元記念
中央の印…キリーク(梵字)
千手観音菩薩
左の印……上・花火
下・埼玉厄除開運大師
龍泉寺

2019年春から始まった3面透明切り絵御朱印の第2弾。新しい時代を迎えた喜びを空いっぱいに打ち上がる花火で表現。色は初夏らしくさわやかな青系を基本に。第1弾は第1章(P6)で紹介

ココだけの御朱印帳!

仏の世界に咲き乱れる花をイメージした神秘的な御朱印帳「宇宙に花咲く花曼荼羅」1400円

☞観音山の麓にあるお寺。約1200年前、聖なる池から出現した千手観音菩薩を祀ったことが始まりだそう

大きな観音様が見守る人々の安寧と平和の世

☞関東八十八カ所霊場の第83番札所など、多くの札所に指定されています ☞江戸時代から続く埼玉最古のだるま市。ピンクのだるま絵馬がお願い事を叶えてくれます ☞安全と平和を願う全長10mの平成安全大観音

参拝ついでに楽しめる! 楽しい仕掛けが満載

☞☞本物の鐘を無料でつける「浄化の鐘」(上)や、願いながら持ち上げると、その願いが成就するかが重さでわかる「おもかる石」(下左)など、お寺ではさまざまな楽しい体験ができます ☞龍泉寺に立ち寄った弘法大師の像(下右)

ご利益おもちかえり

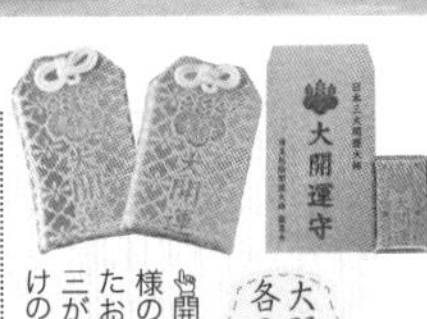

大開運守 各800円

☞開運金色大師様の法衣を入れたお守り。正月三が日と週末だけの限定頒布

ペット守り 600円

☞ペットの健康と交通安全を祈願したチャーム型お守りは、首輪などにつけて

勝守り 500円

☞勝負のときに身につけたい、必勝の仏様・不動明王のパワーが入ったお守り

DATA 龍泉寺
- 真言宗豊山派《しんごんしゅうぶざんは》
- 少間山《さやまさん》
- 厄除金色大師《やくよけこんじきだいし》・開運金色大師《かいうんこんじきだいし》
- 平安時代初期
- 和洋建築
- 住 熊谷市三ヶ尻3712
- 交 JR高崎線籠原駅南口から車で5分
- 料 無料

+α メモ/ 毎週火曜は御朱印頒布の休業日です。直書きはしていませんが、書置き(日付なし)を用意しています。期間限定御朱印の告知は、公式ウェブサイトまたはインスタグラムをチェックしてください。

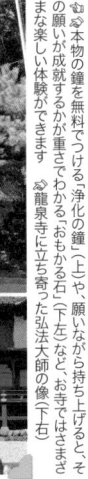

飯能市

江戸時代に建てられた古刹

円泉寺●えんせんじ

飯能市の郊外にある弘法大師ゆかりの寺院ですが、武蔵野七福神札所や武蔵野観音札所としても有名です。

江

江戸時代初期、寛永年間に弘法大師が開いたとされる真言宗の古刹。江戸末期の火災により資料が焼失し詳細は不明ですが、江戸初期の住職の石塔が残っています。武蔵野七福神の福禄寿が祀られており、そのユニークな御朱印が評判。武蔵野三十三観音霊場第25番札所としても知られています。緑と四季の花々に囲まれた境内には寺カフェの阿弥陀堂もあり、ちょっとした休憩にも使えます。

福禄寿様の顔が文字で表されたユニークでありがたい御朱印

右の字……奉拝
中央の字…福禄寿
左の字……円泉寺
右の印……上・武蔵野の風景
　　　　　七福神
　　　　　下・武蔵野七福神
中央の印…福禄寿　平松
左の印……飯能 円泉寺

☞漢字の福と禄で顔の目と鼻、寿で口と長い髭を表現。先々代のご住職が考案されたそうです

弘法大師が見守る緑に囲まれた境内

☞江戸時代末期に建てられた本堂。手入れされた木々と四季折々に咲く花々も見ごたえがあります ☞本堂左手に立つ弘法大師の像が参拝者をやさしく見守っています

ご利益 おもちかえり

七福神御守り
500円

☞福禄寿の姿が描かれたお守り。子宝や長寿にご利益があるといわれています

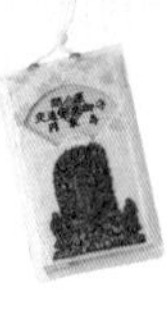

交通安全御守り
500円

☞ご本尊の不動明王が描かれており、守護神として事故から守ってくれます

DATA 円泉寺
真言宗《しんごんしゅう》
梅松山《ばいしょうざん》
不動明王《ふどうみょうおう》
寛永年間(1624～1645)
なし
住 飯能市平松376
交 JR八高線東飯能駅から車で8分
料 無料

+α メモ ご住職手書きの御朱印は9～16時頃まで。対応できない場合もあります。毎年1月1日から10日頃まで武蔵野七福神(P140)参詣期間でご開帳が行われ、本堂で福禄寿様に参拝することができます。

草加市

草加神社《そうかじんじゃ》

氷川神社由来の草加総鎮守

安土桃山時代に大宮氷川神社のご分霊を勧請したのが縁起。見事な彫刻が施された市指定文化財の本殿は必見です。

かつては氷川神社と呼ばれていましたが、明治時代に地域の11社を合祀して「草加神社」に改称し、草加の総鎮守として崇敬を集めています。ご祭神は素盞嗚命と櫛稲《くしな》田姫命《だひめのみこと》の夫婦神ですが、境内には三峯神社、雷電社、八幡社などの末社があり、縁結び、除災招福、五穀豊穣など幅広いご利益が得られます。参拝後は、芸術的な価値も高い本殿も忘れず拝観を。

駅からすぐとは思えない、静かな空気に包まれた境内で心静かにおまいりを　本殿に施されている絢爛豪華な彫刻は、西新井大師の山門と同じ作者のものと伝わっています

ご神木の四季を映す御朱印が新しく登場

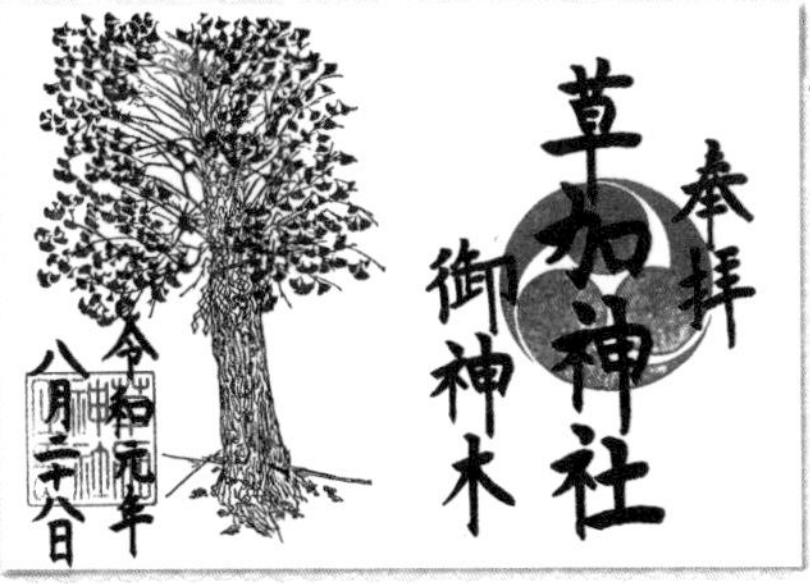

右の字……奉拝
草加神社
御神木
右の印……社紋(三つ巴)
左の印……右・ご神木
左・草加神社之印

2018年より頒布を開始したご神木の御朱印は月ごとに葉や幹の色が変化(P.13)

生命力漲るご神木から力を授かって　雷を受けて成長が止まったというご神木は、実は樹齢400年。強い気がいただけます

奇数月のみ、御朱印符を配布。季節に合わせた絵柄と宮司が作る詩が風流です

ココだけの御朱印帳!

ご祭神の素盞嗚命と櫛稲田姫命を表紙に描いた、神話の1シーンを思わせる御朱印帳。浄書付き2000円

増加している外国人の参拝客に向けて、江戸小紋を散らしたポップな御朱印帳が登場。浄書付き2000円

ご利益おもちかえり

身代わりコケシ 各800円

愛らしい顔のコケシのお守りが、災難を代わりに引き受けてくれます

牛革の勝守 1000円

草加は牛革の産業が盛んな街。ご当地ならではの勝守で強運を引き寄せて

DATA 草加神社

素盞嗚命《すさのおのみこと》・櫛稲田姫命《くしなだひめのみこと》

天正年間(1573〜1592)頃

二間社流造《にけんしゃながれづくり》

住 草加市氷川町2118-2
交 東武スカイツリーライン草加駅から徒歩3分
料 無料

+α メモ/ 草加神社では、兼務社の神明宮と日枝神社の御朱印も例大祭の日限定で頒布しています。神明宮は毎年9月の第1土・日曜、日枝神社は同じく9月の第3土・日曜。タイミングよく参拝ができたら、いただけるか聞いてみては。

❸ かわいい動物コレクション

私たちを癒やしてくれるかわいい動物たち。そんな動物の御朱印に出合うと、思わずときめいてしまいます。猫、鳩、鯉にカエルと、ユニークな御朱印はこちら。

行田市

前玉神社

●さきたまじんじゃ

幸せの福猫たちがお出迎え

古墳時代から続く、埼玉県屈指の歴史ある神社。今では猫好きが集まるパワースポットにも。

埼玉県名の発祥といわれる歴史ある神社で、起源は古墳時代まで遡ります。浅《せん》間塚《げんづか》古墳の上に立つ社殿は、隣接する埼玉古墳群を守護するために祀られたそうです。身を守り、幸せをもたらす神様が鎮座され、幸魂《さきみたま》神社とも呼ばれています。神社では4匹の猫が飼われていて、境内を自由に闊歩しています。幸を呼ぶ、かわいい福猫たちに会いに行ってみてください。

万葉の息吹を感じる境内

☝荘厳な雰囲気に包まれた社殿は、古墳のもっとも高い場所にあります ☝三の鳥居と猫のガガ(右)。拝殿の下にある一対の万葉灯篭。この地を詠んだ『万葉集』の歌「小崎沼」と「埼玉の津」が刻まれています(左)

☞境内社の天神社と恵比寿・大黒様(右)。近世初頭、忍城中にあった浅間神社を勧請。ご祭神は子育て・安産の神様として有名な木花咲耶姫命です(左)

ご利益おもちかえり

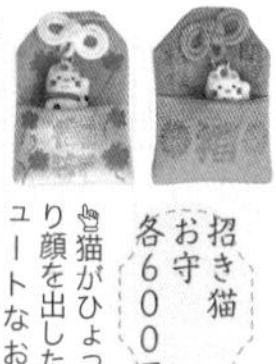

招き猫お守 各600円

☝猫がひょっこり顔を出したキュートなお守り。5色から好きな色を選んで

幸福七福神守 700円

☝猫の七福神が商売繁盛、家庭円満、長寿などあらゆる福を運んでくれます

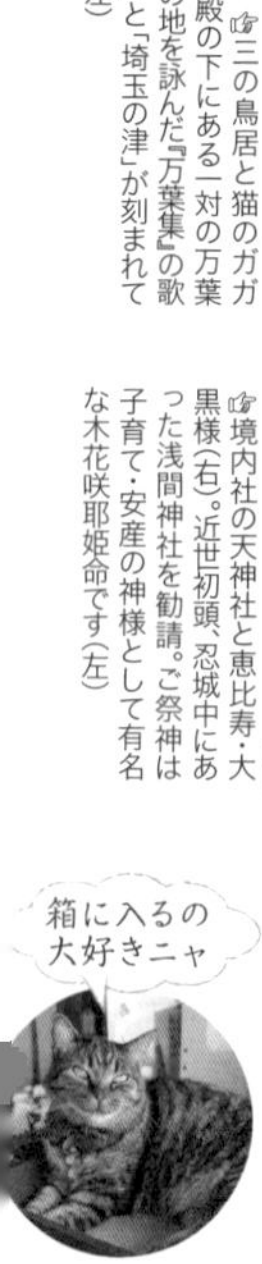

箱に入るの大好きニャ

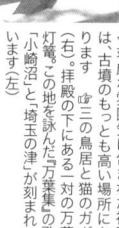

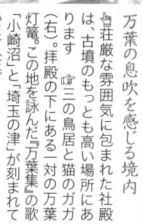

毎月22日は猫の限定御朱印の日

右の字……奉拝
中央の字…右・延喜式内　左・前玉神社
右の印……上・武蔵国前玉　下・猫（さくら）
中央の印…上・前玉神社　下・肉球に幸魂

右の字……奉拝
中央の字…右・延喜式内　左・前玉神社
右の印……上・武蔵国前玉　下・猫（ガガ）
中央の印…上・前玉神社　下・肉球に幸魂

☞神社で飼っている猫4匹が、月替わりで御朱印に登場。猫のスタンプはもちろんオリジナル。毎月22日の前後4～5日に頒布されます

右の字……奉拝
中央の字…右・延喜式内　左・前玉神社
右の印……上・武蔵国前玉　下・猫（きなこDX）
中央の印…上・前玉神社　下・肉球に幸魂

右の字……奉拝
中央の字…右・延喜式内　左・前玉神社
右の印……上・武蔵国前玉　下・猫（ミント）
中央の印…上・前玉神社　下・肉球に幸魂

きらめく模様が麗しい！

ココだけの御朱印帳

☞平安時代、貴族や神職の装束に用いられた有職文様を表紙に使った雅な御朱印帳です。御朱印1種込みで1500円

☞7匹のうち4匹は神社の猫という、七福神猫のオリジナル御朱印袋は1500円

年に一度だけ！猫の日（2月22日）は4匹コラボのスペシャル版

右の字……奉拝
中央の字…右・延喜式内　左・前玉神社
右の印……上・武蔵国前玉　中・猫（ミント）
　下・猫（きなこDX）
中央の印…上・前玉神社　下・肉球に幸魂
左の印……上・猫（ガガ）　下・猫（さくら）

☞4匹の猫が集う豪華な御朱印。2月22日（猫の日）の前後4～5日間のみ頒布される年に一度の限定版は行列必至

猫のいない通常御朱印は常時配布中

右の字……奉拝
中央の字…右・延喜式内　左・前玉神社
右の印……武蔵国前玉
中央の印…上・前玉神社　下・幸魂

☞通常御朱印も頒布中。オリジナル御朱印帳に付与されるのはこちらになります

DATA 前玉神社
前玉彦命《さきたまひこのみこと》・
前玉姫命《さきたまひめのみこと》
古墳時代
権現造《ごんげんづくり》
住 行田市埼玉5450
交 JR高崎線行田駅から市内循環バス右回りで15分、埼玉古墳公園前下車、徒歩2分
料 無料

+α メモ　限定御朱印の頒布スケジュールは、ウェブサイトをチェックしてください。境内社の浅間神社の御朱印も授与していて、こちらも限定版アリ。桜の印が押された可憐な御朱印は、女子力アップのご利益がありそうです。

川口市

心身を浄化して良縁祈願

鳩ヶ谷総鎮守 氷川神社

●はとがやそうちんじゅ ひかわじんじゃ

主祭神の須佐之男命と稲田姫命は夫婦の神様。22日限定のハートが隠れた御朱印で良縁を引き寄せて。

☞旧鳩ヶ谷宿の中心地に広がる静かな境内。神門は、1993年に鎮座600年を記念して新調されました

6 00年以上の歴史があると伝わる鳩ヶ谷の総鎮守。魔を祓い、すべてを浄化する厄除けの神様と、その妻であり、家庭円満や縁結びを助けてくれる神様が祀られています。すがすがしい境内には、夫婦楠や、地下から湧き出るご神水の泉が。ご神水はお水取りができ、お風呂に垂らしたり煮沸していただいたりすれば心身ともに清められ、運気が向上するといわれています。

境内で飼われているココアちゃん

境内には縁結びのご神木や末社が

☞弁財天や三峯社など、末社には18柱の神様が祀られています ☞ご神木の夫婦楠。恋愛だけではなく、人やお金、土地などさまざまなご縁を結んでくれます

地名にちなんだ鳩と、猫の印がかわいい!

右の字……奉拝
中央の字…右：鳩ヶ谷　左：氷川神社
右の印……上：猫の三つ巴　下：鳩
中央の印…氷川神社
左の印……上：鳩　下：猫

☞偶数月と奇数月で猫の印が変わるほか、22日は猫の尻尾がハート形に! 縁結びに効果がありそう

季節ごとに頒布される限定御朱印もチェック

右の字……なつもうで
中央の字…氷川神社
右の印……上：鳩
　　　　　下：鳩
中央の印…氷川神社
左の印……上：鳩
　　　　　下：宮司之印

☞7月の夏詣、12月に行われる「おかめ市」など、季節の限定御朱印も登場します

ご利益 おもちかえり

健康守 500円

☞主祭神の疫病を祓う力にあやかったお守り。「鳩ヶ谷」の鳩がモチーフです

☞神紋の三つ巴紋と、祭神が詠った「八雲立つ」の雲、鳩をデザイン。黒・ピンク・赤の3色。各1500円

ココだけの御朱印帳!

☞表紙には鳩、裏表紙には日光御成街道の町並みと鳩ヶ谷氷川神社が描かれた御朱印帳。1500円

DATA 鳩ヶ谷総鎮守 氷川神社
須佐之男命《すさのおのみこと》・稲田姫命《いなだひめのみこと》
応永元年(1394)
流造《ながれづくり》
住 川口市鳩ヶ谷本町1-6-2
交 埼玉高速鉄道埼玉スタジアム線鳩ヶ谷駅から徒歩5分
料 無料

+α メモ/ 毎年12月下旬には、鳩ヶ谷の師走の風物詩となっている「おかめ市」を開催。250以上の露店が並び、大変なにぎわいに。神社境内の福を掻き込んで家に持ち帰ってもらうよう、「カッコメ」という熊手を頒布しています。

鯉と亀が守る宿場町の総鎮守

久喜市

栗橋総鎮守 八坂神社

●くりはしそうちんじゅやさかじんじゃ

宿 場町の総鎮守として信仰を集めてきた神社です。もともと茨城県の五霞町にあった神社が、江戸時代初期に現在地に遷座されました。鯉と亀が利根川を下り、ここまで神様を運んできたとされ、境内の随所に鯉と亀の文様が象徴的に施されています。

本殿前には狛犬ならぬ狛鯉が鎮座。激流を昇る勇ましい鯉の姿は、縁起の良さとともにパワーが感じられます

鯉は、成長、隆昌、発展を表し、亀は健康長寿、忍耐力、集中力を表しているといわれています

ココにも注目!

釣り糸で鯉を釣り上げる鯉みくじは300円

ご利益おもちかえり

白狐守り 800円

古来から、その霊力で人々に福をもたらすとされてきた、白狐のお守り

八坂神社御守 600円

鯉の刺繍が施されたお守り。黒・青・赤・白・ピンクの5色が揃っています

神様の使いである、鯉と亀の印が印象的

右の字……奉拝
中央の字…八坂神社
右の印……上・鯉
下・亀
中央の印…栗橋八坂神社

江戸時代、利根川の洪水の際、激流の中、八坂神社のご神体を運んだとされる鯉と亀の印

DATA 栗橋総鎮守 八坂神社

素戔嗚尊《すさのおのみこと》

不明　流造《ながれづくり》

住 久喜市栗橋北2-15-1

交 JR宇都宮線／東武日光線 栗橋駅から徒歩15分

料 無料

かわいい社に無事"かえる"祈願

川越市

かえる神社

●かえるじんじゃ

本 川越駅の近くにある靴屋さん「ナチュリーラ」の店先にある小さな社です。山岳ガイドのオーナーが無事に山から帰れるよう祈願できる場所として建立されました。ご神体は「無事かえる」のかえる石で、富士山と筑波山の神社で祈祷していただきました。

かえる石と一緒に、富士山、筑波山、御岳山のお札が祀られています。かえる石の頭を撫でて自身や大切な人の無事の帰宅をお願い

ココにも注目!

靴屋さんながら、店内にはかえるグッズもちらほら。バラエティ豊かなかえる耳かきは495円～

ご利益おもちかえり

おねがいかえる 660円

ダルマのように願掛けをして片目を入れ、叶ったら両目を入れる縁起物

ゆる～いかえるの印が女性に大人気です

右の字……奉拝 小江戸 川越
中央の字…かえる神社
中央の印…上・かえる
下・「かえる」にまつわるうれしい言葉

印はオーナーの手彫り。書置きがいただけます

DATA かえる神社

かえる石《いし》

平成18年(2006)　なし

住 川越市中原町1-5-1

交 西武新宿線本川越駅から徒歩5分

料 無料

+α メモ/ かえる神社は、雨や風が強いときは店内に移動しています。もしも悪天候で神社が見つけられなかったら、「ナチュリーラ」という靴屋さんを探して店内に入ってみて。水曜日はお店の定休日なので御朱印がいただけません。

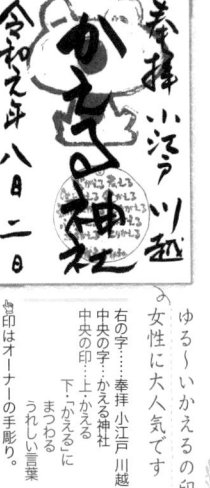

④ 期間限定のプレミアム御朱印

季節や年中行事に合わせて授与する期間限定の御朱印。最近はあっと驚くようなユニークなものも続々と登場しています。個性豊かな限定御朱印を、厳選してご紹介します！

幸せパワーが宿るご神気あふれる境内

☞木々の中にたたずむ厳かな社殿。賽銭箱はカラフルな風船で飾り付けされています ☞引退した樹齢700年の杉のご神木。今は根に近い部分だけ残されています(右)。色とりどりの花で埋め尽くされたフォトジェニックな手水舎(花手水)は、SNS映え必至(左)

新座市

とびきりキュート！

馬場氷川神社

●ばばひかわじんじゃ

毎月新しいデザインがお目見えする限定御朱印が人気。スタンプはなんと、神職さん手彫りの消しゴム判子！

新座市馬場の産土《うぶすな》神《がみ》である馬場氷川神社は、地域に親しまれてきた片山郷総鎮守。素戔嗚尊をご祭神にし、事業安全、商売繁盛、交通安全のご利益が期待できます。合格祈願の学生も多く、学業成就が叶う神社としても知られます。最近は、趣向を凝らしたかわいい月替わり御朱印が話題に。花やマスコットなどで美しく彩られた境内は、参拝者を歓迎する細やかな心配りが感じられます。

商売繁盛を祈願するお稲荷様がご鎮座

☞倉稲魂大神がご祭神の稲荷神社は、明治40年(1907)に合祀された境内社。狐をあしらった別デザインの御朱印を授与しています。左はケヤキの現役ご神木

ご利益おもちかえり

学業成就御守 1000円

☞梅と鷹が志望校合格、成績アップを後押しするお守り

勝守 700円

☞武勇に秀でたご祭神・素戔嗚尊が必勝パワーを授けます

健康御守 1000円

☞無病息災、病気治癒を祈願する、たおやかな白いお守り

☞日露戦争時の不発弾。撫でて火災除け、災難除け、安全守護のご利益をいただきましょう

DATA 馬場氷川神社

素戔嗚尊《すさのおのみこと》

天明9年(1789)

一間社流造《いっけんしゃながれづくり》

住 新座市馬場4-10-25

交 東武東上線朝霞台駅から西武バスひばりヶ丘駅北口行きで15分、新座高校下車、徒歩5分

料 無料

夏の風物詩を盛り込んだ8月御朱印

右の字……奉拝
中央の字…馬場氷川神社
右の印……パイナップル
中央の印…上・馬　中・神璽　下・波
左の印……上・千鳥　中・錨　下・宮司之印

☞「氷」をかき氷ののれんに見立てた遊び心ある8月御朱印。パイナップルがワンポイント

9月は兎と団子でお月見をお祝い

右の字……奉拝
中央の字…馬場氷川神社
右の印……上・菊　中・星と雲　下・月見団子
中央の印…上・兎　下・神璽
左の印……上・星と雲　中・菊と桔梗　下・宮司之印

☞兎がお空でダンスする、お月見がテーマの御朱印。右下の団子もおいしそうです

ジューンブライド×猫の6月22日限定版

右の字……奉拝
中央の字…馬場氷川神社
中央の印…上・馬　中・リボン 神璽　下・紫陽花
左の印……上・猫　下・宮司之印
全体の印……猫の足跡

☞6月22日限定御朱印は、猫がジューンブライドをお祝い！猫の目はラインストーンを使用

七五三限定の鮮やかな御朱印

右の字……奉拝 新座市馬場鎮座
中央の字…氷川神社
右の印……上・鶴　中・梅の花　下・波
中央の印…神璽
左の印……上・リボン 寿　下・亀 宮司之印

☞寿の文字、鶴、亀といった縁起の良い印が目をひきます。七五三の着物をイメージさせる千代紙のシールにも注目です

食の神・お稲荷様が喜ぶビールと枝豆

右の字……奉拝
中央の字…馬場稲荷神社
右の印……上・狐　下・枝豆
中央の印…上・狐　中・神璽　下・向日葵
左の印……上・ビール　下・宮司之印

☞夏らしさ全開！稲荷神社の8月御朱印は、水玉模様&ヒマワリでポップな仕上がりに

シンプルで力強い御朱印

右の字……奉拝
中央の字…馬場氷川神社
右の印……社紋(三つ巴)
中央の印…上・馬　下・神璽
左の印……宮司之印

☞馬場という地名にあやかった、馬の押し印が素敵な御朱印。馬場氷川神社の御朱印帳を購入した時にいただけます

+α メモ　御朱印は神社が決めた日のみ頒布しています。スケジュールは公式SNS(インスタグラム、Twitter)で発表するので、必ず事前にご確認ください。

さいたま市

信長が信仰した謎多き神様

武蔵第六天神社

●むさしだいろくてんじんじゃ

江戸時代には講も盛んだった第六天をお祀りする神社。御眷属の天狗様が病気平癒や火防を助けてくれます。

第 「六天」は、『古事記』や『日本書紀』に6番目に登場する神様。織田信長公が自らの守り神として信奉した「第六天魔王」の名前でも有名です。

江戸時代後期までは「講中」という第六天信仰の基盤があり、この神社にも毎年多くの参拝者が訪れてはご眷属の天狗の絵馬をいただいていったそう。天狗の羽団扇が病を飛ばすといわれ、特に耳病や頭痛に霊験あらたかです。

☝2016年に建て替えられた真新しい拝殿。神仏習合時代の名残か、神社なのに献灯台があるのが珍しい

毎月変わる添え印とはさみ紙を見るのも楽しみ

右の字……奉拝
中央の字……武蔵第六天神社
中央の印……上・大天狗　中・武蔵第六天神社　下右・屋形船と花火　下左・金魚
左の印……武蔵第六天神社社務所之印

☝8月は花火と金魚、6月はアジサイなど、毎月季節の風物詩を添え印として捺していただけます

✎御朱印が他のページに写らないよう使われるはさみ紙も月替わり。大天狗と烏天狗のイラストがかわいい

拝殿の中にはご神木や古い祠が！

☝天明2年（1782）に建てられ、今も拝殿の中に残る祠。隣のご神木はかつて境内に生えていたもの。撫でると病気が治るといわれています　☝かつてこの地に疫病が流行ったときに作られた祠。一対の小さな天狗様が　☝拝殿は正面の右側から入ってOK。参拝後、神職の方に断ってから

ご利益おもちかえり

御眷属一陽来福絵馬　1500円

☝江戸時代から受け継がれている絵柄の絵馬。五穀豊穣、火防、盗難除けに

神錐　1000円

☝毎日朝晩、耳や頭を軽く突いて平癒を祈願。治ったら2本にして納めます

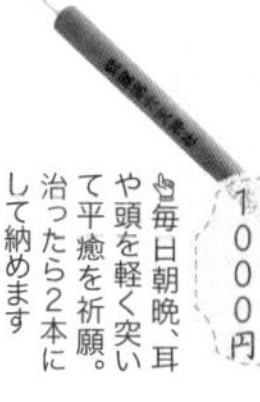

ココだけの御朱印帳！

☞絵馬にも描かれている、赤い顔の大天狗と青い顔の烏天狗がデザインされていて迫力満点！　1500円

DATA 武蔵第六天神社
面足尊《おもたるのみこと》・吾屋惶根尊《あやかしこねのみこと》
天明2年（1782）　入母屋造《いりもやづくり》
住 さいたま市岩槻区大戸1752
交 東武アーバンパークライン岩槻駅から朝日バス水上公園行きで12分、巻の上下車、徒歩10分
料 無料

+α メモ／ 神社の裏手はすぐ元荒川。永代橋の水門で堰き止められた水が湖面のように静かにたたえられています。近隣には講中の頃に参拝客を迎えた江戸時代から続く食事処もちらほら。参拝帰りに散策してみるのもおすすめです。

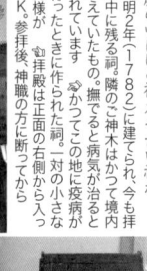

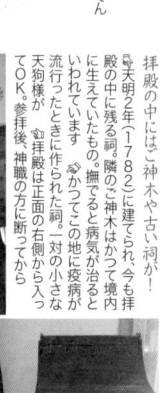

さいたま市

宮家ゆかりの孔雀がシンボル

久伊豆神社

●ひさいずじんじゃ

境内には朝香宮殿下から下賜された孔雀の子孫が。毎月9日、「孔雀の日」限定の御朱印やお守りが人気です。

創 建は約1500年前、出雲族の土師(はじ)氏が東国へ移住する際に親神である大国主命を勧請したのが始まりと伝わります。戦国時代は岩槻城の総鎮守として、江戸時代は江戸の鬼門を守る守護神として、歴史の中でも重要な位置を占めてきました。近年では、社名が「くいず」と読めることからクイズ番組のロケ地に使われたことも。勝負運祈願の参拝者も多いそうです。

絵馬を掛けるところも孔雀

☞孔雀はインドでは神格化されている鳥。災厄も食べるといわれています ☞主祭神の大国主命は商売繁盛や縁結び、病気平癒など、オールマイティなご利益の神様

☞孔雀の刺繍が施された御朱印帳は紺とピンクの2色。表紙を開くと、孔雀の長い尾羽が開いて美しい!各1300円

9日限定!孔雀の羽が開いた限定御朱印

右の字……奉拝
中央の字…久伊豆神社
右の印……武州岩槻総鎮守
中央の印…上・久伊豆神社印
　　　　　下右・打出の小槌
　　　　　下左・孔雀

☞通常は閉じている孔雀の尾羽が、毎月9日だけは開きます。おめでたい雰囲気がうれしい♪

撫で牛や叶い犬など縁起のいい像に触れて

☞菅原道真公を祀る北野天満宮の前には、撫でると悪いところが治るといわれる「撫で牛」が ☞安産を助けてくれる「叶い犬」。周囲にある干支から自分か赤ちゃんの干支を選んで撫でると、方位除けの力がいただけます ☞稲荷社には願い事を書いた「願掛け稲荷」がずらり

ご利益おもちかえり

白い救邪苦御守 1500円

☞9日のみ頒布される特別なお守り。邪なものや苦しみから救ってくれます

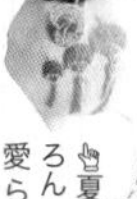

夏詣風鈴守 1000円

☞夏限定の、ころんとした形が愛らしいお守り。風鈴はひとつひとつ刺繍されています

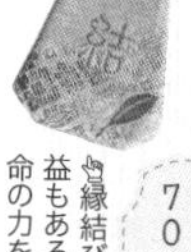

縁結守 700円

☞縁結びのご利益もある大国主命の力を持ち帰りましょう

DATA 久伊豆神社
大国主命《おおくにぬしのみこと》
欽明天皇年間(539~571)
流造《ながれづくり》
住 さいたま市岩槻区宮町2-6-55
交 東武アーバンパークライン岩槻駅から徒歩15分
料 無料

+α メモ/ 毎年10月19日は秋季例大祭が、神社本庁から献幣使(本庁の幣を供進する使い)を迎えて盛大に行われます。江戸時代に日本三奴のひとつと称された「岩槻黒奴」や華麗な「孔雀の舞」が奉納され、時代絵巻のような壮麗さです。

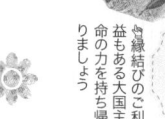

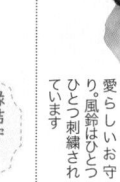

久喜市

武将たちに愛された大社

鷲宮神社《わしのみやじんじゃ》

開放感あふれる広い境内には商売繁盛の神様らしい、華やかなご神気が満ちています。

出雲族の流れをくむ神社といわれています。中世以降は関東鎮護の神として、源頼朝、足利尊氏、徳川家康など多くの武将に加護を受けました。特に江戸時代には400石の神領を与えられ、歴代将軍の御朱印も残されています。「お酉様の本社」としても知られ、毎年12月の初酉日に催される大酉祭では、商売繁盛を祈願する人々でにぎわいます。

☞社殿を囲む森には多くの境内社があり、散策気分で参拝できます

願いを叶える格式高い古社

☞龍神様が住まわれる、みひかりの池(上)。神楽殿。『吾妻鏡』(1251年)に登場する鷲宮の神楽は、関東神楽の源流といわれています(下) ☞境内中央に堂々と立つ拝殿

季節の彩りが感じられる月替わり御朱印

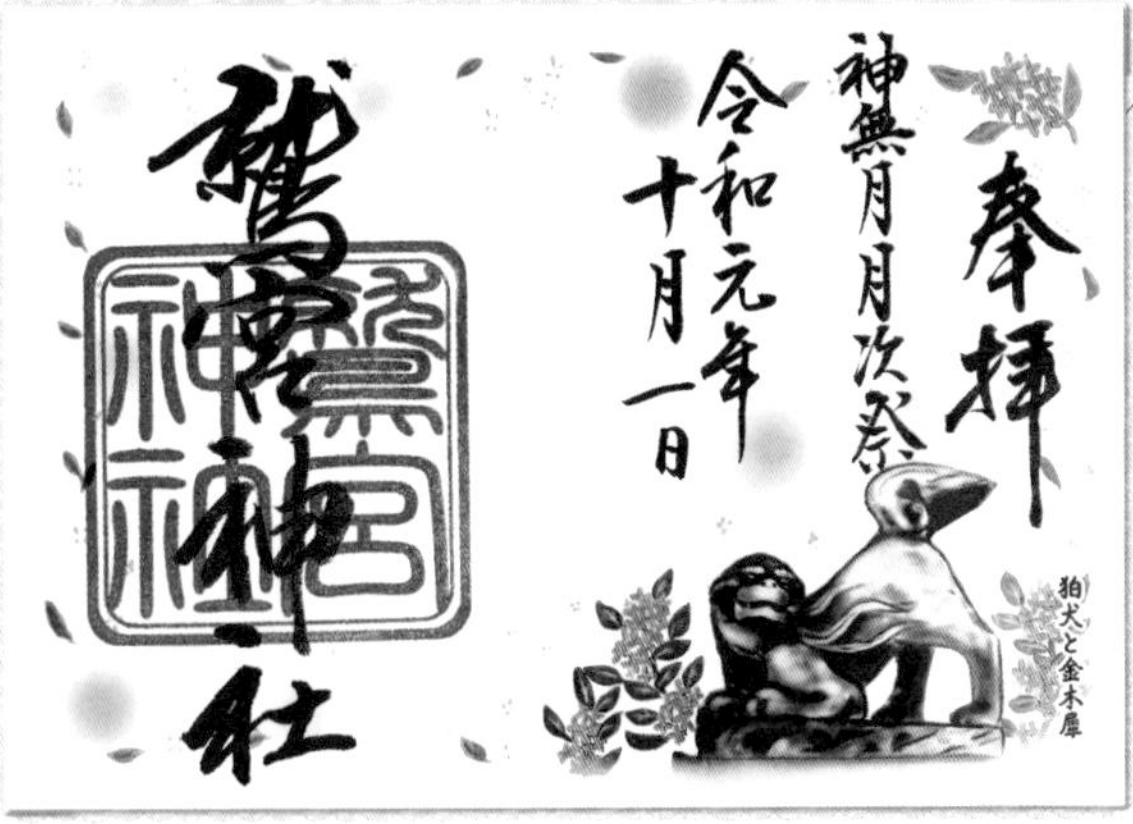

右の字……右・奉拝　左・神無月月次祭
左の字……鷲宮神社
右の絵……狛犬と金木犀
左の印……鷲宮神社

☞毎月1日のみに配布される、300枚限定の月替わり御朱印。なくなり次第終了します

勾玉の印が神々しい　流れるように美しい墨書

右の字……奉拝
中央の字…鷲宮神社
右の印……大酉本社
中央の印…鷲宮神社
左の印……鷲宮神社社務所之印

☞通常の御朱印は、拝殿前にある社務所で直書きしてもらえます

ココだけの御朱印帳！

☞カラフルな社紋や勾玉などをちりばめた、ポップな表紙が素敵です。御朱印(通常)込みで2000円

ご利益おもちかえり

富久福さま　1000円

☞打出の小槌を持った笑顔の大黒様が、家内安全・商売繁盛をもたらします

勝守　500円

☞黒地に虹色のグラデーションが美しい、龍の切り絵の勝ち守りです

DATA 鷲宮神社
天穂日命《あめのほひのみこと》・武夷鳥命《たけひなとりのみこと》・大己貴命《おおなむちのみこと》
紀元前1世紀頃　流造《ながれづくり》
住 久喜市鷲宮1-6-1
交 東武伊勢崎線 鷲宮駅から徒歩8分
料 無料

+α メモ　鷲宮神社では、毎日9時30分〜15時30分の間、30分ごとに祈祷を行っています(1日13回)。各回10分前までに社務所で予約をすれば、祈祷をしていただけます。(祭典行事と重複の場合を除く)

草加市

富士山の女神を祀る産土神

瀬崎浅間神社

●せざきせんげんじんじゃ

かつては瀬崎の中央部にあった浅間神社が、寛永年間（1624～1645）に現在の地に勧請されて多くの信仰を集めてきました。天保13年（1842）に再建された本殿は、地域の富士講の人々の信心深さと面目を感じさせます。見事な彫刻を施した

☞本殿の彫刻は一見の価値あり。拝殿の後ろにまわって見学を ☞溶岩を思わせる台座には躍動感あふれる狛犬様が鎮座

ココにも注目！

☞境内には立派な富士塚も。大正5年（1916）に竣工したもので、今も多くの富士講の講員が訪れます。市の指定文化財

年始と浅間祭の期間だけの限定御朱印

右の字…奉拝
中央の字…浅間神社
右・瀬崎
左・浅間神社
中央の印…上・富士山
下・滝
左の印…浅間神社神璽

☞普段は無住の神社なので、御朱印がいただけるのは年始と7月の浅間祭の日のみ

右の字…奉拝
中央の字…右：瀬崎富士塚
左・小御嶽神社
中央の印…上・富士山
下・滝
左の印…小御嶽神社之印

☞同じ期間、富士塚の御朱印も頒布。ぜひ富士塚にもおまいりして授かって

DATA 瀬崎浅間神社
☀木花咲耶姫尊《このはなさくやひめのみこと》
不明
一間社流造《いちげんしゃながれづくり》
住 草加市瀬崎3-3-24
交 東武スカイツリーライン谷塚駅から徒歩5分
料 無料

+α メモ 普段は静かな境内ですが、毎年7月に開催される浅間祭では約5万人もの人が訪れて大にぎわいに。御神輿や露店などが出て、富士山の山開きをお祝い。瀬崎の人々にとって待ち遠しい、夏の風物詩になっています。

鴻巣市

朱色に染まった猿の霊力

三ツ木神社

●みつぎじんじゃ

樹齢400～500年というご神木、大ケヤキがそびえる参道を拝殿へと進むと、朱色の猿の像が目に飛び込んできます。古くから石像に「御朱」という粉をかけながら祈願するのが習わし。わけても子授け、安産、婦人病平癒のご利益で知られます。

☞住宅街にある神社。地域の信仰の対象として続いてきた空気感が漂います

ココにも注目！

☞子授けや安産の祈願は猿の腹部など、願いたい部位に御朱をかけます

通常や申の日限定のほかに四季別の御朱印

右の印…上・申の日詣
下・猿の親子
中央の印…三ツ木神社
左の印…三ツ木神社火印

☞申の日限定。ほほえましい猿の親子の印に、心が和みます

右の字…奉拝
中央の字…三ツ木神社
右の印…桃の絵の中に奉拝 三ツ木神社 記念
中央の印…桃を持った猿
左の印…三ツ木神社火印

☞神の使いの猿が、邪気を祓うとされる桃を持つ、通常の御朱印

ご利益 おもち かえり

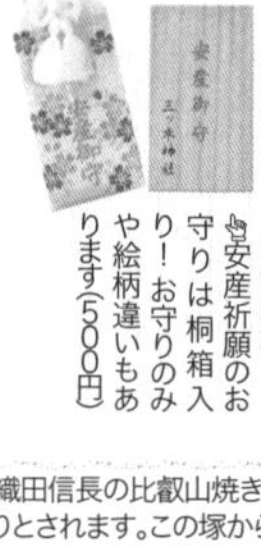

安産御守 桐箱入り 1000円

☞安産祈願のお守りは桐箱入り！ お守りのみや絵柄違いもあります（500円）

DATA 三ツ木神社
☀大山咋命《おおやまくいのみこと》
天正12年（1584）
不明
住 鴻巣市愛の町169
交 JR高崎線北鴻巣駅から徒歩8分
料 無料

+α メモ 社伝によれば織田信長の比叡山焼き討ちから逃れた僧がこの地を訪れ、光を放つ塚を見つけて祠を建て、山王権現を祀ったのが始まりとされます。この塚からは金環や勾玉などが出土し、かつて古墳だったといわれています。

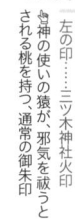

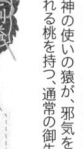

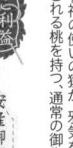

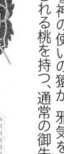

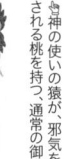

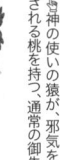

5 歴史上の人物に思いをはせて

どの時代においても、歴史上の人物と寺社は深い関係があります。菩提寺であったり、神として祀られたりとさまざまです。縁のある寺社に参拝し、思いをはせるのもよいでしょう。

山門の「真大山」の額は、寛政の改革で知られる老中・松平定信公の筆といわれています

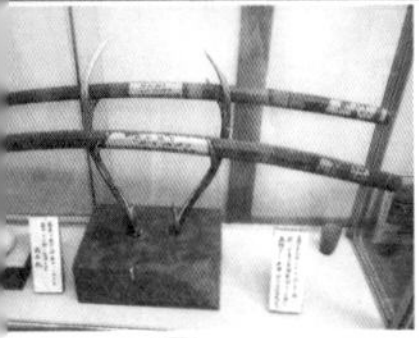

広い境内には、不動堂を中心に、弁財天堂や地蔵堂、鐘楼などが点在

歴史好き必見の宝物館も!

宝物館は拝観無料。古文書や、徳川家康公が宿泊した際の寝衣(写真)が展示されています

家康公が関ヶ原の合戦前に戦勝祈願で奉納した太刀(レプリカ)

越谷市

大聖寺●だいしょうじ

徳川家康も宿泊した古刹

東大寺の開山で知られる良弁《ろうべん》僧正作の不動明王がご本尊。徳川家康公など、戦国大名たちも訪れた歴史あるお寺です。

良 弁僧正が相模の国・大山で修行していた際、不動明王のお告げで1本のケヤキの木から2体の不動明王を彫りました。そのうちの1体がこの地に安置されて大聖寺が開かれたと伝わっています。その後、岩槻城主の太田資正や北条氏繁らの崇敬を受けて栄え、かの徳川家康公もたびたび訪れました。関ヶ原の合戦の前に戦勝祈願で奉納した太刀や、宿泊した際の寝衣などが残されています。

力強くも凛とした筆と不動明王の印が印象的

右の字……奉拝
中央の字…大聖不動明王
左の字……武州越谷大相模不動尊
　　　　　真大山大聖寺
右の印……祈願所
中央の印…カーン(梵字)不動明王
左の印……関東三不動尊霊場
　　　　　大相模真大山

「大相模不動尊」「眞大山」とあるのは神奈川の大山寺と同じ木の不動明王がご本尊と伝わるためです

ご利益 おもちかえり

不動明王御守 500円

厄払いや身体健康、心願成就などにご利益のある不動明王のお力がこもったお守りです

名物虹だんご。香ばしさとモチモチ食感がたまりません

DATA 大聖寺
真言宗《しんごんしゅう》　眞大山《しんたいさん》
不動明王《ふどうみょうおう》
天平勝宝2年(750)
不明
住 越谷市相模町6-442
交 JR武蔵野線南越谷駅／東武スカイツリーライン新越谷駅から朝日バス花田・市立図書館行きで15分、大相模不動尊下車、徒歩1分
料 無料

+α メモ／ 徳川家康公と大聖寺の関係は深く、実は寺名も家康公から賜ったもの。また、関ヶ原へ向かう前に家康公が太刀を寄進し、住職が護摩壇に立てて祈願をしたところ、刀が西へ倒れて西軍(石田方)の敗北を示唆したそうです。

羽生市

小松神社
●こまつじんじゃ

平家とご縁の深い神社

天 慶3年（940）の平将門の乱を平定した平貞盛と藤原秀郷が社殿（伊弉諾尊・伊弉冉尊）を建立。平清盛の嫡男、平重盛（小松内府）は没後ご祭神として祀られています（小松大明神）。社殿隣にあるご神木のイチョウは、そのときに植えられたものといわれています。

☞小松神社算額、朝鮮使節団訪朝を描いた額など、数々の重要文化財が奉納されています（非公開）

☞秋口になると、鳥居横に立つ柿の木がたわわに実をつけます

ココにも注目！

☞天に届きそうなイチョウの大木は樹齢850年。左は小松大明神です

ご利益おもちかえり

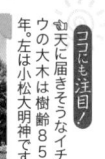

御守 500円

☞表裏で柄が違う、さりげないおしゃれ心を感じさせるお守り

青い鳥守り 500円

☞幸運を運んでくれる青い鳥は、財布やポーチにつけていつも持ち歩きたい

平家の家紋「揚羽蝶」が艶やかな御朱印

右の印……羽生領総鎮守
中央の印…上：小松神社参拝記念と社紋（揚羽蝶）
下：干支
左の印……イチョウの葉

☞赤、緑のコントラストが華やかな印です。右下にはその年の干支の印が押されます。出張祭典のため神職不在のこともあります

DATA 小松神社

伊弉諾尊《いざなぎのみこと》・
伊弉冉尊《いざなみのみこと》・
小松大明神《こまつだいみょうじん》

景行天皇55年（125）　入母屋造《いりもやづくり》

住 羽生市小松280
交 東武伊勢崎線羽生駅から徒歩20分
料 無料

神川町

大光普照寺
●だいこうふしょうじ

聖徳太子が開祖の古寺

飛 鳥時代に聖徳太子が創建したという歴史を誇り、厄除け元三大師の寺としても有名。毎年1月3日は最大の縁日であり、御開帳・だるま市が開かれ、初詣とあいまって多くの参拝者が訪れています。武蔵野の高台に位置し、四季の美しい景観も魅力です。

☞江戸時代再建の本堂。境内ではだるま市のほか、子どもたちの成長を祈る稚児行列も行われます

ココにも注目！

☞朱色が鮮やかな赤門。境内には別の黒門から入ります

角大師の護符 700円

☞元三大師の特徴的な鬼形（角大師）が描かれた厄除けの護符

ご利益おもちかえり

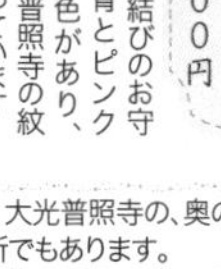

えんむすび守り 700円

☞縁結びのお守り。青とピンクの2色があり、大光普照寺の紋が入っています

元三大師の強いパワーをいただける御朱印

右の字…上：奉拝　下：武州／中央の字…上：キリク（梵字）如意輪観音　下：生身元三大師／左の字…金鑽山／右の印…角大師の姿／中央の印…大光普照寺／左の印…金鑽山之印

☞御朱印は9〜17時まで本堂の中でいただけます

ココだけの御朱印帳！

☞大光普照寺の金色の紋が入った御朱印帳（小）。色は紺、緑、茶の3色。御朱印料を含み、1500円

DATA 大光普照寺

天台宗《てんだいしゅう》　金鑽山《かなさなざん》

十一面観音《じゅういちめんかんのん》・
元三大師《がんさんだいし》

飛鳥時代（1350年前）　なし

住 神川町二ノ宮667-1
交 JR高崎線本庄駅から朝日バス神泉総合支所行きで28分、新宿下車、徒歩10分
料 無料

+α メモ　明治維新の神仏分離令により、大光普照寺の、奥の院金鑽大明神と多宝塔は金鑽神社として分立した歴史があります。児玉三十三霊場の第33番札所でもあります。

6 フォトジェニックな寺社めぐり

神社やお寺には、四季折々の風物詩を大切にしているところも多いもの。春の桜や初夏の藤、夏の風鈴など、日本ならではの美景に会えるフォトジェニックな寺社を紹介します。

川越市

美しい境内はパワスポ満載

川越氷川神社

●かわごえひかわじんじゃ

川越の人気観光スポットにもなっている川越氷川神社。夏は縁むすび風鈴や縁を広げる恋あかりが祈りを届けます。

縁 結びのパワースポットとして人気の神社です。その理由は、2組の夫婦神を含む5柱のご祭神。家族関係にある神様たちが睦まじく座することから、家族円満や縁結びの神様として信仰されています。夏になると、約2000個の江戸風鈴が飾られる「縁むすび風鈴」や、良縁を願う「恋あかり」が登場し、幻想的な風景がそこかしこに。涼やかな音色や淡い光に神様の気配が感じられそうです。

色とりどりの風鈴に願い事を託して

毎年7月上旬から9月上旬まで、境内に風鈴の回廊が現れます。願い事を書いた短冊を好きな風鈴に提げて　夜はライトアップされていっそう幻想的に

厳かで美しい境内はインスタ映えも抜群

約1500年前に創建された川越の総鎮守。彫刻が見事な本殿は県の指定文化財です　川越氷川神社に残る「光る川の伝説」にならい、縁むすび風鈴の期間中、夜は境内の小川がライトアップ　本殿の脇には約20mも続く絵馬のトンネルが

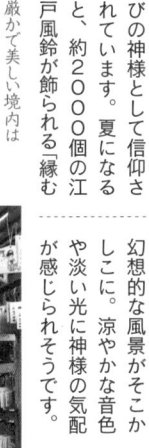

縁むすび風鈴期間限定の御朱印符も楽しみ

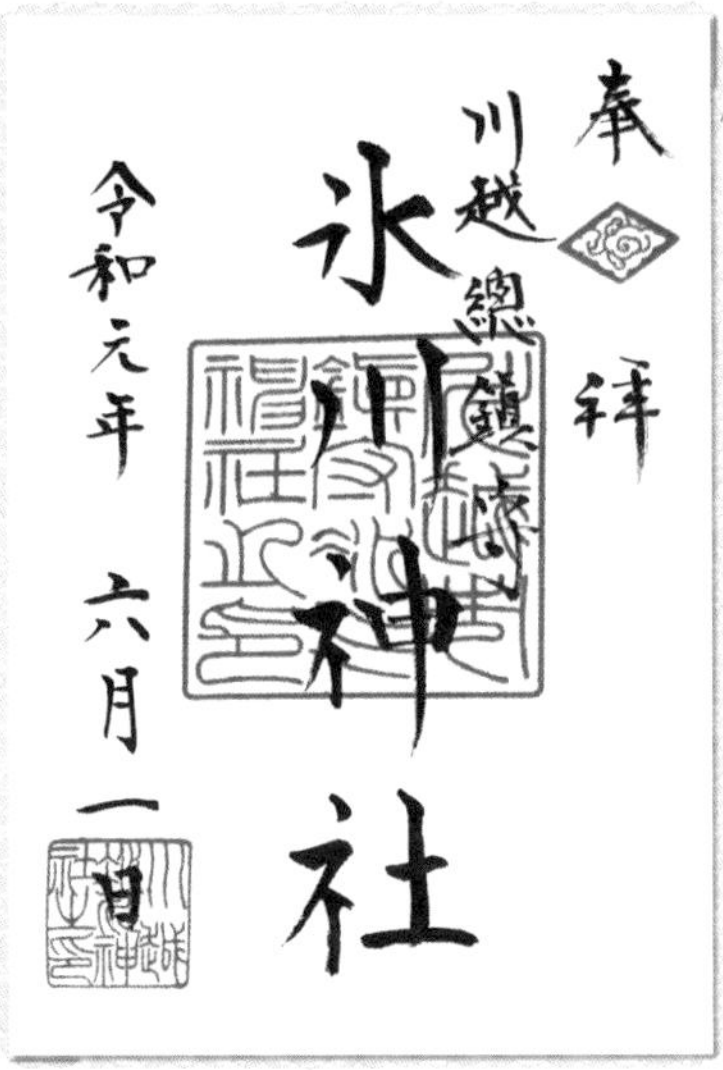

右の字……奉拝
中央の字…右・川越総鎮守　左・氷川神社
右の印……社紋(雲菱)
中央の印…川越市鎮守氷川神社之印
左の印……川越氷川神社之印

☞吉兆を表す瑞雲を菱形に整えた社紋が押されています。境内でもいたるところで見られます

☞縁むすび風鈴期間中は、書置きの限定御朱印符を頒布。絵柄が変わるので何度か訪れるのも楽しみです

ココだけの御朱印帳！

☞毎月25日に頒布される、神職がひとつひとつ結ぶ「まもり結び」がモチーフの御朱印帳。12カ月のなかから選べます。各1500円

ご利益おもちかえり

であいこい守　500円

☞人気の縁結びのお守り。定番の黒のほか、夏の水色など季節ごとの限定色も

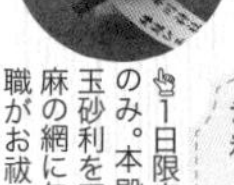

縁結び玉　無料

☞1日限定20体のみ。本殿前の玉砂利を巫女が麻の網に包み神職がお祓いしたもの。朝8時～頒布

赤縁筆　300円

☞鉛筆の端に女子、キャップに男子のイラストが入り、使うほど男女の距離が縮まる仕組み

こちらもCHECK！

寄り道SPOT

映えスイーツでひと休み

隣接する氷川会館の「むすびcafé」でも縁むすび風鈴期間限定スイーツが登場します。風鈴に見立てた器に色とりどりのムースやゼリーが入った「彩り風鈴」や、わらび餅風スイーツが入った「水わらび餅」が目にも涼やか！

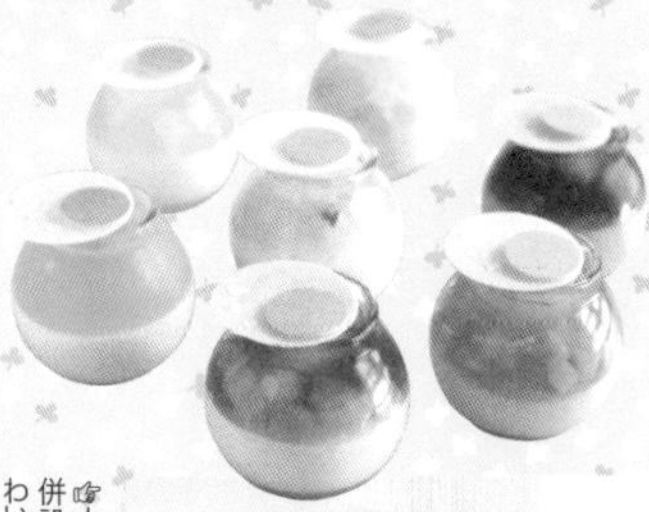

☞ムースやゼリーが層になった彩り風鈴は、桃やメロンなど全7種類

☞カフェには雑貨コーナーも併設。手ぬぐいや豆皿などかわいいグッズが揃います

☞木を使ったナチュラルでリラックスできる雰囲気の店内

むすびcafé　むすびかふぇ

☎049-226-1260　住川越市宮下町2-11 氷川会館1階

時10～17時(季節により異なる)　休不定休(HPで要確認)

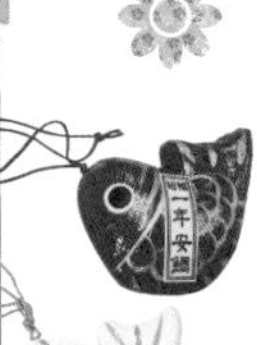

☞自分で釣り上げる「一年安鯛みくじ」や「あい鯛みくじ」各300円もぜひ！

DATA 川越氷川神社

素盞嗚尊《すさのおのみこと》・脚摩乳命《あしなづちのみこと》
手摩乳命《てなづちのみこと》・奇稲田姫命《くしいなだひめのみこと》
大己貴命《おおなむちのみこと》

欽明天皇2年(541)　入母屋造《いりもやづくり》

住 川越市宮下町2-11-3

交 JR川越線／東武東上線川越駅から東武バス埼玉医大・上尾駅西口・平方・川越運動公園行きで10分、川越氷川神社下車、徒歩すぐ

料 無料

+α メモ／ 毎月8日と第4土曜の8時8分から行われる良縁祈願祭は、縁に恵まれたい人や運命の相手に出会いたい人におすすめ。授与品として、「縁結び玉」「良縁祈願のおふだ」「おふだ立て」「縁結び絵馬」などがいただけます。

秩父市

知る人ぞ知る枝垂れ桜の森

清雲寺●せいうんじ

のどかな秩父・荒川地区にある無住のお寺。桜が咲く2週間だけ御朱印がいただけます。

約600年の歴史をもつ由緒ある禅寺。境内には創建時に植えられたとも、その前からあったともいわれるエドヒガンザクラをはじめ、約30本もの枝垂れ桜の大木が森の様相を呈しています。普段は無住で静かなお寺が、桜の季節には淡いピンクと華やかな桃色に彩られ幻想的な美しさに。見頃は4月初旬～中旬で、この時期だけ御朱印を頒布します。

一年の間で2週間だけの貴重な御朱印

右の字……武州上田野
中央の字……延命地蔵尊
左の字……岩松山 清雲寺
中央の印……不明
左の印……岩松山清雲寺之印章

☞お寺は普段は無住で、御朱印がいただけるのは桜の開花時期のみ

ほかでは見られない桜の天蓋に感動

☞開花期間中は桜のライトアップも行われ、いっそう幻想的に。例年18時～20時30分

☞開山した棋峰香(ぼいほうこう)禅師が植樹したと伝わるもっとも古い桜は樹齢650余年

ご利益おもちかえり

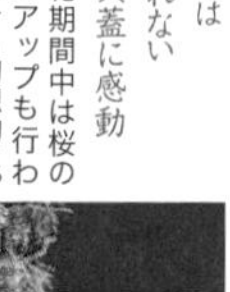

延命地蔵菩薩守護守 500円

☞ご本尊のお守り。枝垂れ桜もお寺の総代も皆長寿で、ご利益間違いなし！

御守 300円

☞境内の桜の木の枝で作ったお守り。境内にあるムクロジの実が付いています

☞門に掲げられた額には花の生き様を歌った句が

DATA 清雲寺
臨済宗《りんざいしゅう》
岩松山《がんしょうざん》
延命地蔵菩薩《えんめいじぞうぼさつ》
応永27年(1420)　不明
住 秩父市荒川上田野690
交 秩父鉄道武州中川駅から徒歩10分
料 無料

+α メモ／ 桜が満開時期を迎える毎年4月8日は、ご本尊の延命地蔵菩薩の縁日。上田野は、昔から信仰の里として多くの史跡も残っています。数百年もこの地を見守ってきた幽玄な枝垂れ桜の森にパワーをいただいたあとは、史跡を訪ねてみては。

本庄市

藤の花を愛でながら参拝

長泉寺 ●ちょうせんじ

本庄市の郊外に立つ、室町時代に縁起をもつ古刹。境内で春に咲き誇る「骨波田《こつはだ》の藤」が有名です。

文 明4年(1474)、上州平井城主関東管領・上杉顕定が開祖。児玉三十三霊場の31番札所、東国花の寺百ヶ寺の埼玉4番でもあります。境内には、埼玉県の天然記念物に指定されている「骨波田の藤」があり、古木の樹齢は650年と推定。春には本堂の前で藤棚が大きく広がり、花房は1m以上、4色の花が咲き誇るさまは絶景です。

印の多さが特徴 文字と印のバランスが良い

右の字…上・奉拝　下・大用山／中央の字…十一面観世音／左の字…長泉寺／右の印…児玉第三十一番霊場／中央の印…上・バク(梵字)釈迦如来　下・ベイ(梵字)毘沙門天／左の印…上・東国花の寺百ヶ寺　下・曹洞宗大用山長泉寺

十一面観世音の文字が書かれた児玉三十三霊場の御朱印。御朱印は8～17時まで本堂横の寺務所でいただけます

江戸時代の火災を逃れた2つの門も見どころ

本堂の前に広がる藤の花。期間限定でライトアップも　最初に迎えてくれる趣のある総門(右)。2階構造の立派な山門は、階段で2階に上ることができます。階上には延命地蔵菩薩や聖観音菩薩、文殊菩薩が安置されています(左)

ご利益おもちかえり

御守(家内安全)300円

家内安全と無病息災にご利益があります。中の木板には延命地蔵菩薩の姿が描かれています

御守(交通安全)300円

交通安全と学業成就にご利益があります

DATA 長泉寺

曹洞宗《そうとうしゅう》　大用山《だいようざん》

釈迦如来《しゃかにょらい》・十一面観世音菩薩《じゅういちめんかんぜおんぼさつ》

文明4年(1474)　なし

住 本庄市児玉町高柳901

交 JR八高線児玉駅から車で10分

料 無料(藤開花期間中は500円)

+α メモ 「骨波田の藤」開園期間は、4月下旬から5月上旬です。開園時間は8～18時、入場料は大人500円(中学生以上)、小学生以下無料。開花状況はHPで確認しましょう。

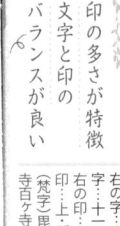

7 最強パワスポと御朱印

最近、なんだかツイてない……。ちょっと疲れているかも? そんなときは、神気あふれる最強パワースポットへ。境内に入った瞬間「空気が変わる」の声も続々!

☞格闘家や起業家など著名人も多く訪れる人気のパワースポットです

秩父市

霊気に満ちた奥秩父の古社
三峯神社
●みつみねじんじゃ

雲取山《くもとりさん》、白岩山《しらいわさん》、妙法ヶ岳《みょうほうがだけ》の3つの峰に囲まれた三峯神社。関東屈指のパワースポットで大自然の気をいただきましょう。

日本武尊がこの地を訪れた際、美しい峰が連なる風景に感動し、伊弉諾尊と伊弉冊尊の国生み神話に思いをはせて2神を祀ったのが始まりといわれます。標高約1100mに位置する参道や境内は霧に包まれていることが多く、神秘的な雰囲気。ご神木やご眷属のお犬様を祀る御仮屋神社など、境内には見どころもいっぱいです。参拝後は、温泉で心身ともにパワーをチャージ!

☞神明造のお社は伊勢神宮。境内には多くの摂末社があります ☞参道の入口にある「三ツ鳥居」は全国的にも珍しい造り。両脇に控えるのは、ご眷属の山犬です

美しい彫刻やお犬様の像も見どころ

☞寛文元年(1661)に建てられた本殿は、県指定文化財 ☞日本武尊を導いたと伝わるお犬様がご眷属。御仮屋神社ではたくさんのお犬様の石像が見られます ☞拝殿は寛政12年(1800)建立。周囲を彩る極彩色の彫刻が美しい

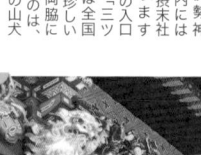

御朱印にも霊気があたっています

右の字……登拝
中央の字…三峯神社
右の印……奥秩父
　　　　　三峰山
中央の印…三峰神社
左の印……三峰山

☞山々の気脈が集う境内で書かれた御朱印も霊気を浴びているそう。大切に持ち帰りましょう

2種類の書置きの御朱印も

右の字……登拝
中央の字…三峯神社
中央の印…三峰神社
右の絵……あやめの花

右の字……登拝
中央の字…三峯神社
中央の印…三峰神社
中央の絵…ご眷属(お犬様)

☞社紋に使われているあやめの花とお犬様が描かれた御朱印を書置きで用意。各500円

ココだけの御朱印帳！

☞境内に咲く草花があしらわれた風流なデザイン。1500円

☞少し大判で凹凸のある立体的な表紙が豪華な雰囲気。3000円

パワスポめぐりで総合&恋愛運アップ

☞えんむすびの木の下にある拝所には縁結びこよりや縁結びおみくじが　☞樹齢800年のご神木は有名なパワースポット。幹に手を当てて力をいただきましょう

奥宮におまいり。遥拝殿も

☞条件が合えば雲海も見られる遥拝殿。奥宮は正面の岩峰の頂にあります　☞妙法ヶ岳の山頂にある奥宮は、神社から徒歩約1時間30分。時間があれば挑戦したい

ご利益おもちかえり

氣守 各1000円

☞ご神木が封入されたお守り。赤・緑・紺・ピンクの4色があります

ごもっとも守り 600円

☞節分祭「ごもっとも神事」にちなんだお守り。子孫繁栄にご利益があります

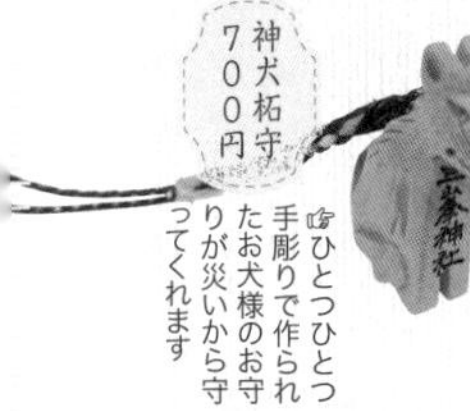

神犬柘守 700円

☞ひとつひとつ手彫りで作られたお犬様のお守りが災いから守ってくれます

こちらもCHECK！

寄り道SPOT

カフェ&ショップ

境内に宿泊施設やカフェ、ショップなどが。宿泊施設の温泉は立ち寄り湯も可能です。

☞神仏習合時代の旧本堂・小教院。今はコーヒーがいただけます(右)。ショップにはオリジナルグッズもたくさん！(左)

DATA 三峯神社

伊弉諾尊《いざなぎのみこと》・伊弉册尊《いざなみのみこと》

寛文元年(1661)

一間社春日造《いっけんしゃかすがづくり》

住 秩父市三峰298-1

交 秩父鉄道三峰口駅から西武観光バス三峯神社行きで50分、三峯神社下車、徒歩すぐ

料 無料

+α メモ／ 拝殿前の敷石には、水をかけると、赤い目の龍が浮かび上がります。2012年の辰年に初めて現れて話題に。携帯電話の待ち受けにすると運気が上がるとか？ 水と柄杓が置いてあるので、わかりにくい場合は敷石にかけてみて。

長瀞町

日本武尊の伝説が残る古社

寶登山神社

●ほどさんじんじゃ

秩父三社のひとつで、ミシュラン・グリーンガイドジャポンで県内初の1ツ星を獲得。彫刻が見事な本殿は必見です。

約1900年前、日本武尊が東国平定の途中に登った山で山火事に遭いました。そこへ神使の山犬たちが現れて火を消し、頂上へ案内してくれたので、日本武尊はこの山を「火止山《ほどやま》」と名付け、神様を祀ったそうです。その後「火止山」が「宝登山」となり、今に至るそう。そんな神話が残るだけに、境内も神気あふれすがすがしい雰囲気。創建由来の地、奥宮へもぜひ参拝を。

☞本殿への石段前に立つ二の鳥居。笠木が反り上がった形が特徴

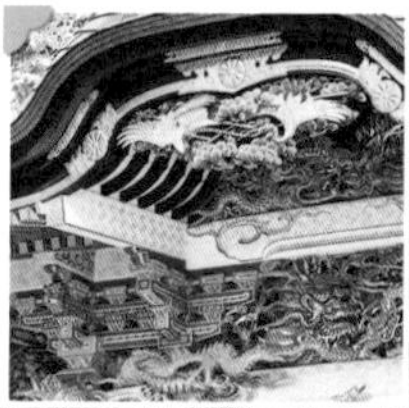

極彩色の見事な彫刻に思わずため息がこぼれます ☞再建されてから150年近く経つ本殿。2010年に大改修が行われ、建築当時の鮮やかな色彩が蘇りました ☞儒教の教え「二十四孝」の物語を図案化(右)。拝殿正面の柱には龍が睨みを利かせています(左)

広い境内にはさまざまな神様が
☞農業や商工業の神様を祀る寶玉稲荷神社 ☞拝殿の左奥には、山から湧き出る清水の神様を祀る神社も！ ☞藤谷淵神社には、近隣にあった8社が合祀されています

古代の英雄の足跡を伝えるスポットも
☞寶登山神社に縁の深い日本武尊を祀るお宮もあります ☞本殿裏には、日本武尊が宝登山に登る前に身を清めたといわれている「みそぎの泉」が今も残ります

端正な書とかわいい寶登山の印が印象的

中央の字…寳登山神社
右の印……上・秩父長瀞　下・寳登山
中央の印…寳登山神社
左の印……寳登山神社々務所印

☞山を思わせる「寳」や、王冠を思わせる「山」を取り入れた「寳登山」の印がユニーク

ひと足のばして奥宮へ

宝登山山頂の奥宮へ参拝

標高497mの山頂にある奥宮へも、宝登山ロープウェイを使えば楽々アクセス。境内奥にある山麓駅から山頂駅まで約5分、そこから徒歩10分ほどで奥宮です。参拝した人しかもらえない御朱印もあります。

☞日本武尊が3柱の神様を祀ったと伝わる地。道案内の山犬も鳥居の前に鎮座しています

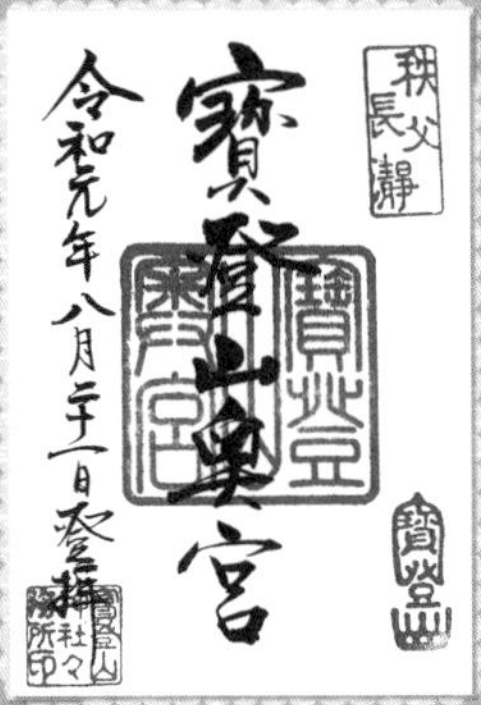

中央の字…寳登山奥宮
右の印……上・秩父長瀞　下・寳登山
中央の印…寳登山奥宮
左の印……寳登山神社々務所印

☞奥宮に参拝するといただける特別な御朱印。山頂なので日付の下は「登拝」になっています

ココだけの御朱印帳！

☞2018年の夏から登場した季節の限定御朱印帳。桜、紅葉、船玉祭、雪景色と、秩父の四季が描かれています。各2000円

ご利益おもちかえり

相生のお守り　各700円
☞昭和天皇のご成婚を祝って植樹した相生の松にちなんだお守りです

吉祥寶守　1000円
☞お守りを持つ人の宝を守り、もっと豊かになるよう、導いてくれます

☞境内の売店で焼きたての黄金団子を。1本300円

DATA 寳登山神社
☀神日本磐余彦尊《かんやまとといわれひこのみこと》・火産霊神《ほむすびのかみ》・大山祇神《おおやまづみのかみ》
景行天皇40年(110)
権現造《ごんげんづくり》
住 長瀞町長瀞1828
交 秩父鉄道長瀞駅から徒歩15分
料 無料

+α メモ／ 宝登山の頂上は、秩父盆地と秩父連山を一望する絶景スポット。ほかにも、関東有数のロウバイの植栽地として知られる宝登山蠟梅園や、ニホンザルや羊、ヤギなどが見られる宝登山小動物公園もあり、楽しみ方いろいろ！

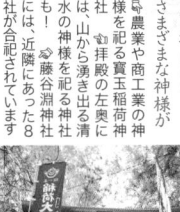

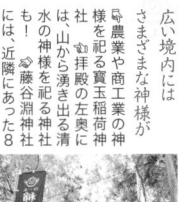

小鹿野町

滝が流れる修験者の聖地

観音院
●かんのんいん

般若心経と回向の文字、合わせて296段の石段の先に弘法大師も訪れたと伝わる修験者たちの聖地が広がります。

☞かつては木造3階建てのさざえ堂式だった本堂。明治26年(1893)に焼失し、現在のものは昭和47年(1972)に再建されました

創 建年は定かではありませんが、天平年間に行基《ぎょうぎ》が聖観音像を作り、ご本尊としたのが始まりといわれます。日本一の大きさを誇る石の仁王像が立つ門の先、秘境の色濃い石段を上りきると、滝が流れる境内が。弘法大師が爪で彫ったといわれる約300体もの磨崖仏や多くの石仏が見られ、山全体が霊場となっています。約15分で往復できる東奥の院にも参拝を。

☞迫力満点の仁王像は、信州の名工・藤森吉弥の作。一枚岩で彫ったものとしては日本一の大きさ！ ☞石段の途中には多くの石仏や歌碑が並びます。眺めながら上ればいつの間にか境内に到着

変化に富んだ風景の東奥の院へ ☞東奥の院への入口では約1700万年前の地層が見られ、地理・考古学的にも貴重な場所です ☞平安～鎌倉時代の武将、畠山重忠が馬を休めたという伝説が残る「馬の足痕岩窟」。岩の上に馬の蹄のような模様があります ☞見晴らし抜群の東奥の院。近くには芭蕉の句碑も

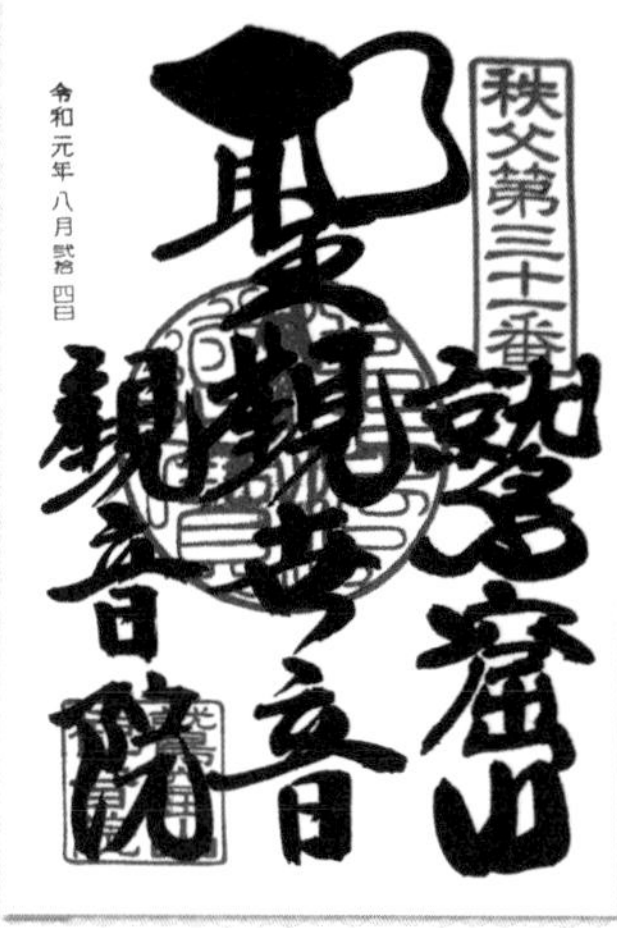

観音様らしいやわらかな書が印象的

右の字……鷲窟山
中央の字…聖観世音
左の字……観音院
右の印……秩父第三十一番
中央の印…仏法僧宝(三宝印)
左の印……鷲窟山観音院

☞御朱印は奥にある納経所で、世話人の方に書いていただけます

DATA 観音院

曹洞宗《そうとうしゅう》　鷲窟山《しゅうくつさん》
聖観世音菩薩《しょうかんぜおんぼさつ》
不明　不明
住 小鹿野町飯田観音2211
交 西武秩父線西武秩父駅から西武観光バス栗尾行きで45分、栗尾下車、徒歩40分
料 無料

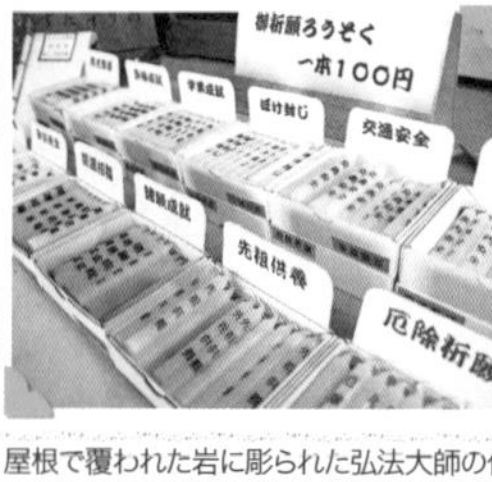

☞御祈願ろうそくも種類が豊富。自分に合ったものを供えて

ご利益おもちかえり

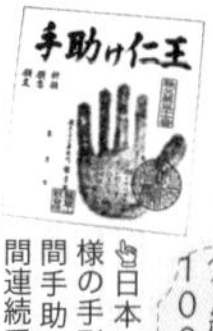

手助け仁王 (色紙) 1000円
☞日本一の仁王様の手形が一年間手助け。18年間連続で授かりにくる人も！

お願い地蔵 500円
☞願いを書いて納めると参拝者に代わって観音様に願いを掛け続けてくれます

+α メモ／ 滝の手前、屋根で覆われた岩に彫られた弘法大師の作と伝わる約300体もの磨崖仏は、風化しやすい岩質のためにどんどん薄くなっているそう。肉眼よりも写真に撮るとわかりやすいので、訪れたらぜひ探してみて。

神川町

金鑽神社

古代の祭祀を伝える大社 ●かなさなじんじゃ

神川町の御嶽山麓に鎮座する古社で、日本武尊が関東平定の折に火鑽金(火打金)を御室山に納めたことが起源。神楽殿では神話を題材にした金鑽神楽が行われています。境内には国指定重要文化財の多宝塔や、国の特別天然記念物の鏡岩などがあります。

☞重厚な造りの拝殿。周囲の大木と相まってパワーを感じる空気が流れています

☞多宝塔は、天文3年(1534)に安保氏の頭領・安保全隆が建立しました

ココにも注目!

☞拝殿の奥には中門があり、本殿がなく神体山を拝する形式です

いにしえの時代に思いをはせさせる御朱印

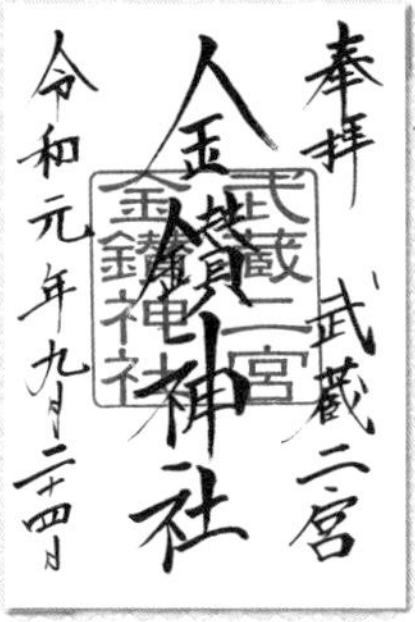

右の字……上・奉拝 下・武蔵二宮
中央の字…金鑚神社
中央の印…武蔵二宮 金鑚神社

☞武蔵二宮とは武蔵の国の2番目の神社という意味です。初穂料は500円です

ご利益おもちかえり

厄除御守 500円

☞病気やけが、事故などのトラブルから守ってくれます。色は緑と黒の2色

ココだけの御朱印帳!

☞勇ましい金の龍と神体山である御室山が描かれた格好いいオリジナル御朱印帳。1200円

DATA 金鑚神社

- 天照大御神《あまてらすおおみかみ》
- 元禄年間(1688~1704)
- 神明造《しんめいづくり》(拝殿)
- 住 神川町二ノ宮751
- 交 JR高崎線本庄駅から朝日バス神泉総合支所行きで28分、新宿下車、徒歩20分
- 料 無料

+α メモ/ 御朱印は授与所でいただけます。時間は9~16時です。本殿がないという珍しい形式の神社は、長野県の諏訪神社、奈良県の大神神社とこの金鑽神社の3社のみです。

さいたま市

中山神社

氷川の大神を祀る太古の社 ●なかやまじんじゃ

武蔵一宮氷川神社(P120)と氷川女體神社(P77)を結ぶ線上の中間に位置し、別名「氷川簸王子《ひおうじ》神社」と呼ばれる氷川三社のひとつ。主祭神である大己貴命は簸王子の神ともいわれ、氷川の大神の強力な神気をいただけるパワースポットとして人気です。

☞創建は人皇10代崇神天皇の御代2年と伝えられ、2000年以上の歴史を誇ります。市の指定文化財建造物である旧社殿は約500年前のもの。ぜひ見学を

凛とした書と八雲の社紋がすがすがしい

右の字……奉拝
中央の字…中山神社
中央の印…上・社紋(八雲) 下・中山神社

☞特別御朱印(「氷川簸王子神社」「氷川荒脛神社」)もあります

ココにも注目!

☞摂社の荒脛神社には、猿田彦命が祀られており、開運・導き・魔除のご神徳がいただけます

ご利益おもちかえり

開運福しゃもじ 1500円

☞開運成就や福徳円満などのご利益がある縁起物です

DATA 中山神社

- 大己貴命《おおなむちのみこと》・須佐之男命《すさのおのみこと》・稲田姫命《いなだひめのみこと》
- 崇神天皇2年(紀元前96)
- 流造《ながれづくり》
- 住 さいたま市見沼区中川143
- 交 JR京浜東北線ほか大宮駅から国際興業バス中川循環で15分、中山神社下車、徒歩5分
- 料 無料

+α メモ/ 大己貴命(簸王子の神)は、別名大国主命とも呼ばれ、「だいこくさま」で有名な神様。商売繁盛のほか、開運、厄災消除、病気平癒、縁結びまでオールマイティ! 悩み事を打ち明け、真摯におまいりすればきっと応えてくれます。

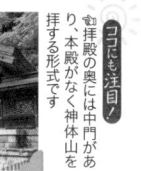

御朱印帳&便利グッズカタログ

御朱印人気に伴って、今や御朱印帳もさまざまなタイプが登場しています。クラシカルな和風からモダンデザイン、キュートなものまで、好みのタイプに出合えそうです。御朱印帳をより便利に使える、お役立ちグッズもいろいろ揃っています。

Selection ❶

寺社オリジナル御朱印帳

御朱印が授与される大多数の寺社には、オリジナルの御朱印帳があります。寺社の縁起や特色にちなむデザインは、それぞれが個性的で魅力的！

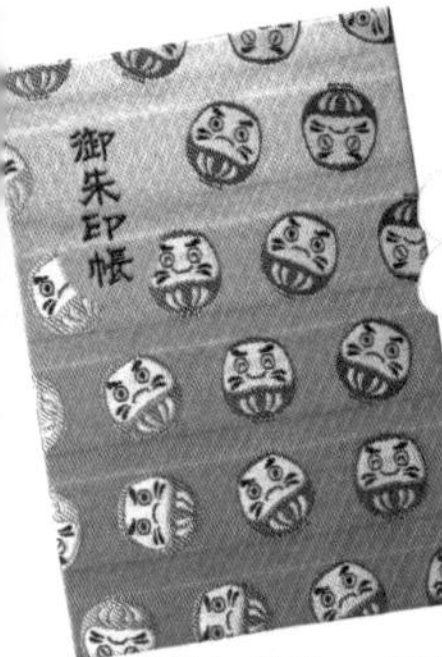

縁起が良さそうな、だるま和尚の表情

川越の新年の風物詩、だるま市が行われる喜多院（→P106）。名物行事にちなみ、御朱印帳にはかわいらしいだるまがあしらわれています。

コレクター心を刺激する百花繚乱の御朱印帳

伝統的なデザインのものはもちろん、乙女心をくすぐるガーリーなタイプ、日本を代表する画家、横尾忠則氏デザインのアーティスティックなものなど。今や御朱印帳そのものが持っていて楽しく、思わず集めたくなる個性派揃いです。

平安を感じさせる鳩と雲の取り合わせ

鳩ケ谷という地名から、飛び交う鳩をモチーフにデザイン化した、鳩ケ谷総鎮守 氷川神社（→P44、127）の御朱印帳。

色彩も含めサイケデリックなイメージ

ご祭神の素盞嗚命と太陽の大胆なデザインは、鎮守 氷川神社（→P8、126）と横尾忠則氏がコラボした御朱印帳。毎月15日に頒布され、即終了の人気ぶり。

豪華絢爛な名建築画を眺めて楽しむ

国宝妻沼聖天山（→P72）の御朱印帳は、国宝指定の本殿「聖天堂」がデザインされた豪華なもの。日光東照宮を彷彿させる本格的装飾建築で、埼玉日光と呼ばれています。

御朱印帳はどこで買う？

寺社で作成のオリジナル御朱印帳は、基本的に各寺社で購入します。そのほか書店や文具店、雑貨店、ネット通販などで豊富な種類のものを購入できます。

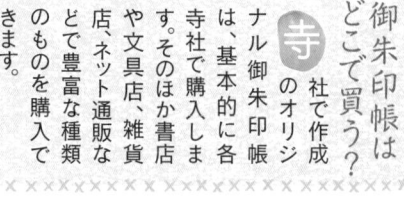

多彩なデザインで心ときめく御朱印帳

持っているだけで楽しくなる御朱印帳

鷲宮神社（↓P50）では、カラフルな勾玉や社紋などがデザインされたキュートな御朱印帳を頒布しています。

九曜紋は平将門の家紋に由来した紋様

九重神社（↓P11、129）の「九曜紋&ご神木モデル」の御朱印帳。ご神木は幹周り6・5mで県内最大、樹齢500年以上のスダジイの大木。

幻想的かつ、心癒やされるイメージ

初夏、八幡神社前の湿地に現れるというホタルの御朱印帳。絵本の1ページのような印象。糀谷八幡神社（↓P92）で限定日に頒布。

長瀞の夏の風物詩、船玉祭がモチーフ

寳登山神社（↓P60）の御朱印帳『長瀞の四季』の『夏』。四季折々の光景が織りなす名画のような美しさが魅力。

伝統的モチーフの迫力と説得力あり

菖蒲神社（↓P84）の御朱印帳は、珍しい木製の表紙。鮮やかな十二単の女性が描かれた雅な雰囲気。これもコレクター心を直撃する御朱印帳といえます。

八大龍王は仏教の守護神でもある

水神である八大龍王を祀る秩父今宮神社（↓P78、115）の御朱印帳。天を駆ける勇壮な龍神の姿に、おのずとパワーを授かれそうな印象。

Selection 2

埼玉で購入! とっておきの御朱印帳

古くから氷川神社の鳥居前町として栄えた大宮や、寺社仏閣が多い小江戸、川越には、おしゃれで個性的な御朱印帳を扱うショップが揃っています。

おしゃれでかわいい御朱印帳に出合える

こだわりの製品で衣食住を整えたい人のためのブランドショップや、オリジナルの御朱印帳が作れる製本所の古民家ショップ、小江戸情緒たっぷりの和テイスト雑貨を扱うショップなど、魅力的な店舗が勢揃いしている埼玉。おまいりがてら、個性派御朱印帳探索へ!

川越

金属箔を施した独特の和紙を使った御朱印帳

フランスの金箔技法、ギルディングを施した和紙が美しい御朱印帳。製本所の技術で丁寧に作られた上質な仕上げや、手ざわりが魅力です。

川越御朱印MAP付きも!

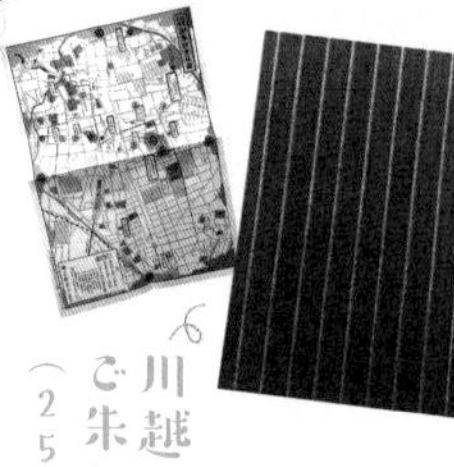

川越唐桟ご朱印帳(2530円)

水上製本所《みずかみせいほんじょ》

小江戸川越の入口にたたずむ古民家の製本所。1冊から製本でき、お気に入りの和紙や着物地を持ち込めば、自分だけの御朱印帳を作ってもらえるのも魅力です。

DATA 水上製本所
☎ 049-226-3452
住 川越市新富町1-4-4
交 西武新宿線本川越駅から徒歩3分
時 土・日曜、祝日9時30分～17時、月・木曜12時30分～17時
休 火・水・金曜

ギルディング和紙御朱印帳(4600円)

川越唐桟織りと土佐和紙を使った御朱印帳など

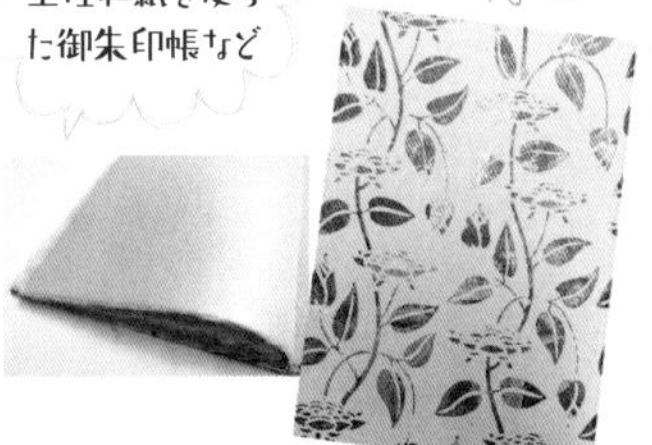

和紙ノート(980円)

秩父

御朱印帳を買って御朱印めぐり帰りは温泉に入る

御朱印をいただける寺社が豊富な秩父。駅前の複合施設ではおしゃれな御朱印帳も販売しています。御朱印めぐりのあとは温泉でさっぱりして帰るのがおすすめです。

秩父の味みやげも充実!

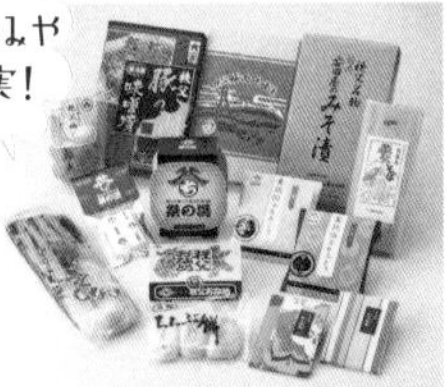

新啓織物 銘仙手漉き和紙朱印帳(3850円)

西武秩父駅前温泉《せいぶちちぶえきまえおんせん》 祭の湯《まつりのゆ》

秩父の祭りをコンセプトにした複合型温泉施設。おみやげコーナーでは御朱印グッズも販売している。寺社がたくさんあり、御朱印めぐりをする人も多い秩父ならではの品揃えです。

DATA P119

和柄のおしゃれな御朱印グッズが豊富!

秩父銘仙朱印帳巾着(3972円)

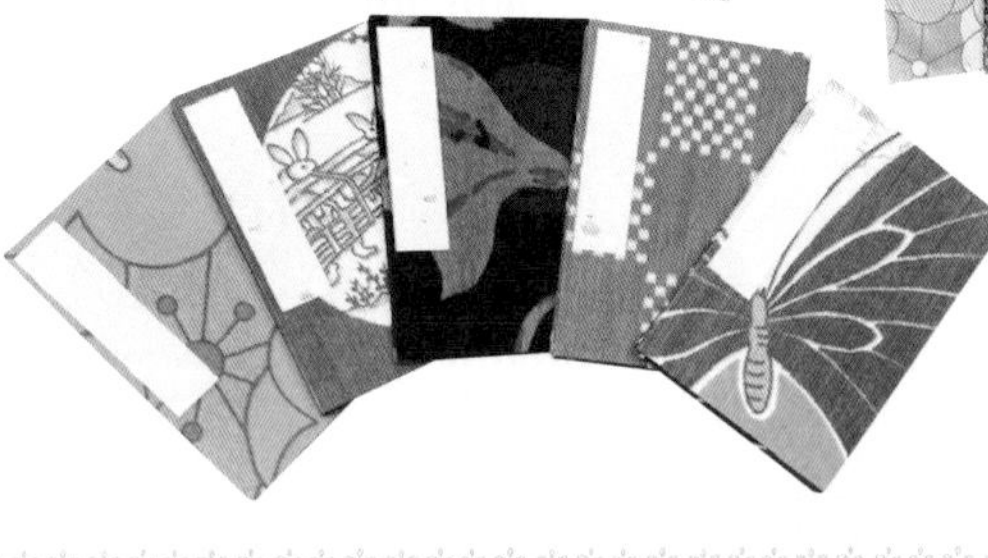

秩父銘仙御朱印帳(3850円)

大宮

ロフトならではの視点で厳選された素敵な御朱印帳

デザインはもちろん、素材や使用感にもこだわった御朱印帳が揃います。ロフトならではの視点で、御朱印帳として以外の使い方も提案しています。

マスキングテープでおなじみ「mt」とのコラボも！

ふくふく御朱印帳 うさぎ《うさぎ》（1485円）

ロフト限定 mt×ロフトコラボ御朱印帳 ストライプ（1430円）

goen 友禅朱印帳（1430円）

いろどり御朱印帳 十二支（子／寅）（各2200円）

大宮《おおみや》ロフト《ろふと》

文具やコスメ、インテリアなど、多種多様な商品を取り揃える人気の生活雑貨専門店。埼玉県内10店舗のなかで最大の大宮店では、御朱印帳のほか御朱印グッズも販売しています。

DATA 大宮ロフト

☎ 048-643-6210
住 さいたま市大宮区桜木町1-6-2 そごう大宮店8階
交 JR京浜東北線ほか大宮駅西口から徒歩3分
時 10～20時
休 無休

川越

レトロで華やかな着物のような御朱印帳

日本の伝統的な小紋柄や干支などがデザインされた上品な御朱印帳。蛇腹式で厚みのある和紙なので、裏移りしにくいなどそれぞれに特長があります。

縁起のいい柄で、お寺でも神社でも使えます

Ki-Yan 向干支朱印帳（各3080円）

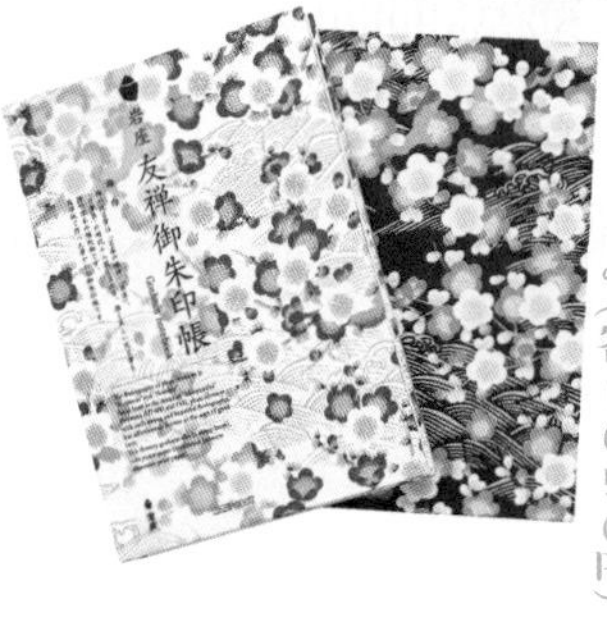

友禅朱印帳（各1650円）

日本の神様御朱印帳（各1980円）

岩座《いわくら》 川越 椿の蔵店《かわごえつばきのくらてん》

「川越 椿の蔵」2階にある「日本の美しいこころ」をテーマに、古き良き日本の伝統を感じさせる品物が揃うお店。雑貨やアクセサリーなど、和のテイストを取り入れた商品に出合えます。

DATA 岩座 川越 椿の蔵店

☎ 049-227-7031
住 川越市幸町3-2 椿の蔵2階
交 西武新宿線本川越駅から徒歩16分
時 10～19時（土・日曜、祝日は～20時）
休 無休

Selection ❸

ネット専門店の御朱印帳&便利グッズ

オンラインの御朱印帳専門店では、豊富なデザインの御朱印帳やお役立ちの関連グッズがラインナップされています。

御朱印帳

ポップなデザインやシック&モダンなものなど、つい集めたくなるイマドキの御朱印帳。お寺や神社、エリア別などで使い分けても◎。

独特の色づかいでノートとして使っても楽しい

A 亀甲家紋和柄（1980円）

A 福猫青海波（1980円）

C 御朱印帳（八雲・月白）（2200円）

C 御朱印帳（金襴・黄）（2420円）

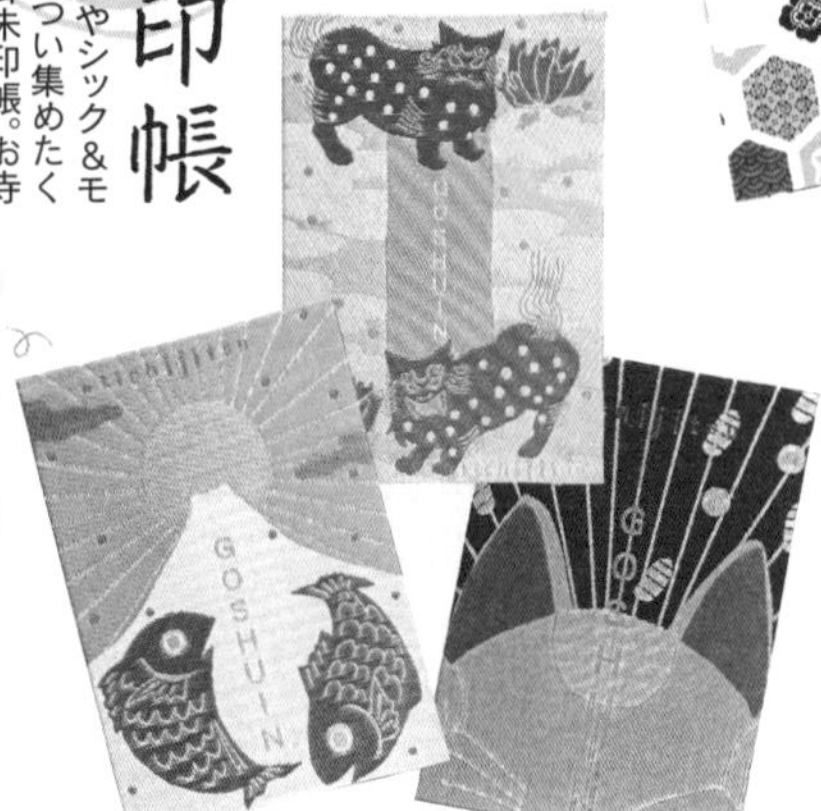

B GOSHUINノート（各2200円）

おみくじ帖

おみくじは神様からのお告げ。保存しておきたい人におすすめ！

切込みに挟むだけでおみくじが保存できちゃう

A 海のさかなたち（2530円）

A 花うさぎ 紺（2530円）

御朱印ホルダー

書置きの御朱印など、御朱印帳のサイズに合わないものでも、のり付けしないで貼れるので便利でうれしい！

フィルムをはがし御朱印を貼ります。特殊な加工のフィルムで貼り直しも可能

大判サイズの御朱印帳より、少し大きいサイズ

A 御朱印ホルダー（各2970円）

大事な御朱印帳の収納袋ほか、便利なグッズが勢揃い！

お守り型の袋

お守り型のはがき大サイズのポーチ。お守りや大事なものを収納！

縁起のいいモチーフとかわいい色づかいが魅力

B おまもりぽっけ（各3850円）

御朱印帳袋

蛇腹の御朱印帳はバッグの中でバラけてしまいがち。リボン付き封筒型やポーチ型、巾着型などの専用袋に収納すれば汚れも防げます。

大事な御朱印帳は袋に入れて持ち運べば安心！

C 御朱印帳巾着袋＋出雲づくし・茜（2090円）

B ごいっしょぶくろ（各2200円）

A 御朱印帳袋 キツネ／ペンギン ※御朱印帳は別売り（各2860円）

御朱印帳バンド&しおり

御朱印帳を留めるベルトや、御朱印をいただくページに挟むしおりもおすすめのグッズです。

A 伊賀組紐しおり（1個2420円～）

C 御朱印帳バンド 梅結び（各561円）

御朱印帳を水濡れや汚れから守ってくれる、透明のビニールカバーも便利！

C 御朱印帳カバー（451円）

A 御朱印帳カバー（330円～）

お気に入りの御朱印帳を大事に飾って保管できる優れもの

C 御朱印帳立て（1265円）

A か ホリーホック

かわいらしいデザインからシックなものまで、幅広い年代に向けた、多彩なデザインの御朱印帳が探せる専門店です。毎月新柄が追加されるほか、御朱印帳手作りキットや関連グッズもいろいろ揃っている便利なショップです。

https://www.goshuincho.com/

B 昔 ここかしこ

昔から神や仏、ご先祖などに祈りや願いを捧げ慕ってきた日本人。そんな「拠りどころ」をテーマに商品をセレクト。キュートなデザインが人気の「kichijitsu」など、御朱印集めがより楽しくなるようなグッズが揃っています。

http://kokokashiko.jp/

C 島 しるべ

島根県出雲市にある御朱印帳専門店のオンラインショップです。伝統工芸品として高度な技術で手作りされる御朱印帳が、常時500種類以上の豊富なデザインで揃っているので、好みのタイプに出合えるはずです。

http://goshuinstore.com/

※商品の柄は変更され、販売終了となることもあります

埼玉のお祭り&イベントをチェック!

日本三大曳山祭!

歴史ある寺社仏閣が多い埼玉県内には、追力の火祭りやユネスコの文化遺産登録の祭り、個性派祭りなどが勢揃い! 楽しんで運気UPを!

新年の開運にだるまゲット!

1月 2月 3月 4月 5月 6月 7月 8月 9月 10月 11月 12月

1月3日
与野七福神巡り・七福神仮装パレード
与野七福神 …P140
「与野七福神巡り」に合わせ、七福神に扮した人々が上町氷川神社から7カ所の寺社をまわります。

1月3日
初大師 だるま市
喜多院 …P106
境内には露店が軒を連ね、大小さまざまなだるまが並びます。毎年数十万人が訪れる市です。

節分の日
ごもっとも神事
三峯神社 …P58
「ごもっとも棒」と呼ばれる巨大なすりこぎ棒状の神札に災難除けを祈願する、珍しい豆まき神事です。

2月3日
忍城下節分祭豆まき
行田八幡神社 …P90
各種イベントや縁日も開催。まかれた福豆の中には、当たり券が入っている物もあり景品と交換もできます。

3月 第1日曜
長瀞火祭り
不動寺 …P134
秩父路に春を告げる行事。炎の上を裸足で走る迫力満点の荒行が特徴で開運厄除、宝福招来を祈願するお祭りです。

3月 桜開花時期の2週間程度
秩父荒川清雲寺しだれ桜まつり
清雲寺 …P56
樹齢600年の名木はじめ大小30本のしだれ桜のある名所。夜間のライトアップや露店、物販などが楽しめます。

4月3日
寶登山神社例大祭
寶登山神社 …P60
神武天皇を祀る長瀞の神社で最も重要なお祭り。厳粛な祭典はじめ、神楽、獅子舞など郷土芸能が観賞できます。

4月18・19日
国宝妻沼聖天山春季例大祭
国宝妻沼聖天山 …P72
日本三大聖天のひとつである寺院の祭事で、柴燈大護摩火渡りや稚児行列、奉納相撲大会、民謡流しなどを開催。

4月中旬～5月上旬
菖蒲のフジ
菖蒲神社 …P84
1m以上の花房をつける樹齢400年の「野田藤」が壮観。地元の愛好会による踊りなどが披露されにぎわいます。

5月4日
さきたま火祭り
前玉神社 …P42
神話由来の火祭りで古代装束の「ニニギノ命」と「コノハナサクヤ姫」の行列が登場。見物客を神話の世界へ。

5月 第4週の週末
大宮薪能
武蔵一宮氷川神社 …P120
金春、観世、宝生流の三流派を中心に特設の能舞台で舞い、観客を幽玄の世界に誘う国内屈指とされる薪能です。

6月30日～7月6日
茅の輪くぐり
川越八幡宮 …P74
茅の輪をくぐり、身代わり人形に自身の罪汚れを移すことによって、心身ともに新しく清浄に生まれ変わるといわれる伝統の神事です。

7月上旬～9月下旬
縁むすび風鈴
川越氷川神社 …P54、109
特設回廊に約2000個の風鈴が飾られる幻想的なお祭り。

7月 中旬の日曜
平方のどろいんきょ
八枝神社 …P34
白木の神輿に水をかけ、泥の中でころがし、水と泥と神様が一体になる平方の奇祭です。

7月 下旬の土・日曜
行田八坂祭
行田八幡神社 …P90
市民祭「浮き城まつり」とあわせて行われ、神輿の渡御や山車の叩きあいが圧巻です。

8月 第1月曜
七夕儀
前玉神社 …P42
笹飾りほか、水ろうそく、かがり火、照明で参道や境内をライトアップ。雅楽演奏会も開催。

8月1日
武蔵一宮氷川神社例大祭
武蔵一宮氷川神社 …P120
例大祭で氷川神社に集結した各町内の山車や神輿が、夕刻からは大宮駅周辺を練り歩きます。

9月 下旬
やぶさめ神事
糀谷八幡神社 …P92
木馬に跨り弓で的を射る祭事。地元の高校弓道部の模範試射や「こどもやぶさめ」、お囃子なども。

10月 第2日曜
龍勢祭
椋神社 …P99
龍勢は昔からこの地の農民たちに伝わる手作りロケット。天を駆けのぼる姿が龍を思わせ、最近注目の祭りです。

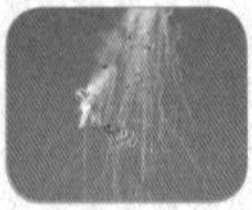

10月14・15日
川越氷川神社例大祭(川越まつり)
川越氷川神社 …P54、109
2016年ユネスコ無形文化遺産に登録された祭事。蔵造りの小江戸の街を約8m超の大きな山車が曳き廻されます。

11月2・3日
本庄まつり
金鑚神社 …P95
鎮守様のお祭りとして親しまれ、絢爛豪華な江戸型山車10基が中山道を優雅に巡行するさまはまさに時代絵巻です。

12月1～6日
秩父夜祭
秩父神社 …P114
京都祇園祭、飛騨高山祭と並ぶ日本三大曳山祭のひとつ。「秩父祭の屋台行事と神楽」でユネスコ無形文化遺産に登録。

12月10日
大湯祭(十日市)
武蔵一宮氷川神社 …P120
氷川神社の「大湯祭」に合わせ開かれる酉の市。縁起物の熊手などの露店が約1000店も並び夜遅くまでにぎわいます。

第4章

ご利益でめぐる御朱印

お願い事別に訪れたい寺社を集めました。素敵なご縁や、金運アップ、健康運など、御朱印とともに寺社のご利益も授かりましょう。

❶ 恋愛・縁結びに効く寺社

素敵な人に出逢って恋をしたい…。そんなときは神頼み！ 自分磨きも欠かせませんが、神様の力も借りちゃいましょう。恋愛成就・縁結びに強い寺社をご紹介します。

熊谷市

聖天さまに良縁祈願

国宝妻沼聖天山

●こくほう めぬましょうでんざん

北関東屈指の大寺院で、国宝の本殿など見どころ満載。縁結びのご利益もいただける強力なパワースポットです。

聖 「天さま」と呼ばれる大聖歓喜天をお祀りしている寺院で、日本三大聖天のひとつとしても知られています。妻沼の聖天さまは、特に縁結びのご利益があることで有名。恋愛、結婚、商売、学業など、あらゆる良縁を結んでくださいます。境内は見どころが多く、特に日光東照宮の流れをくむ豪華絢爛な彫刻が施された、国宝の本殿は必見です。

☞妻沼聖天山を創建した斎藤別当実盛公は、『平家物語』にも登場する平安時代末期の名将。武勇に優れ、義理人情に厚い人物だったといわれています

歴史的価値のあるすばらしい建造物の数々

☞創建から何度も修復・再建されている本殿　☞1番目の門、貴惣門は屋根が3つの破風になっている珍しい造り。国指定重要文化財です

縁結びを力強く後押しする聖天さまの御朱印

右の字……奉納
中央の字…大聖歓喜天
左の字……上・武州妻沼郷　下・聖天山
右の印……武州妻沼歓喜天霊場
中央の印…ギャクギャク(梵字)歓喜天
左の印……聖天山歓喜精舎法印

☞ご本尊である大聖歓喜天の御朱印で、特に指定がなければこちらの御朱印を授与しています

関東お遍路さんの最終地を飾る御朱印

右の字…奉納／中央の字…大聖歓喜天／左の字…上・武州妻沼郷　下・聖天山／右の印…関東第八十八番／中央の印…ギャクギャク(梵字)歓喜天／左の印…上・結願所　下・聖天山歓喜精舎法印

☞国宝妻沼聖天山は関東八十八カ所霊場めぐりの最終地。巡礼の証しにいただきたい御朱印です

優しい観音さまの御心をいただく

右の字…奉納／中央の字…上・サ(梵字)観世音菩薩　下・観世音／左の字…上・武州妻沼郷　下・聖天山／右の印…関東三十三観音札所十六番／中央の印…サ(梵字)観世音菩薩／左の印…聖天山歓喜精舎法印

☞境内にある関東健康長寿ぼけ封じ観音霊場第16番札所の御朱印

この世を光で包む勢至菩薩の御朱印

右の字…奉納／中央の字…大勢至菩薩／左の字…上・武州妻沼郷　下・聖天山／右の印…上・聖天山　下・武州路十二支本尊霊場午歳守り本尊／中央の印…サク(梵字)勢至菩薩／左の印…聖天山歓喜精舎法印

☞知恵の光で照らし、迷いや苦しみから救う大勢至菩薩の御朱印は、希望に満ちたグリーンで

ココだけの御朱印帳

☞本殿が印象的な御朱印帳(1500円)は、御朱印袋(1500円)とセットでどうぞ。鷲(聖天さま)が猿(人間)を救う壁面彫刻の一面がモチーフ

見る者を圧倒する豪華絢爛な装飾彫刻

☞江戸建築技術の頂点ともいわれる本殿は「埼玉日光」の異名をもつ国宝。全面にわたり華麗な装飾彫刻で埋め尽くされています。2019年に美装化工事を終えました　☞布袋様と恵比寿様が碁を打つ様子(西側面)(右)。子どもたちが雪だるまを作る冬の情景(北側面)(中)。江戸彫の後藤家の初代・後藤茂右衛門正綱による鳳凰の彫刻(北側面)(左)

静けさの漂う森は密かなパワースポット

☞昭和33年(1958)に戦没者の供養と世界平和を願って建立された平和の塔。国登録有形文化財です　☞互いに寄り添う縁結びのご神木「夫婦の木」

ご利益おもちかえり

えんむすび御守 500円

☞デイリーに持ち歩きたい、結び目のかわいいお守りはピンクと水色の2色

特別御守 1000円

☞本殿壁画にある鷲の絵柄入りの参拝記念お守り。桐の箱に入っています

国宝御守 1000円

☞本殿の艶やかさそのままの豪華なお守りは、特別なパワーをいただけそう

DATA 国宝妻沼聖天山

高野山真言宗《こうやさんしんごんしゅう》

妻沼山《めぬまさん》　大聖歓喜天《だいしょうかんぎてん》

治承3年(1179)　権現造《ごんげんづくり》

住 熊谷市妻沼1511

交 JR高崎線／秩父鉄道熊谷駅から朝日バス妻沼聖天山行きで30分、妻沼聖天前下車、徒歩すぐ

料 国宝本殿拝観料700円(9時30分〜16時)

こちらもCHECK!

寄り道SPOT

持ち帰りたい縁結び最中

参拝のおみやげに「縁結び最中(120円)」はいかが? 参道脇の甘味処「丸岡堂」で販売しています。

☞甘めのつぶ餡がぎっしり詰まった手作り最中

+α メモ／ 寺院の周辺には茶房や食堂が連なり、昔ながらの味を楽しめます。中門横にある「聖天寿し」のいなり寿司は、普通のいなり寿司2個分という特大サイズ。ジューシーな味わいが人気で、参拝後のランチにも最適です。

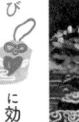

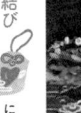

川越市

夫婦の銀杏が良縁を応援

川越八幡宮●かわごえはちまんぐう

川越の地に約1000年鎮座する、歴史ある八幡宮。縁結びの銀杏や足腰健康の民部《みんぶ》稲荷など見どころもいっぱい！

☞明仁天皇の御生誕年に神職が植えた2本の銀杏が1本に。秋は2色の紅葉が見られます

八幡様というと必勝の神様のイメージですが、こちらは2本の銀杏が1本に結ばれた「夫婦銀杏」のパワーで、恋愛運のご利益がすごいと評判です。参拝のあとは、ぜひ夫婦銀杏にも触れて良縁を願って。また、箱根駅伝の選手もおまいりに訪れる民部稲荷や悩みを聞いてくださるぐち聞き様など、ユニークな神様も。心身ともに軽くなり、よい出会いを引き寄せましょう。

☝境内には8羽の鳩が隠れています。すべて見つけられたら幸せが舞い込むかも？

☝埼玉県内でも珍しい、はがきの木。葉っぱに鉛筆などで文字を書くとずっと残るそう

ユニークな神様がいっぱい

☝「一度に10人の訴えを聞き分けた」という聖徳太子の姿のぐち聞き様に悩みを打ち明けて（右）。桃のご神木と「厄除け桃」（左）

八幡宮のご神鳥・鳩の印がかわいい御朱印

右の字……奉拝
中央の字…川越八幡宮
右の印……ご神鳥の鳩
中央の印…川越八幡宮
左の印……川越八幡宮（社務所之印）

☞鳩の印は月替わり。口にくわえた銀杏の文字も、「和」「美」「幸」など毎月変わります

ココだけの御朱印帳！

☞夫婦銀杏の木の枝を飛び回る2羽の鳩のデザインがいかにも良縁を運んでくれそう。2色から選べます。各1500円

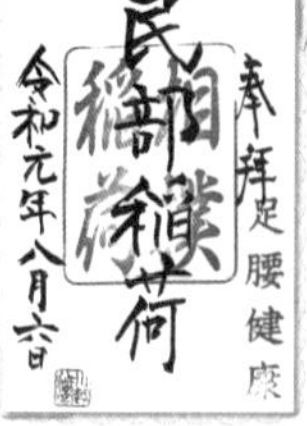

民部稲荷の御朱印も

右の字…奉拝／中央の字…民部稲荷／右の印…足腰健康／中央の印…相撲稲荷／左の印…川越八幡宮（社務所之印）

☞相撲好きな狐が住職に打ち身手当の術を教えてくれた昔話が由来

ご利益おもちかえり

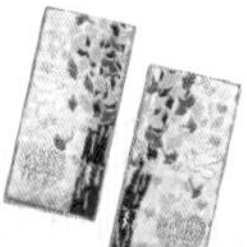

絆守 各1000円

☝2つで一対になる夫婦銀杏のお守り。恋人同士や片思いの人との絆を深めます

金運守 700円

☝財宝を思わせる金色のころんとした形が、お金や福を呼び込んでくれそう

DATA 川越八幡宮

応神天皇《おうじんてんのう》

長元3年（1030）

権現造《ごんげんづくり》

住 川越市連雀町17-1

交 JR川越線／東武東上線 川越駅東口から徒歩6分

料 無料

+α メモ/ 毎月第1・3日曜日の16時から、良縁祈願祭（要予約・初穂料3000円）が行われています。夫婦銀杏や、「出会い鳩」として古来崇められてきたご神鳥の力も恋愛・婚活の進展に力を貸してくれるはず！

朝霞市

出雲大社 埼玉分院

県内唯一の出雲大社が一新

●いずもたいしゃ さいたまぶんいん

出雲大社 埼玉分院への昇格に伴い、2020年元旦、本殿や境内が一新され、御朱印や授与品のデザインも新しくなります。縁結びの祈願には出雲大社からの御分霊がパワーを発揮してくれます。小さなお社が結ぶ、大きなご縁を授かりましょう。

☞大社造を模した本殿と縦格子のモダンな社務所が、伝統と未来を結ぶ形に

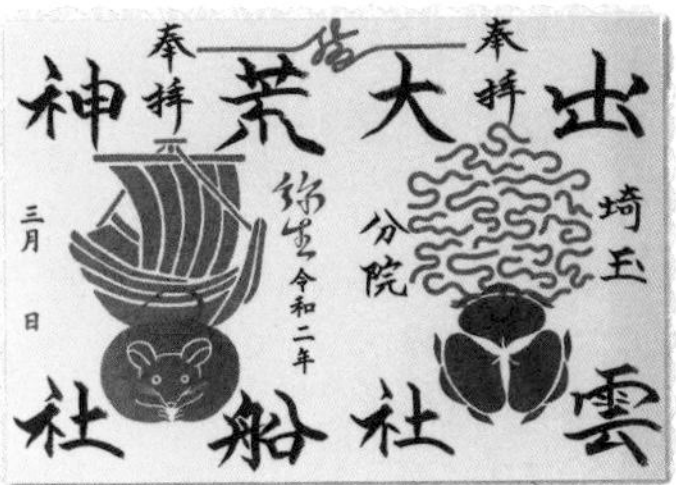

かわいらしいデザインの見開き御朱印

右の字…奉拝 出雲大社 埼玉分院／左の字…奉拝 荒船神社／右の印…上・社紋（出雲大社 埼玉分院） 下・兎／中央の印…むすび／左の印…上・社紋（荒船神社） 下・干支 右・弥生

☝御朱印紙は月ごとに色が異なります

ご利益おもちかえり

お守 800円

☝交通安全や家内安全、合格祈願など、ご利益、デザインもさまざまです

千支限定お守り 800円

☝出雲大社 埼玉分院の相殿に鎮まる、荒船神社で授与されるお守りです

ココだけの御朱印帳！

☝注連縄のほか、出雲大社にまつわるオリジナルのアイコンが施されています。1500円 ※写真はイメージです

DATA 出雲大社 埼玉分院
大国主大神《おおくにぬしのおおかみ》
昭和58年（1983）
住 朝霞市本町2-20-18
交 東武東上線朝霞駅から徒歩5分
料 無料

熊谷市

髙城神社

酉の市も有名な縁結びの神

●たかぎじんじゃ

創建は奈良時代以前とされ歴史ある神社。縁むすびの神を祀り、恋愛成就や友人との縁、就活や夢の成就まであらゆる縁を結ぶとされます。境内の常夜灯は江戸時代に藍染業者が奉納し「愛に染まる」の語呂合わせから、灯明にもご利益があるといわれます。

☝平安時代に延喜式内社に指定されていた神社で、その後焼失し、現在の建物は寛文11年（1671）に再建

ココにも注目！

☝筒が約1m、中のクシが80㎝、日本一長いおみくじ

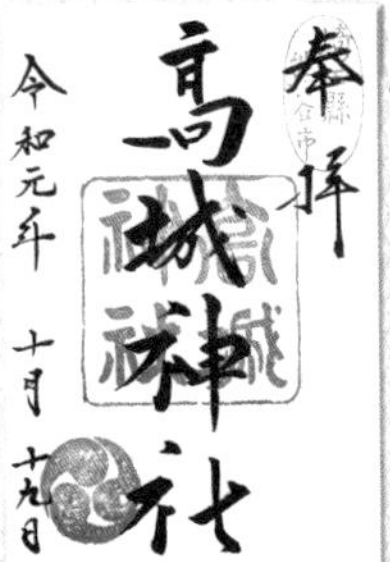

熊谷総鎮守の風格ある御朱印

右の字……奉拝
中央の字……髙城神社
右の印……埼玉熊谷市
中央の印……髙城神社
左の印……社紋（三つ巴印）

☝境内には医学の神を祀る天神社などの末社もあり、歯の神様としても有名です

ご利益おもちかえり

むすび玉 500円

☝かわいい木の「むすび玉」。願い事を書いた紙を中に入れ、成就を願い奉納

むすび守 600円

☝ミサンガ型で、腕につけられるお守り。パワーがありそうな木製チャーム付き

ココだけの御朱印帳

☝社紋の三つ巴、鈴、茅の輪、熊手と小槌、むすび玉など神社由来のモチーフが並びます。1500円

DATA 髙城神社
高皇産霊尊《たかみむすびのみこと》
奈良時代（710年）以前
流造《ながれづくり》
住 熊谷市宮町2-93
交 JR高崎線／秩父鉄道 熊谷駅北口から徒歩15分
料 無料

+α メモ／ 東京では11月の酉の日に行なわれる酉の市。ここでは毎年12月8日に行われるため「八日市」とも呼ばれます。縁起物の熊手「かきこめ」は、福運や財を掻き込むとされ開運や商売繁盛、家内安全のお守りとして授与されます。

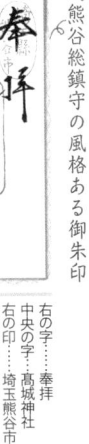

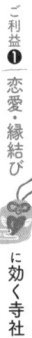

越谷市

女性にうれしいご神徳が満載

越谷香取神社

●こしがやかとりじんじゃ

子授け・安産の女神様や日本で初めて結婚式を挙げた夫婦の神様に、恋人や元気な子どもとの良縁を願いましょう。

経津主大神をはじめ、14柱の神様を祀る大沢の鎮守。特に、木花咲耶姫命が祀られていることから、子授けや安産の神社として知られています。緑豊かな境内には安産の石や縁結びのご神木があるので、拝殿へおまいりしたあと、ぜひめぐってみては。末社には素戔嗚尊を祀る八坂神社があり、五穀豊穣や産業の発展を見守る地域の守護神として親しまれています。

マスコットの亀太くん♪

☝五穀豊穣と日常生活のすべてを守る神として約500年前に創建されたと伝わる神社。江戸時代には、地域の人はもちろん、街道を行く旅人たちにも多く崇敬されました ☝木々に囲まれた参道。3つの鳥居と3対の狛犬が迎えてくれます ☝彫物師・長谷川竹次良による本殿の彫刻が見事！

パワスポめぐり＆おみくじも忘れずに

☝ご神木に縁結び絵馬を奉納して良縁祈願 ☝子授かりや安産のご利益があるといわれる安産の石 ☝社務所の手前に置かれた水鉢脇には水みくじが。水に浸すとご神託が浮き上がります

愛らしい亀の印が押された御朱印

中央の字…香取神社
右の印……上・武蔵国越谷郷
下・亀
中央の印…上・社紋(三つ巴)
下・香取大明神
左の印……香取神社宮司之印

☝マスコットの亀が御朱印にも登場。亀は長寿の象徴でもあるだけに縁起が良さそうです

ココだけの御朱印帳

☝社紋の三つ巴が、黒地にカラフルな色で、水玉模様風にデザインされた和モダンな御朱印帳を頒布しています。1500円

ご利益おもちかえり

子授かり・安産・子育守 800円

☝おくるみに包まれた赤ちゃんのお守り。ひとつひとつ顔やおくるみが違います

開運絵馬 500円

☝亀が描かれたかわいい絵馬。願いを書けば、亀が神様に届けてくれるかも？

DATA 越谷香取神社

経津主大神《ふつぬしのおおかみ》

不明

流造《ながれづくり》

住 越谷市大沢3-13-38

交 東武スカイツリーライン北越谷駅から徒歩3分

料 無料

+α メモ／ 境内では、毎月第3金曜に参加者の半数以上が女性でにぎわう「神社deままマルシェ」、毎月第2土曜は掘り出し物が集まる骨董市を開催。地域振興や地元の人たちの交流の場としての役割もある神社なのです。

"巫女人形"に願いを掛けて

さいたま市

武蔵国一宮 氷川女體神社

●むさしくにいちみやひかわにょたいじんじゃ

埼玉県内で唯一の国宝級の社宝を保持し、2000年の歴史を誇る古社です。主祭神は櫛稲田姫命。境内には見沼を守る竜神を祀った竜神社や、熊の顔が浮かび上がったご神木などパワースポットも多数あります。

☞石段を上ると緑深い社が鎮座。数々の社宝を有し、「武蔵野の正倉院」とも呼ばれます

☞心願成就して奉納された巫女人形がズラリ

ココにも注目!

☞見沼の主の竜を女神様の守護神として祀った竜神社も強力なパワースポット。ぜひおまいりを

ご利益おもちかえり

巫女人形 1200円

☞全国唯一の巫女人形。願いが叶ったら着物を着せて返納するお礼まいりを

竜神様の土鈴 1000円

☞竜の伝説が多く残る見沼。主である竜神様をかたどった土鈴をお守りに

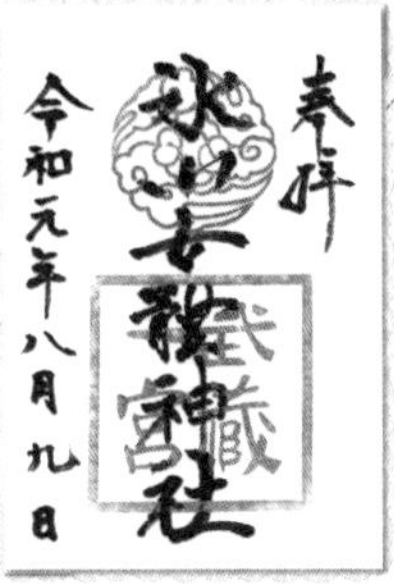

「夏詣など、季節限定印が押されるものも

右の字…奉拝
中央の字…氷川女体神社
中央の印…上：社紋　下：武蔵一宮

☝拝殿左手にある社務所で頒布。宮司がいないときは書置きを用意

DATA 氷川女體神社

櫛稲田姫命《くしなだひめのみこと》
三穂津姫命《みほつひめのみこと》
大己貴命《おおなむちのみこと》

奈良時代(710～794年)
三間社流造《さんげんしゃながれづくり》

住 さいたま市緑区宮本2-17-1
交 JR武蔵野線東浦和駅から国際興業バスさいたま東営業所行きで11分、朝日坂上下車、徒歩4分
料 無料

+α メモ/ 毎年5月4日は祇園磐船竜神祭を開催。国昌寺から、神職や巫女、竜神会の人たちに先導されて出発した竜神様が氷川女體神社へ向かいます。華やかな行列のあとは、祇園祭祭祀遺跡で祝詞奏上や巫女の舞が奉納されます。

里山に立つ4つの神社

三芳町

しあわせ神社

●しあわせじんじゃ

懐かしい古き良き里山を再現した三富今昔村にある「しあわせ神社」は、北之神宮社、くぬぎ鎮守神、しあわせ神社、苦脱ぎ神社の4社を合祀(四合せ)した新しい神社です。四季折々の花や豊かな自然に囲まれた中でおまいりすることができます。

☞くぬぎ鎮守神の祭神・木花咲耶姫命は美しい女神様。安産、子育ての守護神です

☞大鳥居をくぐり、朱色の橋を渡って4社をおまいりします

ココにも注目!

☞天照大御神が鎮座されている北之神宮社は一番奥にあります

ご利益おもちかえり

椰の葉御守り 500円

☝縁結びのご神木・椰(なぎ)の木の葉が入ったお守り。男性用と女性用があります

☞この里山でずっと守られてきた山桜をモチーフにしたおしゃれなデザインの御朱印帳2600円

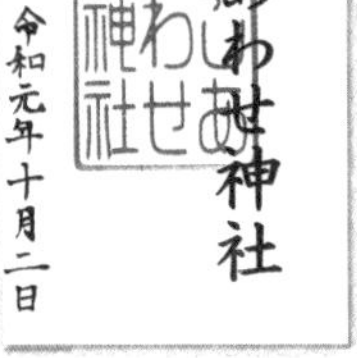

シンプルでやさしい文字が幸せを呼ぶ

右の字…奉拝
中央の字…しあわせ神社
中央の印…しあわせ神社

☝御朱印は雑貨ショップのオークリーフでいただけます。御朱印帳やお守りもあります

DATA しあわせ神社

天照大御神《あまてらすおおみかみ》・
木花咲耶姫命《このはなのさくやひめのみこと》・
豊受大御神《とようけのおおみかみ》・弟橘媛命《おとたちばなひめのみこと》

平成30年(2018)　なし

住 三芳町上富1589-2
交 東武東上線ふじみ野駅、西武新宿線／西武池袋線所沢駅から無料送迎バスで30分
料 三富今昔村入村料500円(土・日曜、祝日、特定日は800円)

+α メモ/ 三富今昔村は広大な自然に囲まれた里山の中で、環境や食の体験ができ、カフェやキッチンカーなどでグルメが楽しめる施設です。営業時間、定休日が季節により異なるのでHPで確認しましょう。

❷ 金運・財運アップに効く神社

夢を叶えるために、幸せに暮らすために…やっぱりあると助かるお金。欲ではなく、具体的な目標とともにおまいりすれば、きっと金運を授けてもらえます。

☞朱色が鮮やかな拝殿は、2019年2月に竣工したばかり。真新しい空間に自然と背筋が伸びます

秩父市

「金色のお姿」で金運上昇

秩父今宮神社

●ちちぶいまみやじんじゃ

役小角《えんのおづぬ》が祀った八大龍王がおわす秩父修験発祥の地。武甲山の伏流水が湧き出す境内は神気にあふれています。

修験道の開祖といわれる役小角がこの地に八大龍王を祀り、秩父修験発祥の地となった、秩父でもっとも重要な霊場のひとつです。境内には秩父最古の泉といわれる龍神池や洞を抱いた千年欅のご神木があり、その周辺で強力な気を感じるという参拝者も多くいます。金運アップをお願いするなら、一粒万倍日がおすすめ。「金色のお姿」の限定御朱印で宝くじ当選の声が続々と届いています。

☞龍神池のほとりには龍上観音が(右)。清龍の滝ではお水取りが可能(左) ☜こちらの稲荷社は商売繁盛にもご利益が

神様の気配をいたるところに感じます

☞武甲山の伏流水が80年かけて湧き出し、神泉となった龍神池 ☜境内中央に枝を広げる、樹齢1000年といわれるケヤキのご神木。洞を目に見立てると、木に龍王様の顔が現れます

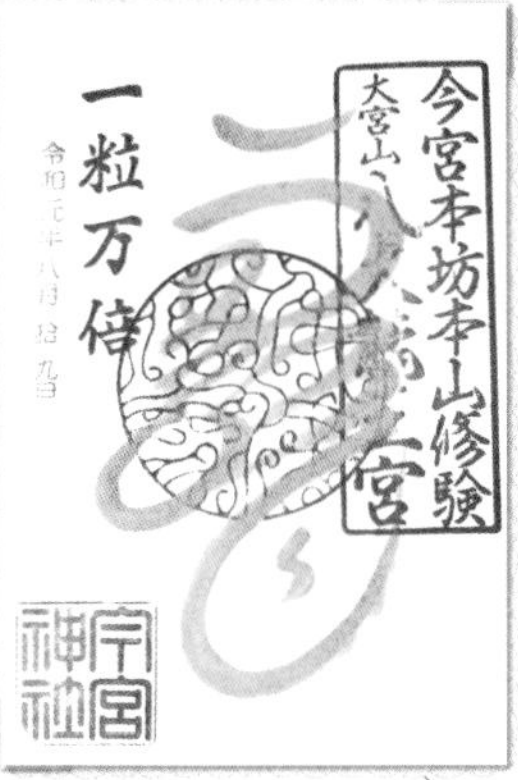

一粒万倍日限定
金色の御朱印

中央の字…龍
右の印……今宮本坊本山修験
　　　　　大宮山八大龍王宮
中央の印…仏法僧宝(三宝印)
左の印……上・一粒万倍
　　　　　下・今宮神社

☞八大龍王のお姿を金色で書いた御朱印。こちらをいただき、清龍の滝でお金を清めるとより金運がアップ

たおやかな
龍上観音のお姿

中央の字…龍
中央の印…龍上観音
　　　　　仏法僧宝(三宝印)
左の印……秩父今宮神社

☞人々を苦しみから救ってくれるという龍上観音を描いた御朱印は、写し書くという人もいるほど人気

ココだけの
御朱印帳

☞天に昇る龍と、龍がすむといわれるご神木のケヤキが描かれた御朱印帳。迫力あるデザインが人気です。

各1200円

参拝の証しにはこちらの御朱印を

右の字……奉拝
中央の字…今宮神社
右の印……秩父霊場発祥の地
中央の印…今宮神社
左の印……今宮神社

☞かつて札所14番があり、秩父観音霊場を広めたため秩父霊場発祥の地といわれています

「龍王を祀る社」を意味します

中央の字…八大龍王宮
右の印……今宮本坊
　　　　　本山修験
　　　　　大宮山八大龍王宮
中央の印…仏法僧宝(三宝印)
左の印……上・秩父修験発祥の地
　　　　　下・今宮神社

☞修験道の開祖・役小角が八大龍王を祀った宮が「八大宮」。別名八大龍王宮です

役小角のお姿を表した墨印入り

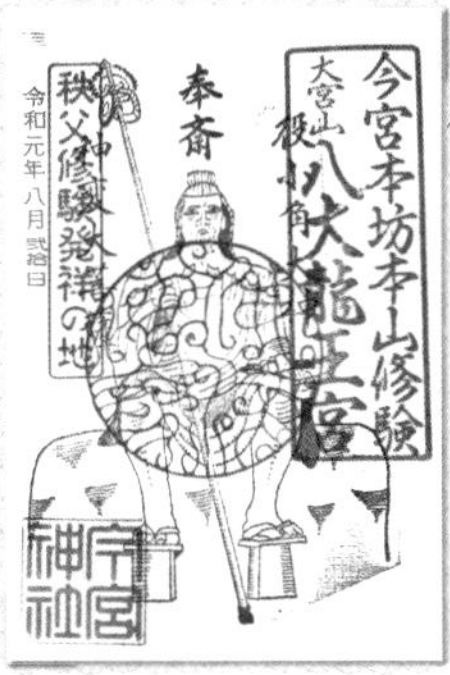

右の印……今宮本坊本山修験大宮山
　　　　　八大龍王宮　役小角大神
中央の印…奉斎　役小角のお姿
　　　　　仏法僧宝(三宝印)
左の印……上・神変大菩薩
　　　　　秩父修験発祥の地
　　　　　下・今宮神社

☞神とも仏とも仙人ともいわれた役小角が修験道の開祖らしいお姿で押印されています

「役尊神」は開祖・役小角のこと

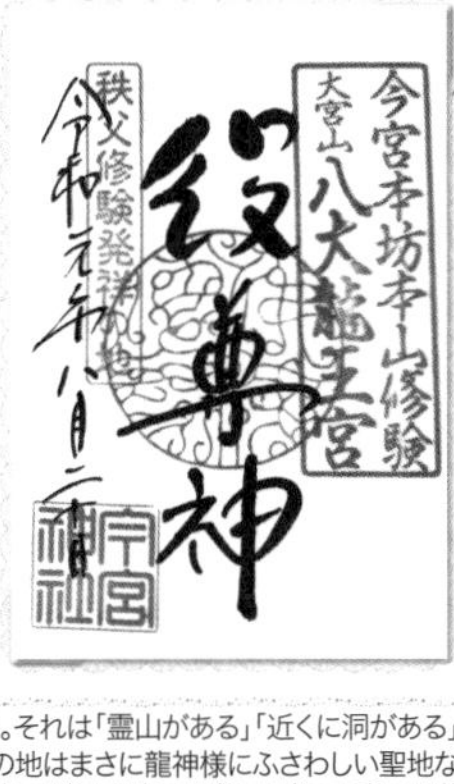

中央の字…役尊神
右の印……今宮本坊
　　　　　本山修験
　　　　　大宮山八大龍王宮
中央の印…仏法僧宝(三宝印)
左の印……上・秩父修験発祥の地
　　　　　下・今宮神社

☞仙道や古神道、道教、仏教などを修め、不思議な力を発揮した役小角の名を書いています

三体御守り
1000円

☞龍神様・観音様・役小角を合わせたお守り。良縁や商売繁盛など種類も多彩

ご利益
おもち
かえり

白龍守り
2000円

☞ご神霊入りの特別なお守り。白龍が吐くものは金になるといわれ、金運にも◎

むすび守り
700円

☞恋愛だけではなく、お金や夢などあらゆるものとの縁をむすんでくれます

☞龍のおみくじ500円。かわいい龍は参拝記念にもぴったりです

☞霊水をいただいたら、浴槽に入れたり玄関に撒いたりして邪気祓いに

DATA 秩父今宮神社

八大龍王神《はちだいりゅうおうしん》

天文4年(1535)　権現造《ごんげんづくり》

住 秩父市中町16-10

交 秩父鉄道御花畑駅から徒歩7分／西武秩父線西武秩父駅から徒歩10分

料 無料

+α メモ 龍神様が祀られるには3つの条件があるそう。それは「霊山がある」「近くに洞がある」「水が湧いている」こと。武甲山、千年欅の洞、龍神池とすべての条件が揃ったこの地はまさに龍神様にふさわしい聖地なのです。

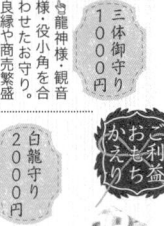

秩父市

貨幣発祥の地で金運UP
聖神社
●ひじりじんじゃ

関東屈指の金運パワースポットとして連日大にぎわい。境内の絵馬には宝くじに当たった人の喜びの声が満載！

日本最古の流通通貨「和同開珎《わどうかいちん》」ができるきっかけとなった天然の銅塊が発見された発掘場所にほど近く、参拝者に高額宝くじ当選者が続出。金運にご利益のある「銭神様」として親しまれています。参拝前に神社から500mほどの場所にある和銅遺跡を訪れ、横を流れる小川で洗ったお金をお賽銭にしたり宝くじの購入にあてたりするとよりご利益があるそう。

☞直径3mの和同開珎のモニュメントは大迫力！お守りや御朱印は拝殿前にあります

銅採掘跡も必見！お金を清めてから参拝を

☞和銅遺跡へ向かう途中で、お金がなる木を発見？ ☞銅の露天掘り跡が見られる和銅遺跡。こちらにはさらに巨大な約5mの和同開珎のモニュメントが ☞採掘場所に流れる小川でお金を洗うと銭神様のご利益UP

和同開珎の印が金運を引き寄せてくれそう

右の字……奉拝
中央の字…聖神社
右の印……上・和銅献上の里　下・和同開珎
中央の印…聖神社
左の印……聖宮之印

☞不在時は書置きが用意されていますが、人気なので早めの参拝が吉

ココだけの御朱印帳！

☞表紙に拝殿、裏表紙に和同開珎と使徒のムカデが描かれています。1200円

ご利益おもちかえり

金運守 500円
☞打出の小槌など、金運に関連したモチーフがデザインされています

銭神守り 500円
☞和同開珎のレプリカを財布に入れておけば、金運アップ確実だとか

☞金色のおみくじで運試し。「大大吉」が出たらラッキー！

DATA 聖神社

金山彦命《かなやまひこのみこと》・
国常立尊《くにのとこたちのみこと》・
大日霎貴尊《おおひるめのむちのみこと》・
神日本磐余彦命《かんやまといわれひこのみこと》・
元明金命《げんめいかがみのみこと》

和銅元年(708)　一間社流造《いっけんしゃながれづくり》

住 秩父市黒谷2191
交 秩父鉄道黒谷駅から徒歩5分
料 無料

+α メモ/ 聖神社の「聖」は、「この上なく耳聡く口すべらかな」(何をお願いしてもよく聞いてくれ、お願いを叶えてくれる)という意味。実は、金運に限らずどんなお願い事にも耳を傾けてくださる神様なのです。

川越市

川越熊野神社

●かわごえくまのじんじゃ

己巳《つちのとみ》の日の参拝で金運向上

縁結びや開運で知られる熊野神社ですが、境内の弁天様は財運・芸事の神様。己巳の日はお力が増してご利益もUP。

祭神は、伊弉諾尊と事解之男尊、速玉之男尊の3柱の神様。夫婦の道を興した縁結びのお力、国を生んだ開運のお力で多くの信仰を集めています。境内の宝池のほとりにたたずむ厳島神社には銭洗弁財天様が祀られ、金運のご利益もあらたか。特に、60日に一度の「己巳の日」は弁天様の日。宝池で清めたお福銭を分けていただけるので、お財布やバッグに入れて福を呼び込んで。

明治41年（1908）に改築したと伝わる社殿　「むすひの庭」では、「開運」「縁結び」「神恩感謝」のいずれかを選んでおまいりすると、八咫烏様からお告げがいただけます

右の字……奉拝
中央の字…熊野神社
右の印……奉祝 天皇陛下御即位
中央の印…上・川越熊野神社　下・神紋（八咫烏）
左の印……川越市熊野神社社務所之印

7・8月は「夏詣」の印が入ります（P13）。この期間、境内では無病息災を願ってくぐる茅の輪も登場

神紋は神様の使いである、3本足の八咫烏《やたがらす》

銭洗弁財天で清めたお金が「福銭」に

宝池と厳島弁財天は金運パワースポット。おまいりしたあと、池でお金を洗うと福を呼び込んでくれるとか　弁天様の神使である白蛇様が祀られています（右）。池には愛らしいお姿の弁財天様が（左）

ご利益おもちかえり

勝守
1000円

試験や仕事など、ここぞというときに勝負運をアップしてくださるお守り

なでへび様
800円

願い事を書いて中に入れ、家に祀ります。叶ったらお礼を書いて返納を

縁結び絵馬
500円

色違いの八咫烏が描かれた絵馬に願いを掛ければ良縁に導いてくれます

DATA 川越熊野神社

伊弉諾尊《いざなぎのみこと》・事解之男尊《ことさかのおのみこと》・速玉之男尊《はやたまのおのみこと》

天正18年（1590）　神明造《しんめいづくり》

住 川越市連雀町17-1
文 西武新宿線本川越駅から徒歩7分
料 無料

+α メモ/ おまいりすると八咫烏からご神託が下る「むすひの庭」のほかにも、加佐稲荷神社におまいりするとチャレンジできる「運試し輪投げ」や、小さな小石を埋め込んだ「足踏み健康ロード」など、エンターテインメントスポットが満載。

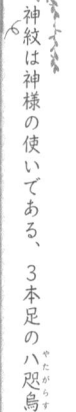

❸ 仕事（勝負）・学業運を上げる神社

仕事や学業は人生に一生ついてまわるもの。それだけに、昔の人も努力が結実するよう神様にお祈りしてきました。転職や受験など、ここぞというときにおまいりしたい神社を紹介します。

所沢市

関東で最初の北野天満宮

北野天神社●きたのてんじんじゃ

学問の神様として有名な菅原道真公を祀る天神社。菅原公の5代目の子孫が勧請した、由緒ある天神様です。

☞戦乱の時代には前田利家公が社殿を再興。その際に献上した梅の木は今も「大納言の梅」として保存されています。

正式名称は物部天《もののべ》神社・国渭地祇神社・天満天神社で、3社を合祀しています。このうち、物部天神社・国渭地祇神社は日本武尊が東征の際に創建されたと伝わる延喜式内社。長徳元年（995）に菅公の子孫が京都の北野天満宮より菅公のご分霊を勧請しました。その後も源頼朝や徳川家康といった歴史に名を残す武将たちに崇敬され、必勝の神様としても親しまれています。

土地の名産を誇る茶壺をかたどった印が印象的

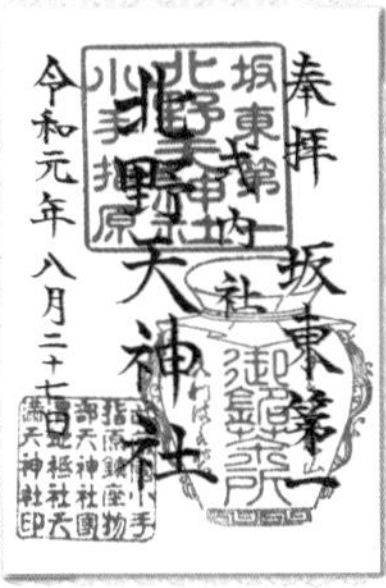

右の字……上・奉拝
下・坂東第一
中央の字…右・式内社
左・北野天神社
右の印……無左志狭山御銘茶所久利波良惣
中央の印…坂東第一北野天神社小手指原
左の印……武蔵国小手指原鎮座物部天神社
国渭地祇社天満天神社印

☞右下の印は名産の狭山茶の茶壺。「久利波良惣」は、代々の宮司・栗原家を表しています

お正月は縁起物のかわいい御朱印が登場

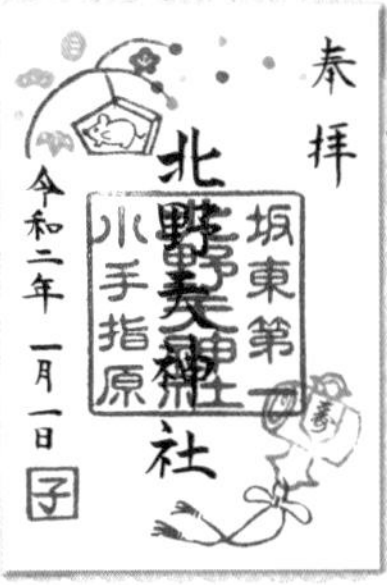

右の字……奉拝
中央の字…北野天神社
右の印……打出の小槌
中央の印…坂東第一北野天神社小手指原
左の印……上・松竹梅と絵馬　下・干支

☞絵馬や打出の小槌、松竹梅の印が押された御朱印は見るからにおめでたい雰囲気です

ココだけの御朱印帳

☞社殿や尊桜などが描かれた境内図と例大祭に願い事を書いて梅の枝に吊るす「封じ」がモチーフ。各1500円

歴史的にも重要な建造物がいっぱい

☝室町時代の建物を再建した諸神宮。中世の建築様式が見られます。☝本殿は権現造に似た独特の建築。よく見ると鰹木の下に葵の紋が　☝今も使われている神楽殿では宮司舞やお囃子を奉納します

ご利益おもちかえり

絵馬 700円

☝菅原公の幼少時代の姿。子どもならではの成長と学業の伸びを掛けています

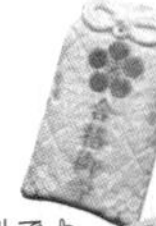

合格御守 800円

☝天神様の社紋である梅の花が刺繍されたお守りで受験・資格の合格祈願！

DATA 北野天神社

櫛玉饒速日命《くしたまにぎはやひのみこと》・八千矛神《やちほこのかみ》・菅原道真公《すがわらのみちざねこう》

不明　不明

住 所沢市小手指元町3-28-44

交 西武池袋線小手指駅から西武バス椿峰ニュータウン行きで10分、北野天神前下車、徒歩3分

料 無料

+α メモ／ 3月21日の春季例大祭は、北野天神社の行事のなかでもっとも古いもの。女の子は色紙に願い事を書いて三角形に折り梅の枝に、男の子は学問や書道の上達を祈願して、「奉納　坂東北野天神社」などの習字を篠竹に吊るします。

本庄市

必勝祈願の新名所

日本神社

●にほんじんじゃ

「日本」と名のつく国内唯一の神社で、全国からスポーツ関係者が勝利祈願に訪れることで有名です。

創 建当初は神武神社と称していましたが、明治14年(1881)に改名。「日本」を名称に掲げた国内唯一の社で、2010年のサッカーW杯には代表チームに青いダルマを贈呈。その後、勝利のご利益がある神社として知られるようになり、なでしこジャパン、オリンピック選手や高校サッカーの強豪チームなど、数々のスポーツ関係者が参拝に訪れるようになりました。

日の丸が飾られた拝殿。ご祭神は拝殿の中に御鎮座しています 絵馬掛けは神職の手作り(右)。麓から約5分で神社に到着。プチトレッキングで、山のご神気もいただけそう(左)

山頂の境内からは美しい景色が望める

奉納されたたくさんのダルマ 山の頂上にある境内は、すがすがしく、パワーに満ちています。右にある神楽殿では、毎年4月の例大祭で八木節や獅子舞が奉納されます

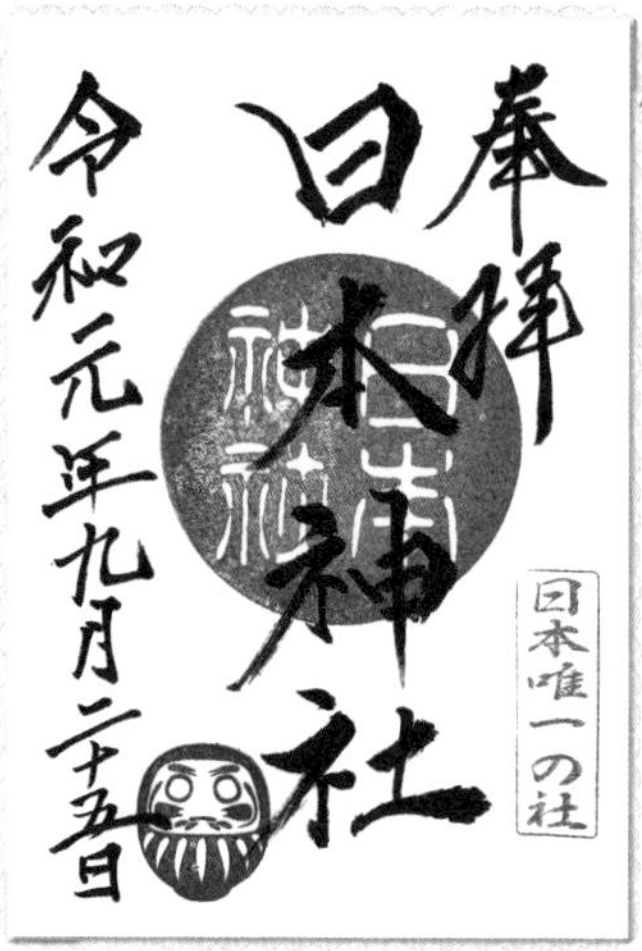

日の丸のような朱色の印

右の字……奉拝
中央の字……日本神社
右の印……日本唯一の社
中央の印……日本神社
左の印……青いダルマ

御朱印は山の麓にある新井商店(週末のみ)か宮司宅にて頒布しています

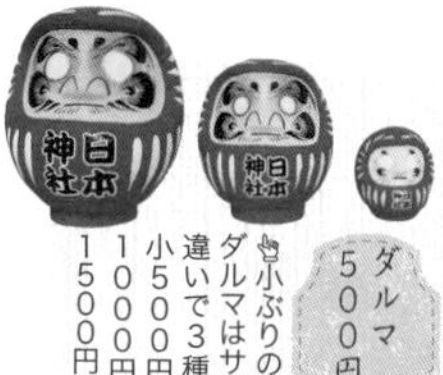

ダルマ 500円〜

小ぶりの青いダルマはサイズ違いで3種類。小500円、中1000円、大1500円

ご利益 おもちかえり

ダルマ絵馬 500円

青いダルマの絵馬は、受験などスポーツ以外のお願い事にもご利益が

御守 500円

思わず日本代表チームを応援したくなる必勝祈願守り

DATA 日本神社

神武天皇《じんむてんのう》
延暦10年(791)
流造《ながれづくり》
住 本庄市児玉町小平1578
交 JR八高線児玉駅から車で10分
料 無料

+α メモ 『日本書紀』には、ご祭神である神武天皇が八咫烏(やたがらす。サッカー日本代表チームのシンボルマーク)の道案内で、遠征先から大和に入ったことが書かれています。偶然にも、日本神社とサッカーのご縁を感じるお話です。

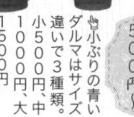

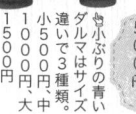

久喜市

菖蒲神社

勝負事に強いご利益

●しょうぶじんじゃ

ご神木の藤の木は埼玉県指定天然記念物。大絵馬など、数々の文化財が残された神社です。

☞神社に残る大絵馬「百人一首」は、百首の和歌と作者を描いたユニークな作品で、久喜市の指定文化財

ももとは袋田明神社と呼ばれていましたが、当地を治めていた菖蒲城より「菖蒲神社」と命名。お社は菖蒲城主・佐々木氏が中世末期に再建したそうです。現在は、

菖蒲(しょうぶ)という名にあやかって、「勝負事」にご利益のある神社として注目されています。受験やスポーツの試合前などには、多くの学生が必勝、合格祈願に訪れます。

つぶらな瞳がかわいい狛犬

勝負の神が鎮座する藤が美しいお社

☞県道12号からすぐの場所にある神社は、大きな鳥居が目印 ☞ご神木は樹齢400年を超すといわれる「菖蒲の藤」。毎年5月頃には見事な花を咲かせます

勝利を願う力強い筆さばき

右の字……奉拝
中央の字…菖蒲神社
右の印……藤の印
中央の印…社紋(三つ巴)
左の印……菖蒲神社之印

☞藤の花の印がワインポイントに。毎月15日は金色になります

江戸時代中期の剣術・神道無念流を御朱印に

右の字……奉拝
中央の字…上・菖蒲神社
下・神道無念流
中央の印…社紋(三つ巴)
左の印…菖蒲神社之印
中央の絵…神道無念流のイメージ

☞神道無念流の剣士と鮮やかな剣さばきが描かれた、躍動感あるデザイン

右の字……奉拝
中央の字…上・菖蒲神社
下・神道無念流
中央の印……社紋(三つ巴)
左の印…菖蒲神社之印
中央の絵…神道無念流の宝刀

☞神道無念流の有志により奉納された、2刀の彫刻をモチーフに

DATA 菖蒲神社

稲田姫命《いなだひめのみこと》・大己貴命《おおなむちのみこと》・武夷鳥命《たけひらとりのみこと》

寛文9年(1699) 権現造《ごんげんづくり》

住 久喜市菖蒲町菖蒲552

交 JR高崎線桶川駅から朝日バス菖蒲車庫行きで25分、菖蒲神社前下車、徒歩すぐ／JR宇都宮線ほか久喜駅から朝日バス菖蒲仲橋行きで25分、菖蒲神社前下車、徒歩すぐ

料 無料

ご利益おもちかえり

無事身守 1000円

☞健康と安全の無事(藤)を守ります。藤の開花時期(4〜5月)限定

勝負守 1000円

☞藤のイメージをあしらった、さまざまな勝負事に効く勝負守

ここだけの御朱印帳

☞百人一首の大絵馬を元に作られた、木製カバーの雅な御朱印帳。御朱印付きで2000円

+α メモ／ 元の名称である袋田明神社は、近隣にある鷲宮神社(P50)のご祭神・武夷鳥命と、玉敷神社のご祭神・大己貴命のお袋(母親)が稲田姫であることに由来するそうです。

坂戸市

霊石を撫でて勝負運を授かる

勝呂神社
●すぐろじんじゃ

①500年の歴史がある古墳上に建立された神社。古墳に埋葬されているのは勝負運に長けた将軍で、神社のご祭神の一人。境内には古墳から出土した「勝運霊石」が祀られ、石を撫でると勝負運が上がるとされ、パワースポットとして参拝客を集めています。

☞前に進むのみで後ろに退かないことから、戦国武将に好まれたトンボ。その意匠が境内随所にあしらわれています

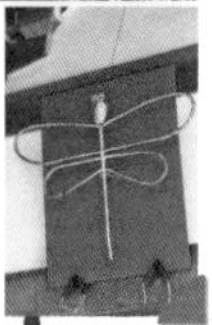

☞社殿に掲げられたトンボ。勝ち虫といわれた勝運のご利益を拝受

ココにも注目！

☜古墳から出土した「勝運霊石」。境内最大のパワースポットです

ご利益おもちかえり

勝ち守り 600円

☜受験、就活、競技、恋愛ほか、さまざまな勝負事の勝利を願うためのお守り

勝ち絵馬 500円

☜トンボを取り込んでデザイン化した勝の字が、天を駆けるようにパワフルです

戦国武将が愛した、勝ち虫とされるトンボの印

右の字……奉拝
中央の字…勝呂神社
右の印……トンボ
中央の印…勝呂神社
左の印……上・トンボ
　　　　　下・勝

☝社名の中で「勝」の字が強調されているのが特徴。勝利に導いてくれそうな印象の御朱印

DATA 勝呂神社
菊理姫命《くくりひめのみこと》・伊邪那岐命《いざなぎのみこと》・伊邪那美命《いざなみのみこと》
建渟河別命《たけぬなかわわけのみこと》・豊城入彦命《とよきいりひこのみこと》
寛和2年(986)　流造《ながれづくり》
住 坂戸市石井226
交 東武東上線若葉駅から東武バス八幡団地行きで9分、石井東下車、徒歩3分
料 無料

上里町

合格祈願と招福が一度に叶う

菅原神社
●すがわらじんじゃ

平安時代、菅原道真公の没後、その教えを広めようと陰陽道の教官、紀友成《きのともなり》が公の絵姿を背負い全国を旅しました。この地の村人が絵姿を祀り鎮守としたのが始まりで、その後、日本神話の神々も合祀し、学問成就や開運招福の神として信仰されてきました。

☞2002年に迎えた「菅原道真公1100年大祭」に合わせて境内が整備され、幣殿や拝殿が新しくなりました

☞境内には「幸せを呼ぶ」という愛宕神社と、「願いが叶う」とされる稲荷神社も鎮座

ココにも注目！

☜「見ざる聞かざる言わざる」の三猿の、迫力ある珍しい像

ご利益おもちかえり

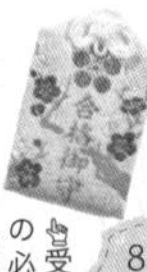

合格御守 800円

☜受験シーズンの必須アイテム。主祭神、菅原道真公の合格お守です

道真公御姿絵馬 500円

☜梅の花を愛でる菅原道真公にパワーをいただき学問成就を祈願します

受験の時期にはほころぶ梅が、御朱印にも

右の字……奉拝
中央の字…菅原神社
右の印……上・武蔵国児玉郡鎮座
　　　　　下・梅
中央の印…武州菅原神社
左の印……梅

☝道真公を祀っていることからかつては天満宮と称され、明治34年(1901)に菅原神社に改称

DATA 菅原神社
菅原道真公《すがわらのみちざねこう》・
武夷鳥命《たけひらとりのみこと》・
火雷神《ほのいかづちのかみ》
天暦2年(949)　春日造《かすがづくり》
住 上里町帯刀235
交 JR高崎線神保原駅から車で8分
料 無料

+α メモ／ 神流川右岸にある上里町帯刀一帯は20m前後の円墳が点在し、菅原神社も古墳の上に立っています。古墳群は6世紀半ばから7世紀に築造されたとみられ、神社裏手にある直径約14mの円墳からも、埴輪が出土しました。

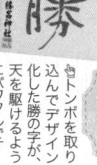

日高市

参拝すれば総理大臣にまで出世!?

高麗神社●こまじんじゃ

1300年の長きにわたり、高麗郷を守り続ける古社。境内に咲く四季折々の花は、押し印のモチーフに。

主 祭神は、かつて朝鮮半島から中国に栄えた高句麗《こうくり》から渡来した高麗王若光です。若光は霊亀《れいき》2年(716)に武蔵国に新設された高麗郡の首長に任命されると、大陸の高い技術を用いてこの地を開拓しました。その遺徳を偲んで御霊をお祀りしたのが高麗神社の始まりです。鳩山一郎や平沼騏一郎らが、参拝後に総理大臣になったことから、出世明神としても知られています。

☞奥の本殿は安土桃山時代の建立で県指定の文化財です

四季の移ろいを表現する多彩な押し印

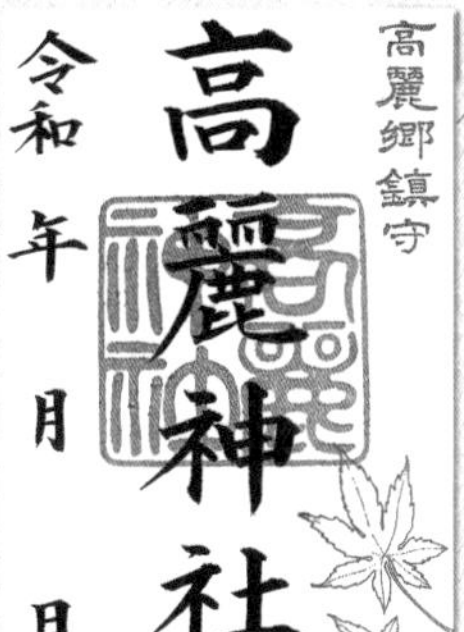

中央の字…高麗神社
右の印……高麗郷鎮守
中央の印…上:高麗神社
下:山野草

☞御朱印には月替わりで境内に自生する山野草の印を押してもらえます

ココだけの御朱印帳!

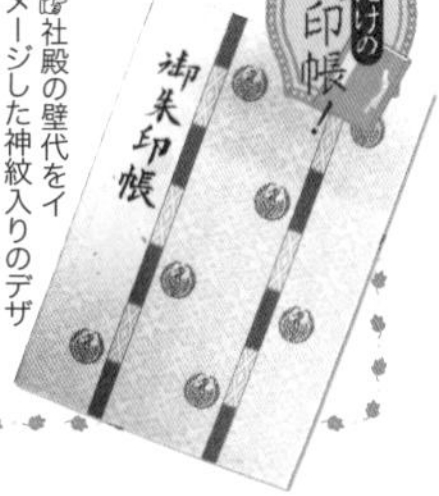

☞社殿の壁代をイメージした神紋入りのデザイン。1500円(御朱印込み)

国の重要文化財・高麗家住宅

☞境内には江戸時代初期に建てられ、昭和46年(1971)に国の重要文化財に指定された高麗家住宅が。3月末に咲く背後の枝垂れ桜も見事です

ご利益おもちかえり

厄除うちわ 700円

☞朝鮮半島で魔除けのために村落の境界に設置していた将軍標をモチーフにしたうちわ

14種類の押し印

◆初詣 元日〜1月15日
◆水仙 1月16〜31日
◆椿 2月
◆梅 3月
◆桜 4月
◆アヤメ 5月
◆アジサイ 6月
◆ムクゲ 7月
◆キキョウ 8月
◆シュウカイドウ 9月
◆萩 10月
◆菊 11月1〜10日
◆モミジ 11月
◆ナンテン 12月

DATA 高麗神社
高麗王若光《こまのこきしじゃっこう》
奈良時代(710〜794)
一間社流造《いっけんしゃながれづくり》
住 日高市新堀833
交 JR川越線/八高線 高麗川駅から徒歩20分
料 無料

+α メモ/ 境内にある小高い山の上には安徳天皇を祀った末社の高麗水天宮があります。こちらは安産・子育て・水難除けの霊験あらたか。高麗水天宮におまいりした人がもらえる御朱印もあります。

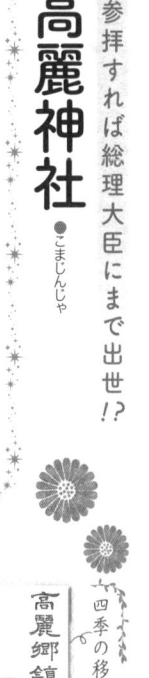

白岡市

神々しい白い社殿の神社

白岡八幡神社

●しらおかはちまんじんじゃ

神馬や撫で牛ほか、神の使いの動物パワーが満載の境内。1170年の歴史を誇り、人々や働く馬を守ってきた神社。

嘉祥2年（849）、仁明天皇の命を受け、慈覚大師により創建されたと伝えられています。平安時代後期から武蔵野一帯で権勢を誇った武士たちの崇敬を集め、戦国時代以降は近隣の人々に信仰されてきました。地域には農耕馬が多く馬のお祭りが行われたことから、境内の摂社に神馬が祀られ、現在も駒寄祭の日には馬が曳かれて参拝し、乗馬体験も楽しめます。

☝心が洗われるような、すがすがしさを感じさせる白い拝殿。朱色との組み合わせが美しい社殿です

☝交通安全を祈願する「無事かえる」 ☝拝殿横にそびえるご神木はカヤの木。関東では珍しい名木とされており、町指定の天然記念物です

摂社が点在し見どころの多い境内

☝摂社のひとつ「神馬神社」では2頭の神馬が鎮座しています ☝「湯島天満宮」の分霊が祀られている「白岡天満神社」では撫で牛も鎮座 ☝祭礼などの際に神楽が奉納される「神楽殿」

2羽の白い鳩が幸運を運ぶかのような御朱印

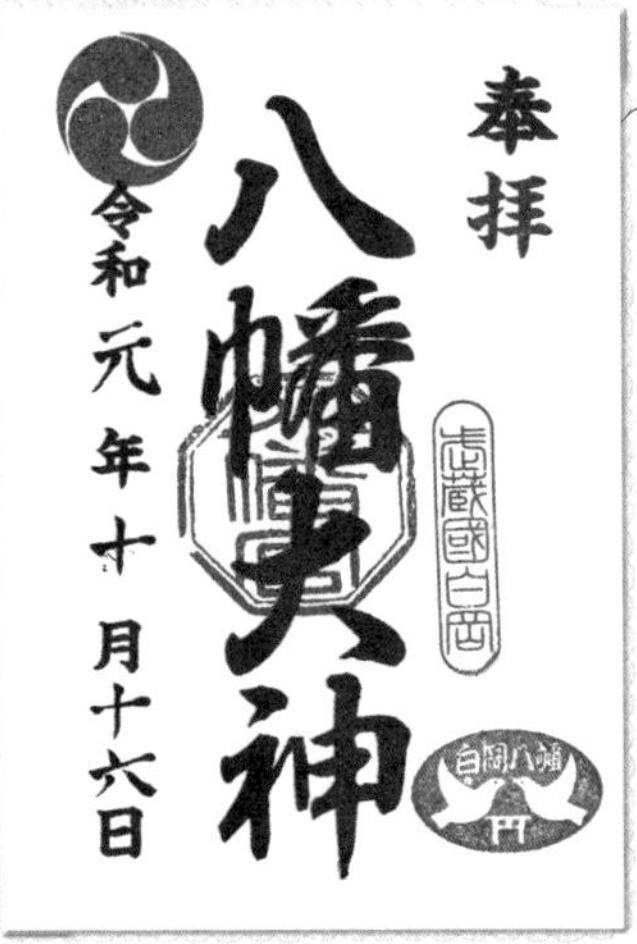

右の字……奉拝
中央の字…八幡大神
右の印……上：武蔵国白岡　下：白岡八幡と白鳩
中央の印…八幡宮
左の印……三つ巴

☝白岡という地名の由来は「白い鳩が舞う丘」。向かい合う白鳩を印にしてあり、平和な雰囲気です

ココだけの御朱印帳！

☝深い青の背景に、白い拝殿が際立って見えるような配色が特徴。背表紙は2羽の白鳩。御朱印帳 1200円

ご利益 おもち かえり

健脚御守 700円

☝春の例大祭である神馬神社例祭、駒寄祭で授与されるお守り

学業成就 700円

☝湯島天満宮の分霊を祀っていることから、学業成就のお守りも

DATA 白岡八幡神社

応神天皇《おうじんてんのう》・仲哀天皇《ちゅうあいてんのう》・神功皇后《じんぐうこうごう》

嘉祥2年（849）　八幡造《はちまんづくり》

住 白岡市白岡889
交 JR宇都宮線白岡駅から徒歩10分
料 無料

ご利益でめぐる 御朱印

4 美容・健康・安産などに効く寺社

健康長寿や美しい外見は、いつの時代も変わらない願い。穢れを祓い無病息災を願う火渡り神事や、こうのとり伝説が残る神社などを厳選紹介！

さいたま市

一山神社《いっさんじんじゃ》

穢れを祓い健康な一年を

木曽御嶽山講の四大講祖の一人、一山行者ゆかりの神社。御嶽大神の開運パワーや恵比寿様の健康運が授かれます。

御嶽講が盛んだった江戸時代に、八幡社の境内に御嶽大神を勧請したのが始まりといわれる一山神社。境内には八幡社や恵比寿様も祀られており、商売繁盛や開運、健康長寿と幅広いご利益が得られます。毎年冬至に行われる「冬至祭」は、お供えした柚子を火に投げ入れることから「柚子まつり」の別名も。清められた炎で一年の穢れを祓い、新しい年の無病息災を願います。

☞八幡社だった頃の名残なのか、本殿は八幡造(写真は拝殿)。勝運を授かりたい人は、境内の八幡社にもおまいりを

御嶽講の歴史を感じさせる山の印に注目

右の字……上・奉拝　下・武州与野
中央の字…一山神社
右の印……御嶽講を表す印
中央の印…武揚 一山神社 与野
左の印……社司之印

☞御朱印の印は明治時代から使われているもの。武揚や與野といった古い字があてられています

冬至祭の日だけの限定御朱印

右の字……一陽来復
中央の字…冬至祭
左の字……右・武州与野　左・一山神社
中央の印…武揚 一山神社 与野
左の印……社司之印
中央の絵…柚子

☞神事で火に投げ入れられる柚子にちなんだイラストが入った御朱印を頒布。清め柚子(小)が付いています

すがすがしい境内で身も心も浄化

☞御嶽講の神社らしく、狛犬の載っている台座は溶岩でできています

☞冬至祭に火渡りをした人に配布される柚子は境内で育ったもの

☞鳥居に覆いかぶさるような大銀杏がご神木。幹に触れてパワーをいただいて

ご利益おもちかえり

御守袋 各500円

☞錦布を使った手作りのお守袋は柄が多彩。好きなお守りを入れて身につけて

恵比寿土鈴 1500円

☞一山神社の「恵比寿神」は健康と繁栄の神様。福々しい姿の土鈴にお札も付いています

こちらもCHECK!

火渡り神事

毎年冬至の日に開催。熾火の上を素足で歩いて一年間の穢れを祓います。

☞一見怖いけれど、子どもでも渡れるそう

DATA 一山神社
少彦名命《すくなひこなのみこと》・誉田別命《ほんだわけのみこと》
嘉永年間(1848〜1853)
八幡造《はちまんづくり》
住 さいたま市中央区本町東4-10-14
交 JR埼京線与野本町駅から徒歩10分
料 無料

+α メモ／ 一山神社は「与野七福神(P140)」の恵比寿様。毎年1月3日に、上町氷川神社から鈴谷大堂まで約5kmの道のりを仮装した七福神がパレードする「与野七福神パレード」もあります。七福神めぐりにもぜひ参加しては。

鴻巣市

子授け・安産祈願のお宮

鴻神社 ●こうじんじゃ

子授け・安産祈願の聖地として全国から参拝者が訪れます。にぎやかな境内は、福々しい空気に満ちあふれています。

☞拝殿の両脇には樹齢500年のイチョウの木があります。雄と雌で「夫婦銀杏」と呼ばれています

鴻巣市の名称の元になった「こうのとり伝説」が残る、子授け祈願で有名な神社です。朱色に彩られた社殿や境内末社が雰囲気を盛り上げています。拝殿には、夫婦のこうのとりの彫刻があり、大きな「ご神卵」も。願いを叶える「なんじゃもんじゃの木」や、こうのとりにちなんだオリジナルお守りも充実。ご利益がたくさんありそうな、楽しい神社です。

願いを運ぶ「お願いたまご」

巨大なご神卵に願いをかけて

☞祈祷が行われる拝殿。左右にこうのとりの彫刻があります　☞令和元年に寄贈された杉の木のご神卵。祈祷の際、撫でてご利益をいただきます

子授け・安産祈願 こうのとりの御朱印

右の字……奉拝
中央の字……こうのとりのお宮 鴻神社
右の印……こうのとり
中央の印……こうのとりと鴻神社璽
左の印……鴻神社宮司埜印

☞こうのとりのつがいが向き合う、夫婦愛あふれる御朱印。2羽が羽ばたく絵柄もあります

四季の情景が心にしみる色鮮やかな限定御朱印

右の字……奉拝
中央の字……こうのとりのお宮 鴻神社
中央の印……神璽
左の印……宮司之印
背景の絵……コスモスとこうのとり

☞コスモスが可憐な秋の限定御朱印。季節限定の御朱印は絵柄違いで5種のラインナップ

檜の木紙が高級感あるプレミアム御朱印

右の字……奉拝
中央の字……こうのとりのお宮 鴻神社
左の印……宮司之印
中央の絵……こうのとりと松竹梅

☞木紙（檜）の御朱印は、年4回季節ごとに配布。木ならではの味わい深さがあります

ご利益おもちかえり

子授けお守 700円

☞夫婦円満・子宝祈願にぴったりのお守り。鴻神社オリジナルデザインです

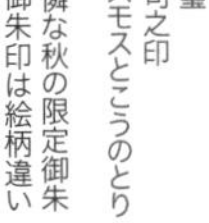

こうのとりのたまごお守 1000円〜

☞座布団付きの小さなご神卵は、S（1000円）、M（1500円）、L（2000円）の3サイズがあります

ココだけの御朱印帳

☞ダイナミックなこうのとりが表紙の御朱印帳。裏表紙は2羽が羽ばたく様子が描かれています。御朱印込みで1500円

DATA 鴻神社

素戔嗚尊《すさのおのみこと》
安閑元年（534）
権現造《ごんげんづくり》
住 鴻巣市本宮町1-9
交 JR高崎線鴻巣駅から徒歩8分
料 無料

+α メモ／ 境内社の三狐稲荷神社は縁切り・縁結びの神社として有名です。天狐、地狐、人狐の三狐を祀ったお稲荷様で、悪縁を切り、良縁を運ぶ後押しをしてくださいます。かわいい狐のお守りや絵馬もあります。

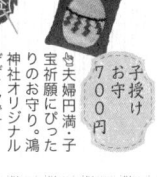

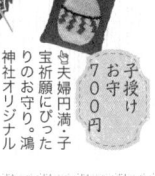

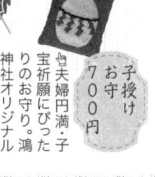

行田市

行田八幡神社

あらゆる病魔を封じてくれる！

●ぎょうだはちまんじんじゃ

諸病封じを祈願する秘法のご祈祷を行っていることから、病気の平癒、または予防を願う人の参拝が後を絶ちません。境内にある「なで桃」は、中国で不老長寿の果実とされる桃をかたどったパワースポット。なで桃ハンカチで撫でれば、ご利益をいただけます。

☞境内はそれほど広くありませんが、縁結びにご利益のある大国主大神や、眼病治療に霊験あらたかな眼の神社など末社がたくさんあります

病気になる前に！ 予防にもご利益あり！

右の字…右・奉拝 左・封じの宮／中央の字…行田八幡神社／右の印…虫封／中央の印…八幡神社／左の印…八幡宮社務印

☞末社の大国主神社と眼の神社の御朱印も用意されています

ココにも注目！

☞なで桃は意富加牟豆美命（おおかむづみのみこと）を祀っています

ココだけの御朱印帳！

☞鮮やかな金色の表紙に本殿をデザインした、絢爛豪華な御朱印帳。1200円

ご利益おもちかえり

なで桃ハンカチ 500円

☞これで「なで桃」を撫でてから、持ち歩けば、延命長寿、病魔退散！

みむね守 700円

☞乳がん治癒にご利益。初穂料の一部はピンクリボン基金に寄付されます

DATA 行田八幡神社

誉田別尊《ほむだわけのみこと》・気長足姫尊《おきながたらしひめのみこと》・比売大神《ひめのおおかみ》・大物主神《おおものぬしのかみ》・神素盞嗚尊《かむすさのおのみこと》

文治5年（1189）頃

権現造《ごんげんづくり》

住 行田市行田16-23

交 秩父鉄道 行田市駅から徒歩7分

料 無料

さいたま市

慈恩寺

埼玉屈指の子授け寺

●じおんじ

ご本尊の千手観世音菩薩は諸願成就の仏様。こちらでは特に、夫婦円満や子宝のご利益が有名で、秋の大祭にはその年に結婚した女性がお姑さんと一緒に参拝するそう。また、三蔵法師の御霊骨を納めた玄奘塔《げんじょうとう》があり、パワースポットになっています。

☞一面が十三間もある堂々たるたたずまいの本堂は、天保14年（1843）に建立されたもの。常香炉の煙で身を清めて、参拝しましょう

あらゆる人を救ってくれる千手観音の御朱印

右の字…奉拝 武州 岩槻 中央の字…華林山慈恩寺 左の字…執事 右の印…坂東十二番 中央の印…キリーク（梵字） 千手観音菩薩 左の印……慈恩寺印

☞千本の手で人々を救い上げてくれる仏様の梵字が中央に。流麗な書体も美しい一枚です

☞岩槻城主の家臣、伊達与兵衛房実により寄進された南蛮鉄灯籠

ココにも注目！

☞『西遊記』で知られる三蔵法師の霊骨が眠る玄奘塔も必見

ご利益おもちかえり

千手観音御守 500円

☞ご本尊の千手観音のお守り。子年の守り本尊でもあり、子年の人におすすめ

孫悟空御守 300円

☞三蔵法師とともに活躍した孫悟空のお守り。子どものランドセルに付けても

DATA 慈恩寺

天台宗《てんだいしゅう》 華林山《かりんざん》 千手観世音菩薩《せんじゅかんぜおんぼさつ》

天長元年（824） 入母屋造《いりもやづくり》

住 さいたま市岩槻区慈恩寺139

交 東武アーバンパークライン東岩槻駅から徒歩30分

料 無料

+α メモ／ 玄奘三蔵法師のご霊骨は、第二次世界大戦中、南京で日本軍が偶然発見。中国政府へ還付された折に分骨されたものです。玄奘塔は、お寺から歩いて10分ほど。田んぼ道を抜けた先に、花崗岩を重ねた十三重の塔が見えてきます。

朝霞市

うつくしさまと親しまれる

美女神社●びじょじんじゃ

市杵島姫命を祀る神社は全国にたくさんありますが厳島神社になることが多く、「美女」とつく唯一の神社です。

☞鳥居をくぐると小さな社殿が出迎えてくれます。小さいながらも歴史を感じさせるたたずまいです。神聖な気持ちで参拝しましょう

古くより「うつくしさま」と呼ばれ、子どもの病気を治したり、健康を守る神様として信仰されてきました。女の子がはしかや疱瘡になったときにおまいりすると傷が残らず美女になると伝えられています。名前の由来は、祭神の「いちきしま」が「いつくしま」となり「うつくしさま」になったといわれています。

住宅地の小さな神社ですがご利益が高いと評判です

☞美女神社の御朱印がいただける天明稲荷神社。境内で参拝者を出迎える2匹の狐の凛とした姿が目を引きます。高橋源左衛門により大正5年(1916)に創建され、火除けや盗賊除け、失物発見にご利益があるとされ、多くの人の信仰を集めてきました

美しくなりたい女性にぴったり!

右の字……奉拝
中央の字…美女神社
中央の印…美女神社
中央の絵…鳳凰
左の絵……黒髪の女性の後ろ姿

☞黒髪の女性の後ろ姿が描かれた個性的な御朱印。天明稲荷神社でいただけます

愛らしい2匹の狐の姿と桜の花びらが印象的

右の字……奉拝
中央の字…天明稲荷神社
中央の印…上・稲穂
　　　　　下・天明稲荷神社
中央の絵…狐

☞写真の御朱印はデザインされている書置きですが、デザインなしで御朱印帳への授与も対応可能

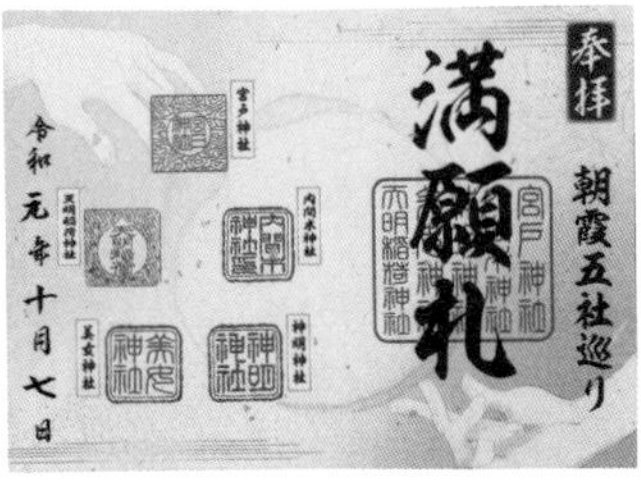

☞「天明稲荷神社」「美女神社」「宮戸神社」「内間木神社」「田島神明神社」の5社をおまいりすると授与される満願札。無料でいただけます

ご利益おもちかえり

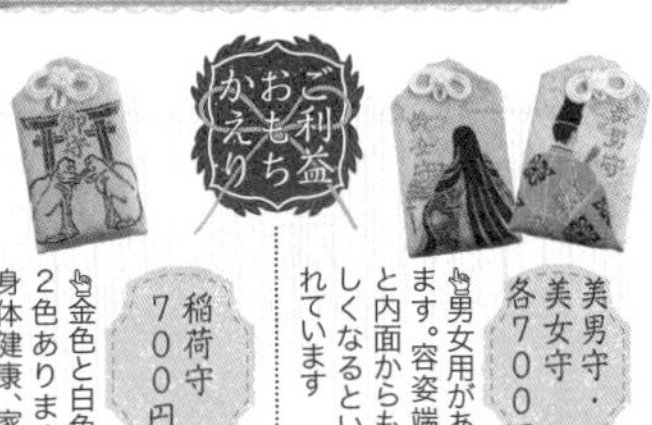

美男守・美女守 各700円

☞男女用があります。容姿端麗と内面からも美しくなるといわれています

稲荷守 700円

☞金色と白色の2色あります。身体健康、家内安全、商売繁盛にご利益が

DATA 美女神社
市杵島姫命《いちきしまひめのみこと》
不明　流造《ながれづくり》
住 朝霞市田島2-16-33
交 東武東上線朝霞台駅から車で10分
料 無料

DATA 天明稲荷神社
木花開耶姫《このはなのさくやひめ》・宇迦御魂神《うかのみたまのかみ》ほか
大正5年(1916)　八幡造《はちまんづくり》
住 朝霞市宮戸3-2-17
交 東武東上線朝霞台駅から徒歩20分
料 無料

+α メモ/ 美女神社は大通りから路地を少し入った住宅地の中にあります。五社巡りの場合は、最後に天明稲荷神社で御朱印をいただきましょう。御朱印やお守りの授与は9～17時になります。

⑤ 総合運などを上げる神社

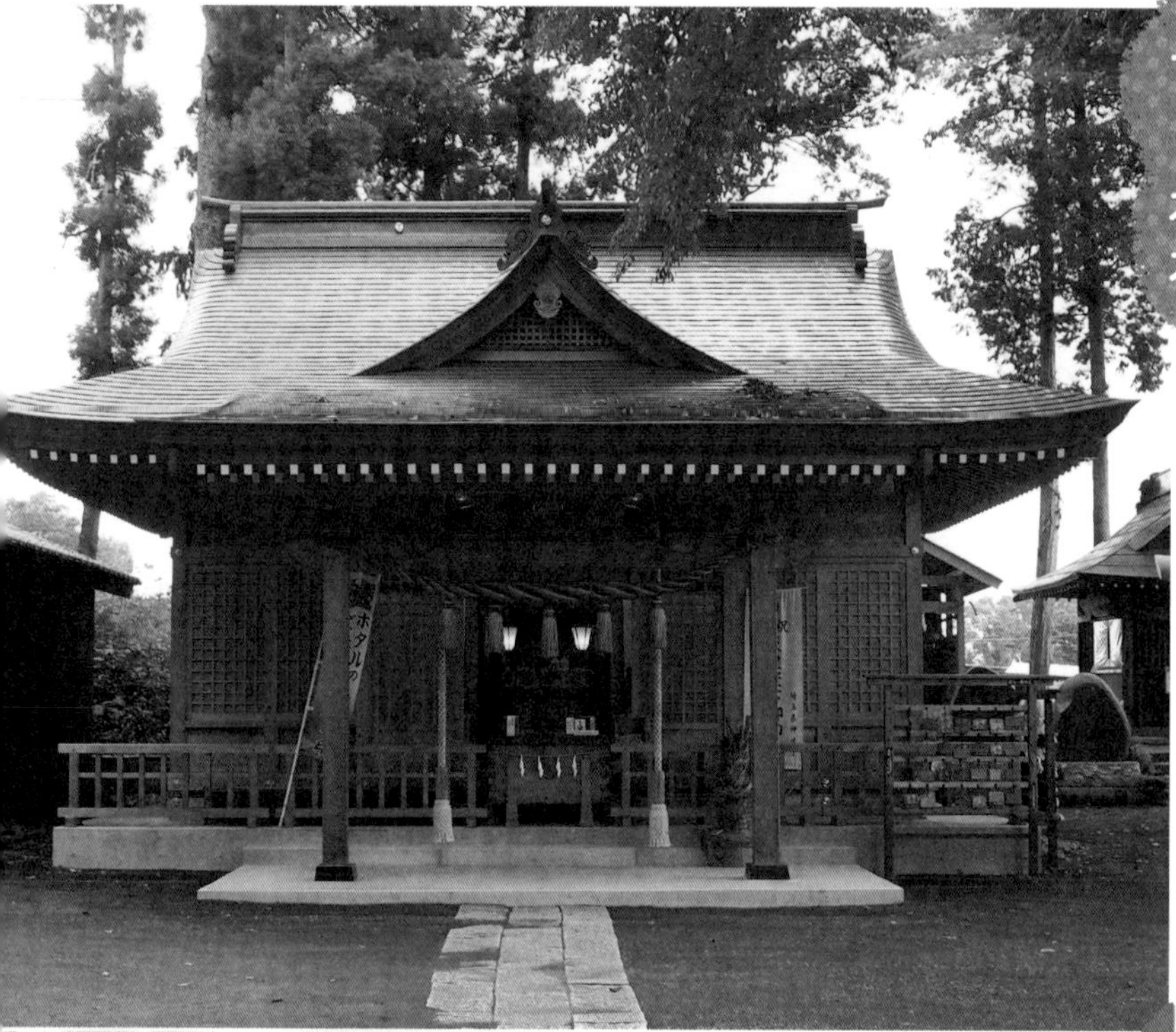

仕事に恋愛、家庭のこと……。人生には悩みや願いが尽きません。そんなときは、総合運を上げてくれる神社へおまいりを。多彩なご利益を授かって順風満帆！

所沢市

日本の原風景を思わせる社

糀谷八幡神社

●こうじやはちまんじんじゃ

神社と地域の人たちが共に蘇らせた里山に抱かれた古社。豊かな自然と土地を見守る神様がパワーを授けてくれます。

オ オタカが飛び、夏は蛍が舞うのどかな風景の中に溶け込むようにたたずむ神社は、古き良き時代にタイムスリップしたかのよう。「八幡様」で親しまれる誉田別命のほか、徳川家康公から代々の将軍が参拝されたという愛宕《あたご》大権現（愛宕神社）が祀られています。境内にはほかに浅間神社、金毘羅神社ほか5柱が鎮座し、勝運や恋愛、金運、防火防災など幅広いお願い事を聞いてくださいます。

☝2018年に総檜造りの拝殿が竣工。150年ぶりの遷座でカがアップ　☝鳥居の先は大木に囲まれた神域(右)。末社も立派。こちらには八雲神社、浅間神社、山神社が合祀されています(左)

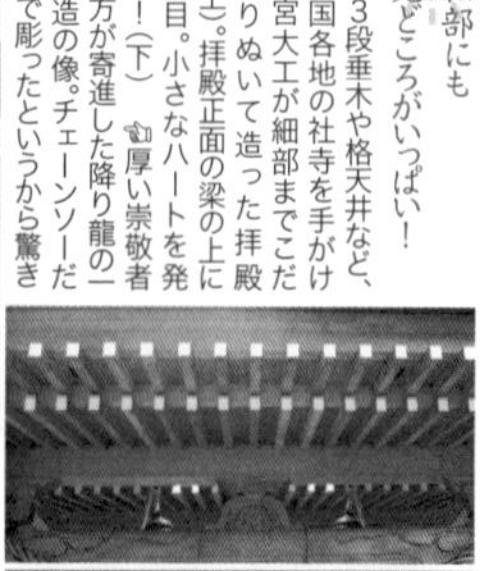

細部にも見どころがいっぱい！

☝3段垂木や格天井など、全国各地の社寺を手がけた宮大工が細部までこだわりぬいて造った拝殿(上)。拝殿正面の梁の上に注目。小さなハートを発見！(下)　☝厚い崇敬者の方が寄進した降り龍の一木造の像。チェーンソーだけで彫ったというから驚き

拝殿の中に鎮座する厄除け招福の狛犬様も必見です

☞拝殿をおまいりする際には、ぜひ中をのぞいてみて。鎮座する愛らしいお顔の狛犬様は、熊本城域内の加藤清正公お手植えと伝えられている樹齢500年の楠で造られた一木造。埼玉県ではここだけです

古代蓮の咲く田に感動

☞神社の周辺の美しい里山は「さいたま緑の森博物館」に指定されています ☞古代蓮が咲く湿地。夏には花が見られます

厄除けの狛犬様の印がユニーク

右の字…奉拝／中央の字…糀谷八幡宮
右下と左下の印…厄除け狛犬
中央の印…上：三つ巴紋(右)と立ち葵の紋(左)
中：糀谷八幡宮

☞立ち葵は愛太子様、三つ巴は八幡様の社紋。八幡宮の印「八」が鳩文字になっているのも注目です

元号改定記念や催事の特別な御朱印も

右の字…上：奉拝 下：令和御大典記念
中央の字…糀谷八幡宮
中央の印…上：三つ巴紋(右)と立ち葵の紋(左)
中：糀谷八幡宮

☞令和元年、やぶさめ神事、お正月など特別な御朱印も。基本は書置きなので早い時間に行くのがおすすめです

木花咲耶姫命のお姿がたおやか

右の字……奉拝
中央の印…上：富士山と浅間神社
中：浅間神社、木花咲耶姫命と木花咲耶姫命のお姿

☞浅間神社の御朱印は桜の枝を持った女神様の姿が印象的です。恋愛運がアップするかも?

ご利益おもちかえり

開運御守
500円

☞御朱印帳と同じデザインでこちらも西陣織。参拝の記念にもぴったりです

自転車御守
500円

☞周辺にはサイクリングをする人も多いため、交通・自転車安全のお守りも人気

心願成就絵馬
500円

☞9月のやぶさめ神事と2色の彼岸花が描かれた絵馬に願いを託して

ココだけの御朱印帳!

☞西陣織の美しい御朱印帳は黒と紺の2種類。毎月100冊限定。頒布日はインスタグラムで確認を。各2000円

蛍が舞う里山風景

DATA 糀谷八幡神社
誉田別尊《ほんだわけのみこと》
不明
一間社流造《いっけんしゃながれづくり》・御輿造《おこしづくり》
住 所沢市糀谷78
交 西武池袋線小手指駅から西武バス宮寺西行きまたは金子駅入口行きで15分、糀谷下車、徒歩6分
料 無料

+α メモ／ 普段は無人なので、御朱印は基本的に書置き、御朱印帳は月のうち決まった日にしか頒布がありません。御朱印帳が希望なら、インスタグラム@koujiyahachimanguで頒布日を確認してから出かけましょう。

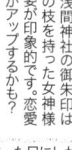

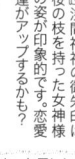

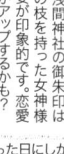

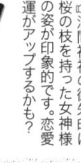

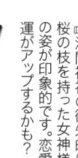

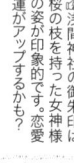

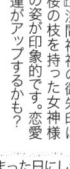

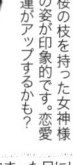

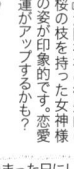

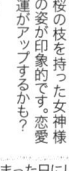

狭山市

八幡神社《はちまんじんじゃ》

新田義貞が戦勝を祈願

静かな森にたたずむ、新田義貞にゆかりある神社。社殿に施されたアーティスティックな彫刻も見逃せません。

武運の神として源氏に保護され、入間川の総鎮守。鎌倉時代末期に活躍した武将・新田義貞が信仰した神社として知られ「新田の八幡宮」とも呼ばれます。数々の文化財が残されており、特に江戸時代後期に建てられた本殿はすばらしく、精巧優雅な壁面彫刻やユニークな建築は一見の価値があります。駅からも近く、気軽に参拝できる歴史的な神社です。

☝境内は緑に包まれ、凛とした空気が漂います ☝表参道の石段は享保12年(1727)に造設(右)。新田義貞が北条討伐の必勝祈願に立ち寄った際、愛馬をつないだ「駒つなぎの松」。現在の松は6代目です(左)

職人たちによる精緻な彫刻

☝本殿外壁に施された見事な彫刻は、七福神が遊ぶ様子など3面にわたり描かれています。入場不可ですが、玉垣の外からも垣間見えます ☝手水舎にある浦島太郎の彫刻

文武の神様らしいバランスのとれた筆致

奉拝 入間川総鎮守 八幡神社 狭山市鎮座 令和元年九月十七日

右の字……奉拝
中央の字…八幡神社
右の印……上・入間川総鎮守 下・狭山市鎮座
中央の印…入間川八幡神社
左の印……上・八幡詣 下・八幡神社社務所之印

ココだけの御朱印帳

上品なデザイン！

☝八幡神社の象徴・鳩の絵柄と新田家の家紋をあしらった、箔押しの御朱印帳。御朱印込みで2000円

ご利益おもちかえり

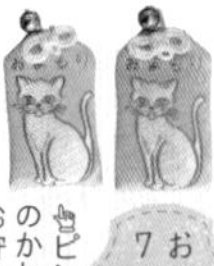

おまもり 700円

☝ピンクと水色のかわいい猫のお守りは、子どもの身上安全守りとしても

安産子宝御守 700円

☝安産祈願でも有名な八幡神社。赤い犬のお守りが子授け、安産に導きます

金運守・開運守 100円

☝100円のミニお守り。プチプラでもご利益◎

DATA 八幡神社

応神天皇《おうじんてんのう》　室町時代初期

唐破風向拝付《からはふこうはいつき》、千鳥破風付入母屋造《ちどりはふつきいりもやづくり》

住 狭山市入間川3-6-14
交 西武新宿線狭山市駅から徒歩7分
料 無料

+α メモ/ 狭山市に残る伝統芸能の入間川鹿子舞(ししまい)は、鹿という字を使う珍しい獅子舞で、市指定文化財に登録されています。毎年9月中旬の土・日曜に行われる秋祭りで舞われ、八幡神社に奉納されます。

北本市

北本高尾氷川神社《きたもとたかおひかわじんじゃ》

龍が昇った伝説の杉

平 安中期の創建で、風土記には武蔵一宮氷川男体社を勧請したと記されています。江戸時代に台風で倒された龍が昇天したという龍燈杉の跡地に祀られていて、境内には3代道を挟んだ厳島弁財天は、階段を「下りて」参拝する珍しい神社。江戸時代に台風で倒された龍が昇天したという龍燈杉の跡地に祀られていて、境内には3代目の杉があります。

開運招福の願いを込めた一筆

中央の字…右：北本高尾　左：氷川神社
右の印……御鎮座二一五〇年記念
中央の印……高尾氷川神社
左の印……御代替わり平成から令和へ

☝右の「御鎮座一一五〇年記念」の印は、2020年からは「奉拝」となります

ココにも注目！

☝静かながらどっしりとした、素戔嗚尊のパワーを感じる社殿。力強く、開運を後押ししてくれそうです

☝湧き水の中州にある厳島弁財天。お社の右隣にご神木の杉があります

ご利益おもちかえり

御守 各500円

☝暗闇で光る蛍光素材使用のお守り。子どものランドセルなどに

学業成就御守 500円

☝「どんどん増える」藤のように、成績アップを祈願

ココだけの御朱印帳！

☝池の杉から龍が昇天していく様子が描かれた流麗な表紙には、特別なパワーが宿っていそう。1300円

DATA 北本高尾氷川神社
- 素戔嗚尊《すさのおのみこと》
- 貞観11年(869)
- 流造《ながれづくり》
- 住 北本市高尾7-31-1
- 交 JR高崎線北本駅から川越観光自動車バス荒川荘行きで4分、石戸3丁目下車、徒歩5分
- 料 無料

+α メモ／ 厳島弁財天は、安産・子育てにご利益があると有名で、参拝者が絶えません。静かな森にたたずみ、やさしい気に満ちあふれた神社はパワースポットそのもの。境内の湧き水は皮膚病にも効くとされ、お水取りの方もいらっしゃるそうです。

本庄市

金鑚神社《かなさなじんじゃ》

極彩色の社殿が美しい

江 戸時代に再建された社殿の壁面には、日光東照宮を彷彿する、色鮮やかでダイナミックな彫刻が施されています。老中松平定信が揮毫したという大鳥居の社号額や、樹齢350年以上になる楠のご神木など、小さいながらも見どころの多い神社です。

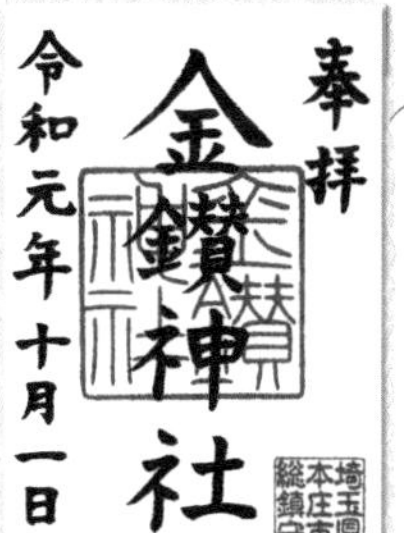

スッキリした筆使いの墨書

右の字…奉拝
中央の字…金鑚神社
右の印…埼玉県本庄市総鎮守
中央の印…金鑚神社

☝素直な御心が感じられる御朱印です。境内の社務所でいただけます

ココにも注目！

☝本殿は享保9年(1724)、拝殿は安政7年(1778)に建築。幣殿には画家による見事な天井絵が残されています

☝威風堂々と立つご神木の楠は、幹回り5.1m、高さ20mの巨木。埼玉県指定の天然記念物です

ご利益おもちかえり

方位除御守 700円

☝お守りで手軽に方位除け。手軽に携帯できるのがうれしい

神社御守 500円

☝社紋の入ったお守りは、赤、白、ピンクなど6色展開

家内安全御守 500円

☝小さくとも効果抜群。家内の平和を案ずる家型のお守

DATA 金鑚神社
- 天照大御神《あまてらすおおみかみ》・素戔嗚尊《すさのおのみこと》・日本武尊《やまとたけるのみこと》
- 欽明天皇2年(541)
- 権現造《ごんげんづくり》
- 住 本庄市千代田3-2-3
- 交 JR高崎線本庄駅から徒歩18分
- 料 無料

+α メモ／ 毎年11月2・3日に行われる例大祭「本庄まつり」は、江戸時代から続く歴史あるお祭りです(当時は9月29日に開催)。北関東随一と称される豪華絢爛な山車の引き回しがあり、神社の前を通る旧中山道を中心に盛大に巡行します。

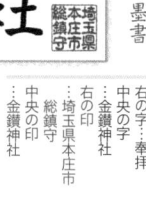

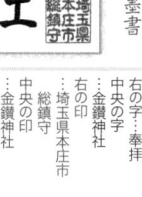

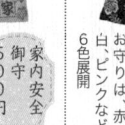

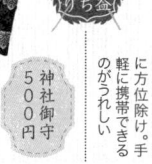

所沢市

渡航安全を祈るならこちら

所澤神明社

●ところざわしんめいしゃ

所沢は日本航空発祥の地。明治時代、初飛行の前に徳川好敏《とくがわよしとし》大尉がここを正式参拝し、歴史的快挙を果たしました。

日本武尊が東国平定の際にこの地に天照大御神を祀り、戦勝祈願をしたのが始まりと伝わる歴史ある神社。境内には摂社・末社が多く、そのひとつである鳥船神社がここならでは。徳川大尉の初飛行から100年目に当たる2011年に創建されたもので、渡航前に参拝に訪れる人が多いそう。3カ月に一度変わる鳥船神社の御朱印も、集めたくなるかわいさです。

☝社殿は、県内有数の大きさを誇る神明造。天照大御神に太陽のパワーをいただいて

大木に守られた所沢の総鎮守

☝願い事を書いた千羽鶴が奉納されている鳥船神社 ☝ケヤキの大木が神域の境目に。参道には所沢で一番大きなケヤキも ☝7・8月の風鈴奉納祭ではたくさんの風鈴が境内で涼しい音色を奏でます

天上の雲を表す印が神々しい

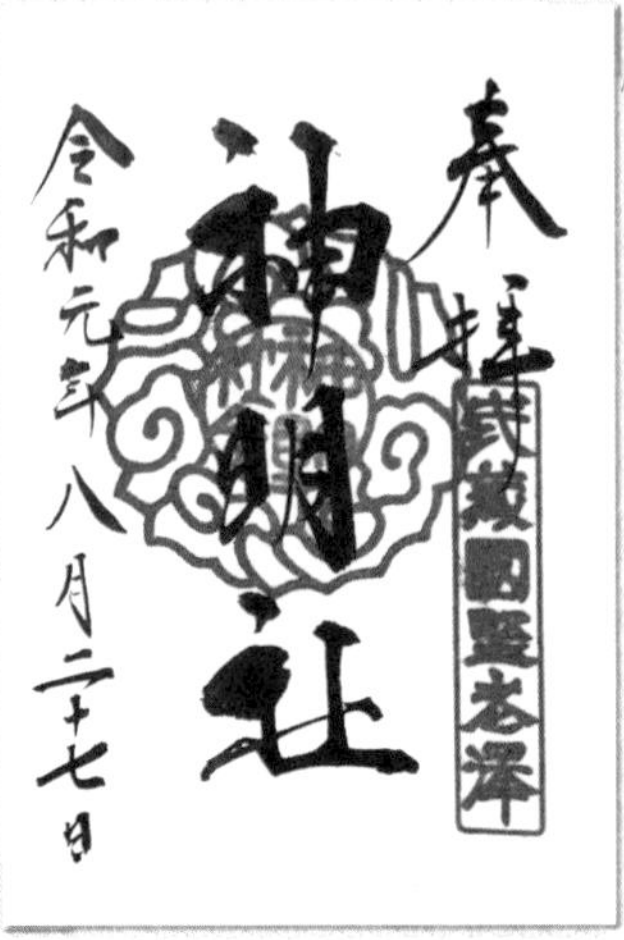

右の字……奉拝
中央の字…神明社
右の印……武蔵国野老沢
中央の印…神明社

☝関東の伊勢信仰の一端を担ってきた社。雲から顔を出す太陽のような印が天照大御神を思わせます

季節ごとに変わる飛行機の印に注目

右の字……奉拝
中央の字…鳥船神社
右の印……摂社
中央の印…上・鳥船神社　下・飛行機

☝日本初飛行のアンリ・ファルマン機、ドーバー海峡を初横断したブレリオ機など歴史的名機が印に

ココだけの御朱印帳！

☝明治時代に所沢の飛行場から初めて日本の空へと飛び立った飛行機がモチーフになっている。御朱印1種入り1500円

ご利益おもちかえり

御砂 500円

☝御本殿に納め、大神様の直日(物事を清浄な状態に戻す)の力をいただいた御砂

渡航安全御守 500円

☝複葉機が刺繍されたここならではのお守りで、旅の安全を祈りましょう

DATA 所澤神明社

天照大御神《あまてらすおおみかみ》・倉稲魂大神《うかのみたまのおおかみ》・大物主大神《おおものぬしのおおかみ》

不明　神明造《しんめいづくり》

住 所沢市宮本町1-2-4
交 西武新宿線航空公園駅から徒歩8分
料 無料

+α メモ/ 毎年9月15日の例大祭は神社で一番重要なお祭り。祭典のあと、拝殿では川越藩の神楽師として活躍していた前田筑前の社中に伝わった「竹間澤神楽」の巫女舞と里神楽が奉納されます。芸術性の高い壮麗なお神楽は必見です。

上向福徳神で運気アップ

さいたま市

本太氷川神社

●もとぶとひかわじんじゃ

主祭神は災いを払ってくれる神様。全国唯一の上向福徳神もおわす開運・招福のパワースポット！

ソロの木に囲まれた境内は、足を踏み入れた途端静寂に包まれる神域。かつて「元府趾」という地名だったことから、国府の出先機関があったともいわれています。創建年代不詳ながら、室町時代の旧本殿（県指定有形文化財）が保存され、1500年以上前から崇敬されてきたのは確か。参拝後は、全国唯一の上向福徳神にもおまいりして開運パワーをいただきましょう。

☝緑に囲まれた神明造の拝殿。主祭神は素戔嗚尊。災難除け、家内安全、安産にご利益が

☝手水舎の手前には、子どもの成長を願う「子育て獅子」が　☝旧本殿は普段は非公開。宮司が在社していたら拝観が可能かうかがってみて

「三鳥居くぐり」と上向福徳神で幸運到来！

☝3つの鳥居を昭和・室町・明治鳥居の順にくぐると運気が上がるといわれています　☝上を向いたおめでたい恵比寿様と大黒様が商売繁盛や長寿、家内安全をサポート！

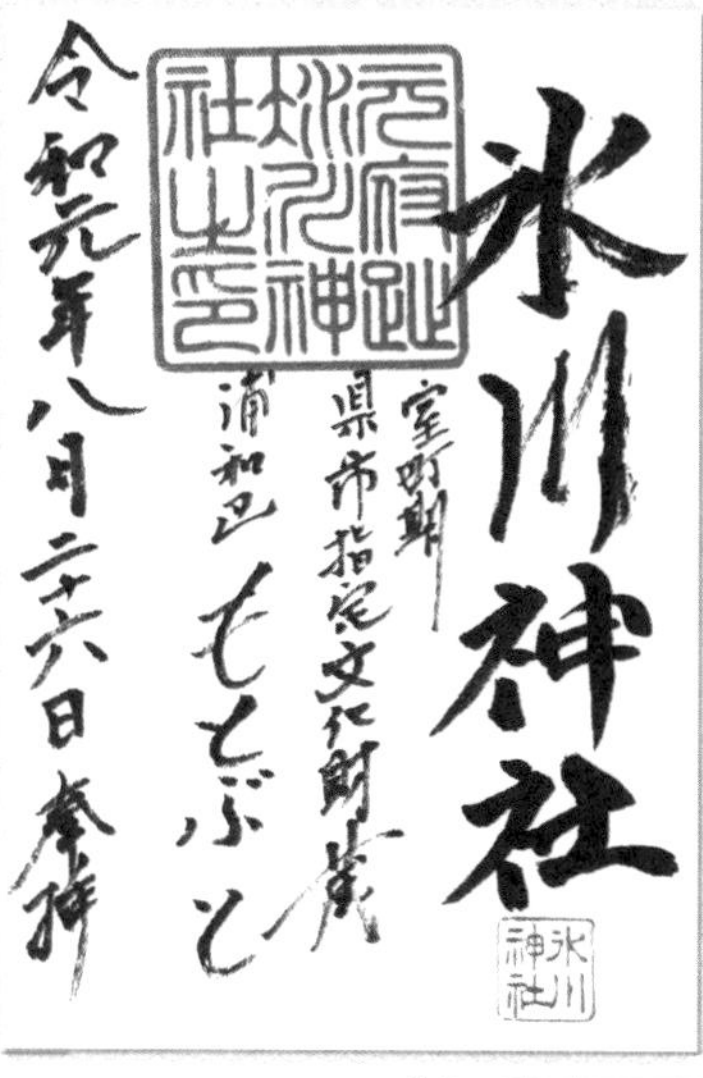

神社の由緒・縁起を込めた力強い書

右の字……氷川神社
中央の字…室町期
県市指定文化財蔵
浦和区もとぶと
右の印……氷川神社
中央の印…元府趾氷川神社之印

☝宮司の在社時のみ授与が可能。事前の電話確認がおすすめです

ご利益 おもちかえり

元府趾氷川神社神璽 1000円

☝素戔嗚尊の力を分けていただいたお札。家内安全や災難除けのご利益が

恵比寿・大黒様の福を呼ぶ置き物 2000円

☝見るからにおめでたい福の神と熊手の置き物が、幸福を呼び込んでくれます

DATA 本太氷川神社
🔅素盞嗚尊《すさのおのみこと》
大 不明
◎一間社流見世棚造《いっけんしゃながれみせだなづくり》
住 さいたま市浦和区本太4-3-33
交 JR京浜東北線ほか浦和駅から徒歩12分
料 無料

+α メモ　毎年11月20日は、夕方5時から恵比寿講祭りが開かれ、境内が多くの人でにぎわいます。☎ 048-885-7412（本太氷川神社）へ事前申し込みをすれば誰でも参加可能。夜店では縁起物も販売されるので、福を授かりに出かけてみては。

川越市

開運・方位除けならここ

山田八幡神社

●やまだはちまんじんじゃ

幅広いご利益と代々伝わる方位除けお札が人気。おまいりのあとは、ぜひここならではのお守りを授かって。

かつては近隣の旧十ケ村総鎮守であり、今も多くの崇敬を集める神社。田畑が広がるのどかな風景のなかにこんもりと木が茂る杜があり、清浄な空気が漂います。学問、勝利、安産といったご利益で知られる八幡様ですが、ここでは3代続いて家相や方位鑑定を行っている宮司による方位除けも有名。知る人ぞ知る開運パワースポットとして遠方からも人が訪れます。

白山社は縁結びの神様

美しく掃き清められた境内は、緑が多くすがすがしい。拝殿の前に立つと、自然と背筋が伸びます　ご神木は大きなケヤキ。全部で10本ほどケヤキの巨木が植えられ、夏は涼しい陰をつくります

鳥居と狛犬は、宝くじに当たった氏子の方が奉納したものだそう。金運のご利益も期待できるかも？

兼務社にも参拝して愛らしいお守りをいただこう

山田八幡神社と市内にある兼務社14社をすべて参拝し、御朱印を集めると授与される「開運勾玉」

創建時につけられた志垂《しだれ》の名が記されます

右の字……奉拝
中央の字……右・志垂宮　左・山田八幡神社
中央の印……志垂八幡宮印
左の印……上・原社人　下・泰明

宮司のご先祖がこの地を訪れ、「志を垂れる」から地名を「志垂」にしたと伝わります

ご利益おもちかえり

方位除けの御札一式　5000円

個別に祈祷する、枕の下に入れるお札と寝室に貼るお札などのセット

三合守　500円

相性の良い干支を組み合わせた開運守。色ごとに金運や恋愛運などのご利益も

絆守　300円

にっこり笑顔の愛らしいお守りが、社会や大切な人との絆をつないでくれます

DATA 山田八幡神社

誉田別尊《ほむたわけのみこと》・比賣神《ひめがみ》・息長帯姫命《おきながたらしひめのみこと》
天津日高穂々出見尊《あまつひこほほでみのみこと》

不明　一間社流造《いっけんしゃながれづくり》

住 川越市山田340
交 JR川越線／東武東上線川越駅から東武バス東松山駅または八幡団地行きで15分、浄国寺下車、徒歩7分
料 無料

+α メモ/ 末社の「金雞神社」は、昭和を代表する財界人たちに師と仰がれた安岡正篤が開いた金雞学院に祀られていた社。取り壊しや再建を経て、2018年に山田八幡神社の境内に遷座しました。学生たちに信仰された学問の神様です。

秩父市

椋神社《むくじんじゃ》

龍勢祭も有名な延喜式内社

延喜式にも登場する由緒正しい神社で、主祭神は道案内の神様・猿田彦大神。そのため、進学や転職など、人生の転機におまいりすれば、正しい道に導いていただけると評判。毎年10月の例大祭には手作りロケット30発を打ち上げる「龍勢祭」が開催されます。

☞緑の中に鎮座する社殿。境内には夫婦クヌギと呼ばれる大木があり、その間に祀られた「両神神社」は縁結びにご利益が

☞狛犬の代わりに神社を守るのは「お犬様」と呼ばれる狼

ココにも注目!

☞境内に実物の龍勢が飾られています。その大きさにびっくり!

勢いよく上がる龍勢の印はここならでは

右の字……奉拝
中央の字…右・龍勢の社
左・椋神社
右の印……発射台から打ち上げられる龍勢
中央の印…延喜式内社
椋神社印
左の印……お犬様

☞印にもなっている発射台は一年中近くの山裾に設置されており、境内からも見られます

ご利益おもちかえり

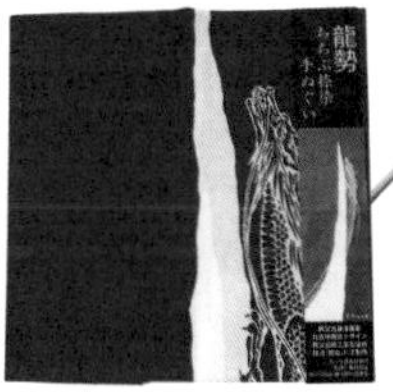

☞地元漫画家による飛龍と秩父の捺染型染めがコラボした龍勢手ぬぐい900円

昇龍
1000円

☞龍勢をかたどった手作りの縁起物。破魔矢のように家に飾れば開運・厄除けに

DATA 椋神社

猿田彦大神《さるたひこおおかみ》

景行天皇年間(71〜130)

権現造《ごんげんづくり》

住 秩父市下吉田7377

交 西武秩父線西武秩父駅から西武観光バス吉田元気村行きで37分、龍勢会館下車、徒歩7分

料 無料

+α メモ 「龍勢」とは、竹の矢柄に松の火薬筒、仕掛けが入った背負い物を設置した手作りロケットのことで、この地域で約450年も前から作られてきました。20以上の流派が技を競い合う例大祭には、約11万人もの人が見学に訪れます。

本庄市

若泉稲荷神社《わかいずみいなりじんじゃ》

パワフルなご祭神が鎮座

地元では、良いことも悪いことも、あらゆる願い事をスピーディーに叶えてしまう、霊験あらたかな神社として有名です。平安時代末期、奥宮である東本庄稲荷神社に勧請したことが始まり。参拝には、2社ともにうかがうことをすすめます。

☞社殿は古墳の上に建てられています。隣には幼稚園があり、登降園時には、子どもたちが境内で元気に遊んでいます

ココにも注目!

☞商売繁盛のご利益がある東本庄稲荷神社は、本庄総合公園近くにあります

バラエティ豊かな書体が魅力

中央の字…若泉稲荷神社
中央の印…神璽

☞書体は楷書、隷書、篆書などがあります

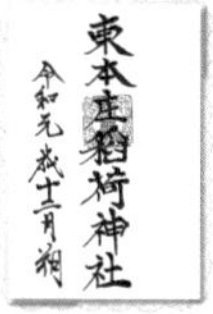

中央の字…東本庄稲荷神社
中央の印…神璽

☞御朱印は若泉稲荷神社と同時にもいただけます

ご利益おもちかえり

御守
1000円

☞祈願されたお守りは、赤、緑、紫、ピンクの4色展開

DATA 若泉稲荷神社

倉稲魂命《うかのみたまのみこと》

天正18年(1590)

権現造《ごんげんづくり》

住 本庄市北堀206

交 JR高崎線本庄駅から徒歩25分

料 無料

+α メモ 御朱印の授与を希望される方は、隣の若泉幼稚園(☎ 0495-21-5265)へ事前にご連絡ください。

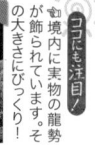

巡礼を始めよう！

秩父盆地の静かな山村。民家や田畑の間に34カ所の寺院が点在しています。ひと巡りすると約100km、途中、山あり谷ありで自然が楽しめるルートです。御朱印と一緒といわれます。札所めぐりは道中も観音様をいただきつつ34カ所をめぐり終えて満願する頃には、心身ともに再生したような気分になれそうです。

巡礼グッズを揃えて、いざ！

秩父三十四ヶ所 札所めぐり 完全案内！

秩父三十四ヶ所の開創は平安時代後期。西国、坂東と合わせて日本百観音とされ、江戸時代には庶民の観音信仰巡礼の聖地でした。

四萬部寺の「お助け観音」の納経帖1700円など、お寺のオリジナルも

各お寺には、開基の謂われなどを描いた額が掲げられていて興味深い！

昔は修験場だった寺が多く、自然豊かななかにたたずんでいます

第1番 札所 四萬部寺《しまぶじ》

関東三大施食のひとつ

「お里帰りの釈迦如来」など、おもしろい由来の仏様も。毎年8月24日は有名な「大施食会」でにぎわいます。

右の字…誦経山／中央の字…大悲殿／左の字…四万部寺／右の印…秩父第一番／中央の印…仏法僧宝（三宝印）／左の印…上：発願　下：四万部寺

DATA 四萬部寺

曹洞宗《そうとうしゅう》　聖観世音菩薩《しょうかんぜおんぼさつ》

住 秩父市栃谷418

交 西武秩父線西武秩父駅から西武観光バス皆野駅行きで23分、札所一番下車、徒歩3分

料 無料

第2番 札所 真福寺《しんぷくじ》

春は桃源郷となる山の上のお堂

ご本尊は室町時代作の観音菩薩像。諸堂のある大伽藍が万延元年（1860）に焼失。現在の観音堂は明治41年（1908）に再建。

右の字…大棚山／中央の字…聖円通尊／左の字…真福寺／右の印…秩父第二番／中央の印…仏法僧宝（三宝印）／左の印…真福禅寺

DATA 真福寺

曹洞宗《そうとうしゅう》　聖観世音菩薩《しょうかんぜおんぼさつ》

住 秩父市山田3095

交 西武秩父線西武秩父駅から西武観光バス定峰・皆野駅行きで19分、光明寺入口下車、徒歩45分（納経所の光明寺までは光明寺入口下車、徒歩5分）

料 無料

第3番札所 常泉寺《じょうせんじ》

観音堂には見事な龍の籠彫

本堂は弘化4年（1847）に焼失し、約10年後に再建。明治3年（1870）に、秩父神社境内の蔵福寺から薬師堂を移築。

右の字…岩本山／中央の字…正大悲殿／左の字…常泉寺／右の印…秩父第三番／中央の印…仏法僧宝（三宝印）／左の印…常泉禅寺

DATA 常泉寺
曹洞宗《そうとうしゅう》　聖観世音菩薩《しょうかんぜおんぼさつ》
住 秩父市山田1392
交 西武秩父線西武秩父駅から西武観光バス定峰・皆野駅行きで18分、山田下車、徒歩10分
料 無料

第4番札所 金昌寺《きんしょうじ》

幼子に授乳する観音様の像

一千余体の石仏群のある寺として知られ、なかでも子育て観音の石仏が有名です。唐風の様式の本堂は、江戸中期の建築。

右の字…高谷山／中央の字…新木大悲殿／左の字…金昌寺／右の印…秩父第四番／中央の印…仏法僧宝（三宝印）／左の印…高谷山金昌寺

DATA 金昌寺
曹洞宗《そうとうしゅう》　十一面観世音菩薩《じゅういちめんかんぜおんぼさつ》
住 秩父市山田1815-2
交 西武秩父線西武秩父駅から西武観光バス定峰・皆野駅行きで17分、金昌寺下車、徒歩5分
料 無料

第5番札所 語歌堂《ごかどう》

珍しい准胝観音がご本尊

長興寺の壇徒、本間孫八が慈覚大師の作とされる観音像を安置するため建立。孫八と旅僧が徹夜で歌道を語ったのが名の由来。

右の字…語歌堂／中央の字…大悲殿／左の字…長興寺／右の印…秩父第五番／中央の印…ボ（梵字）／左の印…渓谷山長興寺

DATA 語歌堂
臨済宗《りんざいしゅう》　准胝観世音菩薩《じゅんでいかんぜおんぼさつ》
住 横瀬町横瀬6086
交 西武秩父線西武秩父駅から西武観光バス定峰・皆野駅行きで14分、語歌橋下車、徒歩3分
料 無料

第6番札所 卜雲寺《ぼくうんじ》

境内から武甲山を一望

山岳信仰に属する武甲山頂の蔵王権現社から、ご本尊が当地の荻野堂に移され、さらに秩父札所開創時に当寺へ移されました。

右の字…向陽山／中央の字…聖円通殿／左の字…卜雲寺／右の印…秩父第六番／中央の印…仏法僧宝（三宝印）／左の印…向陽山卜雲寺

DATA 卜雲寺
曹洞宗《そうとうしゅう》　聖観世音菩薩《しょうかんぜおんぼさつ》
住 横瀬町横瀬1430
交 西武秩父線西武秩父駅から西武観光バス松枝・長渕・根古屋行きで17分、横瀬橋下車、徒歩10分
料 無料

第7番札所 法長寺《ほうちょうじ》

極彩色の欄間や天井画も

秩父札所最大の大伽藍である本堂は、平賀源内の原図により建立。観音堂の焼失で、観音像は本堂に安置されています。

右の字…青苔山／中央の字…大光普照殿／左の字…法長寺／右の印…秩父札所第七番／中央の印…キャ（梵字）十一面観音／左の印…法長寺印

DATA 法長寺
曹洞宗《そうとうしゅう》　十一面観世音菩薩《じゅういちめんかんぜおんぼさつ》
住 横瀬町横瀬1508
交 西武秩父線西武秩父駅から西武観光バス松枝・長渕・根古屋行きで17分、横瀬橋下車、徒歩10分
料 無料

第8番札所 西善寺《さいぜんじ》

8番札所、末広がりのお寺

寛正元年（1460）開山の禅宗寺院。阿弥陀三尊を祀る本堂の前庭には、樹齢約600年のカエデの巨木があり、紅葉の時期は特に美しい。

右の字…清泰山／中央の字…十一面大士／左の字…西善寺／右の印…秩父第八番／中央の印…仏法僧宝（三宝印）／左の印…西善禅寺

DATA P116

第9番札所 明智寺《あけちでら》

安産子育てで有名な観音様

建久2年（1191）、明智禅師の開創とされ、明治16年（1883）に焼失した観音堂が1990年に再建。縁日は女性の参拝者多数。

右の字…明星山／中央の字…如意輪大士／左の字…明智寺／右の印…秩父第九番／中央の印…仏法僧宝（三宝印）／左の印…明智寺之印

DATA 明智寺
臨済宗《りんざいしゅう》　如意輪観世音菩薩《にょいりんかんぜおんぼさつ》
住 横瀬町横瀬2160
交 西武秩父線横瀬駅から徒歩10分
料 無料

第10番札所 大慈寺《だいじじ》

風格のある山里の寺

延徳2年（1490）の開創で禅刹らしい建物。ご本尊のほか子安観音やびんずる尊など多数の仏像が安置されています。

右の字…万松山／中央の字…正観世音／左の字…大慈寺／右の印…秩父第十番／中央の印…仏法僧宝（三宝印）／左の印…万松山大慈寺

DATA 大慈寺
曹洞宗《そうとうしゅう》　聖観世音菩薩《しょうかんぜおんぼさつ》
住 横瀬町横瀬5151
交 西武秩父線西武秩父駅から西武観光バス定峰・皆野駅行きで12分、札所十番下車、徒歩2分
料 無料

第11番札所 常楽寺《じょうらくじ》

境内から秩父市街を一望できる

厄除元三大師を祀り、辰歳、巳歳生まれの守り本尊として知られ、毎年、1月3日と4月20日の縁日は多くの参拝者でにぎわいます。

右の字…南石山／中央の字…十一面大士／左の字…常楽寺／右の印…秩父十一番／中央の印…キャ(梵字)十一面観音／左の印…南石山常楽寺

DATA 常楽寺

曹洞宗《そうとうしゅう》　十一面観世音菩薩《じゅういちめんかんぜおんぼさつ》

住 秩父市熊木43-28

交 西武秩父線西武秩父駅／秩父鉄道秩父駅または御花畑駅から徒歩15分

料 無料

第12番札所 野坂寺《のさかじ》

春から秋は花木のリレー

整備された境内に椿や蓮などが四季折々に咲く花の寺。重層入母屋造の山門では、十王像や十牛観音、風神・雷神などが迎えてくれます。

右の字…仏道山／中央の字…上・サ(梵字)聖観世音菩薩　下・白華殿／左の字…野坂寺／右の印…秩父十二番／中央の印…仏法僧宝(三宝印)／左の印…野坂寺

DATA 野坂寺

臨済宗《りんざいしゅう》　聖観世音菩薩《しょうかんぜおんぼさつ》

住 秩父市野坂2-12-25

交 西武秩父線西武秩父駅から徒歩12分

料 無料

第13番札所 慈眼寺《じげんじ》

眼の健康祈願にご利益が

ご本尊は聖観世音菩薩ですが、「あめ薬師」で親しまれている眼にご利益のある薬師如来が有名。メグスリの木のお茶や飴をおみやげに。

右の字…旗下山／中央の字…正大悲閣／左の字…慈眼寺／右の印…秩父十三番目／中央の印…仏法僧宝(三宝印)／左の印…曹洞正宗慈眼禅寺印

DATA 慈眼寺

曹洞宗《そうとうしゅう》　聖観世音菩薩《しょうかんぜおんぼさつ》

住 秩父市東町26-7

交 秩父鉄道御花畑駅から徒歩2分

料 無料

第14番札所 今宮坊《いまみやぼう》

樹齢500年のケヤキが立つ

もともと秩父札所信仰に深く関わる修験道場で、現在の観音堂は宝永6年(1709)に再建。秩父札所唯一の輪廻塔もあります。

右の字…長岳山／中央の字…正円通閣／左の字…今宮坊／右の印…秩父十四番／中央の印…サ(梵字)聖観世音菩薩／左の印…今宮坊印

DATA 今宮坊

臨済宗《りんざいしゅう》　聖観世音菩薩《しょうかんぜおんぼさつ》

住 秩父市中町25-12

交 西武秩父線西武秩父駅から徒歩15分／秩父鉄道御花畑駅から徒歩10分

料 無料

第15番札所 少林寺《しょうりんじ》

約50品種の牡丹が見事

本堂は珍しい漆喰塗り。境内には創建以来植えられてきた牡丹が約50品種・220株も。黄冠など珍しい品種も見られます。

右の字…母巣山／中央の字…十一面観世音／左の字…少林寺／右の印…秩父十五番目／中央の印…仏法僧宝(三宝印)／左の印…母巣山少林禅寺之印

DATA 少林寺

臨済宗《りんざいしゅう》　十一面観世音菩薩《じゅういちめんかんぜおんぼさつ》

住 秩父市番場町7-9

交 秩父鉄道秩父駅から徒歩5分

料 無料

第16番札所 西光寺《さいこうじ》

札堂が現存する唯一の札所

本堂は宝永7年(1710)に建立。秩父の札所では、唯一残っている札堂には、かつて巡礼の人たちが、願いを書いた木札を打ちつけた跡が見られます。境内にはほかにも金毘羅堂や、四国八十八カ所めぐりと同じ功徳が得られるという回廊堂などもあります。

DATA 西光寺

真言宗《しんごんしゅう》　千手観世音菩薩《せんじゅかんぜおんぼさつ》

住 秩父市中村町4-8-21

交 秩父鉄道秩父駅から徒歩12分／西武秩父線西武秩父駅から徒歩25分

料 無料

第17番札所 定林寺《じょうりんじ》

アニメ『あの花』の聖地

秩父を舞台にしたアニメに登場しており、キャラクターの絵馬が人気。百観音とご詠歌が彫られた梵鐘は県の有形文化財。

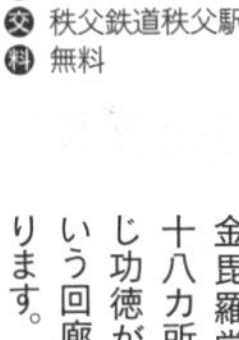

右の字…実正山／中央の字…十一面観世音／左の字…定林寺／右の印…秩父第十七番／中央の印…仏法僧宝(三宝印)／左の印…林寺印

DATA 定林寺

曹洞宗《そうとうしゅう》　十一面観世音菩薩《じゅういちめんかんぜおんぼさつ》

住 秩父市桜木町21-3

交 西武秩父線西武秩父駅から西武観光バス小鹿野車庫・栗尾行きで10分、札所十七番入口下車、徒歩3分

料 無料

第18番札所 神門寺《ごうどじ》

両手に蓮を持つ珍しい本尊

修験寺として栄えたが、江戸中期に焼失。天保年間（1831～1845）に再建され、釈迦如来などを祀る蓮華堂があります。

右の字…白道山／中央の字…正円通大士／左の字…神門寺／右の印…秩父十八番／中央の印…仏法僧宝（三宝印）／左の印…神門寺心

DATA 神門寺
曹洞宗《そうとうしゅう》　聖観世音菩薩《しょうかんぜおんぼさつ》
住 秩父市下宮地町5-15
交 秩父鉄道大野原駅から徒歩15分
料 無料

第19番札所 龍石寺《りゅうせきじ》

巨大な岩盤上に立つ寺院

方形造の大きな観音堂で、閻魔や三途の川にいるという脱衣婆を祀る三途婆堂もあり、仏教の怖い面の教えも伝えています。

右の字…飛淵山／中央の字…千手円通閣／左の字…龍石寺／右の印…秩父十九番／中央の印…仏法僧宝（三宝印）／左の印…龍石禅寺

DATA 龍石寺
曹洞宗《そうとうしゅう》　千手観世音菩薩《せんじゅかんぜおんぼさつ》
住 秩父市大畑町15-31
交 秩父鉄道大野原駅から徒歩15分
料 無料

第20番札所 岩之上堂《いわのうえどう》

荒川西岸、崖の上の札所

寄木漆箔のご本尊は藤原時代の作とされます。堂内には日天、月天、風神・雷神などの彫刻が施された見事な厨子もあります。

右の字…法王山／中央の字…聖観世音／左の字…岩之上堂／右の印…秩父二十番／中央の印…仏法僧宝（三宝印）／左の印…岩上堂主之印

DATA 岩之上堂
臨済宗《りんざいしゅう》　聖観世音菩薩《しょうかんぜおんぼさつ》
住 秩父市寺尾2169
交 西武秩父線西武秩父駅から西武観光バス小鹿野車庫・栗尾行きで16分、札所二十番入口下車、徒歩4分
料 無料

第21番札所 観音寺《かんのんじ》

神託により観世音の霊場に

八幡大菩薩の放った神矢が落ちた地とされ、通称、矢の堂。境内には聖観音立像や貴重な民俗資料、地芝居の座頭の供養碑も。

右の字…矢之堂／中央の字…正観世音／左の字…観音寺／右の印…秩父二十一番／中央の印…仏法僧宝（三宝印）／左の印…要光山矢之堂

DATA 観音寺
真言宗《しんごんしゅう》　聖観世音菩薩《しょうかんぜおんぼさつ》
住 秩父市寺尾2354
交 西武秩父線西武秩父駅から西武観光バス小鹿野車庫・栗尾行きで18分、尾田蒔学校下車、徒歩7分
料 無料

第22番札所 童子堂《どうじどう》

愛嬌のある仁王像が必見

田園の中のお堂は延喜年間（901～923）に山奥から移転。茅葺きの仁王門の仁王像は、素朴で童子堂の名にぴったり。

右の字…華台山／中央の字…聖観音／左の字…童子堂／右の印…秩父二十二番／中央の印…仏法僧宝（三宝印）／左の印…詠福寺印

DATA 童子堂
真言宗《しんごんしゅう》　聖観世音菩薩《しょうかんぜおんぼさつ》
住 秩父市寺尾3595
交 西武秩父線西武秩父駅から西武観光バス小鹿野車庫・栗尾行きで18分、尾田蒔学校下車、徒歩15分
料 無料

第23番札所 音楽寺《おんがくじ》

慈覚大師も魅了した景色

江戸中期の大きなお堂が立ち、秩父地方屈指の景観地。堂内の須弥壇《しゅみだん》には立派な厨子が安置され、ご本尊は室町時代の作です。

右の字…松風山／中央の字…小鹿坂大悲殿／左の字…音楽寺／右の印…秩父二十三番目／中央の印…仏法僧宝（三宝印）／左の印…音楽禅寺

DATA 音楽寺
臨済宗《りんざいしゅう》　聖観世音菩薩《しょうかんぜおんぼさつ》
住 秩父市寺尾3773
交 西武秩父線西武秩父駅から西武観光バスミューズパーク線（音楽寺先回り）で14分、音楽寺下車、徒歩3分
料 無料

第24番札所 法泉寺《ほうせんじ》

縁日は大数珠廻しの行事も

意匠を凝らしたお堂は凹型の造りで、左右に仁王像を祀っています。宋朝風の本尊は高さ25cmの坐像で、室町時代の作。

右の字…光智山／中央の字…聖観世音／左の字…法泉寺／右の印…秩父二十四番／中央の印…白山／左の印…法泉寺印

DATA 法泉寺
臨済宗《りんざいしゅう》　聖観世音菩薩《しょうかんぜおんぼさつ》
住 秩父市別所1586
交 西武秩父線西武秩父駅から西武観光バス久那線（久那先回り）で8分、札所二十四番下車、徒歩すぐ
料 無料

第25番札所 久昌寺《きゅうしょうじ》

あの世の通行手形を頒布

別名「御手判寺」。昔、上人が閻魔大王からいただいたという石の通行手形が伝わり、その刷り物「御手判」を頒布しています。

右の字…岩谷山／中央の字…正円通閣／左の字…御手判寺／右の印…秩父二十五番／中央の印…仏法僧宝（三宝印）／左の印…御手判寺

DATA 久昌寺
曹洞宗《そうとうしゅう》　聖観世音菩薩《しょうかんぜおんぼさつ》
住 秩父市久那2315
交 西武秩父線西武秩父駅から西武観光バス花見の里循環・影森先回り行きで25分、久那下車、徒歩10分
料 無料

第26番 札所 円融寺《えんゆうじ》

石段を上れば浄土の景色

現在、円融寺本堂に移された本尊はかつて、極楽浄土の景色のようだとされた谷間にある懸崖造の岩井堂に安置されていました。

右の字…岩井堂／中央の字…聖観世音／左の字…円融寺／右の印…秩父二十六番／中央の印…仏法僧宝（三宝印）／左の印…円融

DATA 円融寺
臨済宗《りんざいしゅう》　聖観世音菩薩《しょうかんぜおんぼさつ》
住 秩父市下影森348
交 秩父鉄道影森駅から徒歩10分（岩井堂へは徒歩25分）
料 無料

第27番 札所 大渕寺《だいえんじ》

寿命が延びる湧水も境内に

明治・大正と2度の大火でお堂が焼失し、それまで仮だった観音堂が1995年に再建。山門前の江戸後期の用水路跡も見どころ。

右の字…龍河山／中央の字…聖大悲殿／左の字…大渕寺／右の印…秩父第二拾七番／中央の印…サ（梵字）聖観世音菩薩／左の印…大渕禅寺

DATA 大渕寺
曹洞宗《そうとうしゅう》　聖観世音菩薩《しょうかんぜおんぼさつ》
住 秩父市上影森411
交 秩父鉄道影森駅から徒歩10分
料 無料

第28番 札所 橋立堂《はしだてどう》

秩父札所唯一、馬の観音様

高さ80ｍもの岸壁を背にして立つ、小さな朱塗りの観音堂。横にある橋立鍾乳洞は、古くから「胎内くぐり」の霊場でした。

右の字…石龍山／中央の字…馬頭尊／左の字…橋立堂／右の印…秩父第二拾八番／中央の印…ウン（梵字）馬頭観音／左の印…橋立堂印

DATA 橋立堂
曹洞宗《そうとうしゅう》　馬頭観世音菩薩《ばとうかんぜおんぼさつ》
住 秩父市上影森675
交 秩父鉄道浦山口駅から徒歩15分
料 無料

第29番 札所 長泉院《ちょうせんいん》

秩父札所開創時の石札

開山は平安時代中期、火災後に移転し、天保4年（1833）、現在の本堂を再建。日本有数の石札が残り石札堂とも呼ばれます。

右の字…笹戸山／中央の字…正観世音／左の字…石札堂／右の印…秩父二十九番／中央の印…仏法僧宝（三宝印）／左の印…長泉禅院

DATA 長泉院
曹洞宗《そうとうしゅう》　聖観世音菩薩《しょうかんぜおんぼさつ》
住 秩父市荒川上田野557
交 秩父鉄道浦山口駅から徒歩15分
料 無料

第30番 札所 法雲寺《ほううんじ》

渡来仏の「楊貴妃観音」がご本尊

池を中心に回遊する美しい庭園の先に、唐から運ばれた如意輪観音を祀る本堂が。天狗の爪や龍の骨も展示されています。

右の字…瑞龍山／中央の字…如意輪観音／左の字…法雲寺／右の印…秩父三十番／中央の印…仏法僧宝（三宝印）／左の印…法雲禅寺

DATA 法雲寺
臨済宗《りんざいしゅう》　如意輪観世音菩薩《にょいりんかんぜおんぼさつ》
住 秩父市荒川白久432
交 秩父鉄道白久駅から徒歩15分
料 無料

第31番 札所 観音院《かんのんいん》

ご本尊は聖観世音菩薩

絶壁を背にした本堂や石造りとしては日本一の高さを誇る2体の仁王像が圧巻。山内には10万超の石仏や展望台なども。

DATA P62

第32番 札所 法性寺《ほうしょうじ》

岩の上の観音像を拝めます

秩父札所唯一の鐘楼門や舞台造の観音堂が。さらに岩壁を登り鎖場を上がれば、眺望抜群の奥の院があります。

DATA P118

第33番 札所 菊水寺《きくすいじ》

本堂は200年の歴史を誇る

重厚な本堂は文政3年（1820）に再建された総欅造り。欄間には仏教の教えが彫られています。春は八重桜のアーチが見事。

右の字…延命山／中央の字…正観世音／左の字…菊水寺／右の印…秩父三十三番／中央の印…仏法僧宝（三宝印）／左の印…菊水禅寺

DATA 菊水寺
曹洞宗《そうとうしゅう》　聖観世音菩薩《しょうかんぜおんぼさつ》
住 秩父市下吉田1104
交 西武秩父線西武秩父駅から西武観光バス小鹿野車庫・栗尾行きで30分、泉田下車、徒歩40分
料 無料

第34番 札所 水潜寺《すいせんじ》

札所と日本百観音の結願寺

巡礼者が打留めの札を納めた寺。かつてはおまいり後に岩屋で再生儀礼の胎内めぐりをし、身を清めて俗世に戻ったとされます。

右の字…日沢山／中央の字…千手観世音／左の字…水潜寺／右の印…秩父三十四番／中央の印…仏法僧宝（三宝印）／左の印…上・日本百番結願霊場印　下・水潜寺印

DATA 水潜寺
曹洞宗《そうとうしゅう》　千手観世音菩薩《せんじゅかんぜおんぼさつ》
住 皆野町下日野沢3522
交 秩父鉄道皆野駅から皆野町営バス西立沢行きで24分、札所前下車、徒歩3分
料 無料

第5章

運気アップ！

ぐるっと御朱印めぐり旅

埼玉県のなかでも人気の観光地にある寺社をご紹介。名物グルメや観光名所と組み合わせながら、＋αの楽しみ方を見つけましょう。

川越

小江戸情緒を堪能しながら、徳川家ゆかりの寺社をゆったりめぐる

バスでまわる小江戸・川越の御朱印旅

江戸時代から続く蔵造りの街並みや、大正のレトロモダンな建物が残されており、まるでタイムスリップしたかのような感覚が体験できる小江戸・川越。歴史深い街だからバスで巡回できる範囲に多彩な神社仏閣が点在!

江戸時代、徳川家康公が〝北の防衛線〟と重要視した川越。家康公は天正18年(1590)に関東に移ると川越藩を設置し、藩主に有力大名を派遣。17万石の城下町が整備され、現在でも家康公や徳川家ゆかりの「喜多院」や「仙波東照宮」など由緒ある神社仏閣が数多く残ります。観光用バスが巡回しているため、バス旅を楽しみながら、街並みを散策できるのがうれしい。

移築された江戸城の建造物が見学できる歴史的にも貴重な場所

1 9:10 喜多院《きたいん》

川越屈指の歴史と規模を誇る寺院。

慶長16年(1611)に天海僧正が家康公と親しく接見するなど、徳川幕府とのつながりも深く、その縁で寛永15年(1638)の川越大火の際に建物が焼失すると、3代将軍家光公が江戸城の御殿を移築し、客殿・書院にあてています。その建物は現存し、家光公誕生の間や春日局が化粧をした部屋などが見学可能。当時の権力者たちにも篤く信仰された跡がそここに見られます。

文化財や歴史的建造物を見学

☝元三大師と不動明王を祀る慈恵堂(本堂)。寛永16年(1639)に再建され、昭和の大修復を経て今に至ります ☝龍と鷹の彫刻が見事な鐘楼門は国指定重要文化財(右)。天明2年(1782)から約50年にわたって建立された五百羅漢(左)

ご利益おもちかえり

身代御守 300円

☝大師様の護符が災いから守ってくれます。御守袋400円に入れて身につけて

梵天守り 1000円

☝人の形をかたどったお守り。厄除けのほか、開運にもご利益が。赤や緑など全6色

見どころが多いから、賢く上手にめぐりたい!

観光に便利なバスは3種類

川越の観光用バスは、川越駅西口2番を基点とする「小江戸巡回バス(乗り放題500円)」と川越駅東口3番「小江戸名所めぐりバス(乗り放題300円)」の2つ。ほかに、路線バスの東武バスウエストが走ります。

レンタサイクルの利用もあり

市内には自転車シェアリングのステーションが約16カ所あり。15分60円という格安さと各ポートで乗り捨てできる便利さです。川越駅と本川越駅の観光案内所でプリペイド式カードを販売。

観光案内所をチェック!

観光案内所は2カ所。東武東上線川越駅の改札口を出て左側と、西武新宿線本川越駅1階改札口を出て正面右側に。自転車シェアリングの詳細はここでチェック。

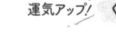

川越駅
↓ 小江戸名所めぐりバスで8分
喜多院前バス停
↓ 徒歩3分
❶ 喜多院
↓ 徒歩3分
❷ 仙波東照宮
↓ 徒歩7分
成田山 川越別院

平日は小江戸巡回バス喜多院先回りコースが便利

右の字…奉拝／中央の字…上・厄除　下・川越大師／左の字…星野山 喜多院／右の印…星野山／中央の印…仏法僧宝(三宝印)／左の印…喜多院

☝元三大師や不動明王を祀る喜多院は厄除の寺としても有名

右の字……奉拝
中央の字…大黒天
左の字……星野山 喜多院
右の印……小江戸川越七福神
中央の印…マ(梵字)大黒天
左の印……喜多院

☝小江戸川越七福神の大黒天の御朱印。財宝を授けてくれる神様です

☝境内の売店で厄除け団子をいただけばさらにご利益UP? 懐かしのラムネもあります

ココだけの御朱印帳!

☝元三大師の縁日である1月3日に開かれる、だるま市をモチーフにしたオリジナル御朱印帳各1800円

☝喜多院のシンボル・多宝塔が描かれた御朱印帳は男性にも人気。1500円

DATA 喜多院
天台宗《てんだいしゅう》　星野山《せいやさん》
元三大師《がんざんだいし》・不動明王《ふどうみょうおう》
天長7年(830)
入母屋造《いりもやづくり》
住 川越市小仙波町1-20-1
交 西武新宿線本川越駅から徒歩10分
料 無料(3代将軍徳川家光公誕生の間・春日局化粧の間は400円・子供200円)

2 9:50 仙波東照宮《せんばとうしょうぐう》

日光、久能山と並ぶ日本三大東照宮のひとつ。元和3年(1618)に喜多院の天海僧正が徳川家康公を祀ったのが始まりです。朱が鮮やかな社殿、唐門や瑞垣などすべてが国指定重要文化財。通常は門が閉まっていますが、門の外からも美しい社殿が見えます。

寛永17年再建時の華麗な姿を復元

☝川越大火ののちに再建された拝殿を昭和時代に修理・復元しています ☝控柱を使った贅沢な八脚の随身門も国指定重要文化財

右の字…奉拝／中央の字…仙波東照宮／右の印…葵の紋／中央の印…東照宮／左の印…川越仙波東照宮印

☝階段下の売店に書置きがあるほか、川越八幡宮(P74)でもいただけます

DATA 仙波東照宮
徳川家康公《とくがわいえやすこう》
元和3年(1618)　三間社流造《さんげんしゃながれづくり》
住 川越市小仙波町1-21-1
交 西武新宿線本川越駅から徒歩10分
料 無料

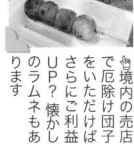

③ 成田山 川越別院
徒歩3分
成田山前バス停
小江戸名所めぐりバスで9分
博物館前バス停
徒歩すぐ
④ 三芳野神社
徒歩8分
⑤ 川越氷川神社
徒歩すぐ
川越氷川神社バス停
小江戸名所めぐりバスで3分
札の辻バス停
徒歩5分
⑥ 見立寺
徒歩10分
一番街バス停下車でもOK。徒歩5分ほど
⑦ 蓮馨寺
徒歩2分
⑧ 川越熊野神社
徒歩すぐ
蓮馨寺バス停
東武バス川越駅行きなどで13分
川越駅

3 10:20 成田山 川越別院

●なりたさん かわごえべついん

開祖は、幼い頃から波乱に富んだ生活のなかで両眼を失明した石川照温師。成田山新勝寺で断食の行を行ったところ、奇跡的に視力が回復しました。その後、ご信徒たちとともに川越で廃寺になっていたお寺を再興し、不動明王を勧請したのが成田山川越別院。眼の病気に霊験あらたかと評判です。

☞通常の御朱印は墨書。もともとこの地にあったお寺が本行院です

右の字…奉拝／中央の字…上・カーン(梵字)不動明王 下・不動明王／左の字…上・川越 下・成田山
右の印…川越 成田山本行院／中央の印…カーン(梵字)不動明王／左の印…成田山本行院

右の字…奉拝／中央の字…上・カーン(梵字)不動明王 下・不動明王／左の字…上・川越 下・成田山／右の印…川越 成田山本行院／中央の印…カーン(梵字)不動明王／左の印…成田山本行院

☞令和元年の間は、即位奉祝特別御朱印も頒布。書置き限定です

密厳殿や眼病平癒のお堂など見どころ満載

密厳殿で如来様と空間を共に

☞2018年のお正月に公開された密厳殿は、ガラスの曼陀羅や蓮の一生が描かれた壁に囲まれた、五智如来を祀る神秘的な空間
☞開祖を祀ったお堂で眼病平癒をお祈り
☞本堂の下に御朱印の授与所があります

DATA 成田山 川越別院
真言宗《しんごんしゅう》
成田山《なりたさん》
不動明王《ふどうみょうおう》
嘉永6年(1853) 不明
住 川越市久保町9-2
交 西武新宿線本川越駅から徒歩15分
料 無料

ご利益おもちかえり

眼病平癒祈願絵馬 500円

☞視力回復や眼の病に関する願い事がある人は、開祖のお堂に奉納を

成守 2000円

☞すべての願い事が「成」る、特別なパワーを授かるお守りで心願成就！

ココだけの御朱印帳

☞寺紋の葉ボタンをあしらったオリジナルの御朱印帳。紺とピンクの2色があり、各1000円です

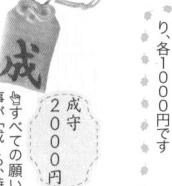

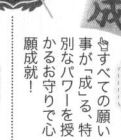

4 11:20 三芳野神社
●みよしのじんじゃ

平 安時代創建と伝わる古社ですが、川越城築城の際に城の鎮守とされ、江戸時代以降は徳川幕府直営の社として庇護を受けました。おなじみのわらべ唄『通りゃんせ』の舞台として知られており、歌詞に出てくる「細道」は参道、「天神様」はこちらに祀られている菅原道真公を指しています。

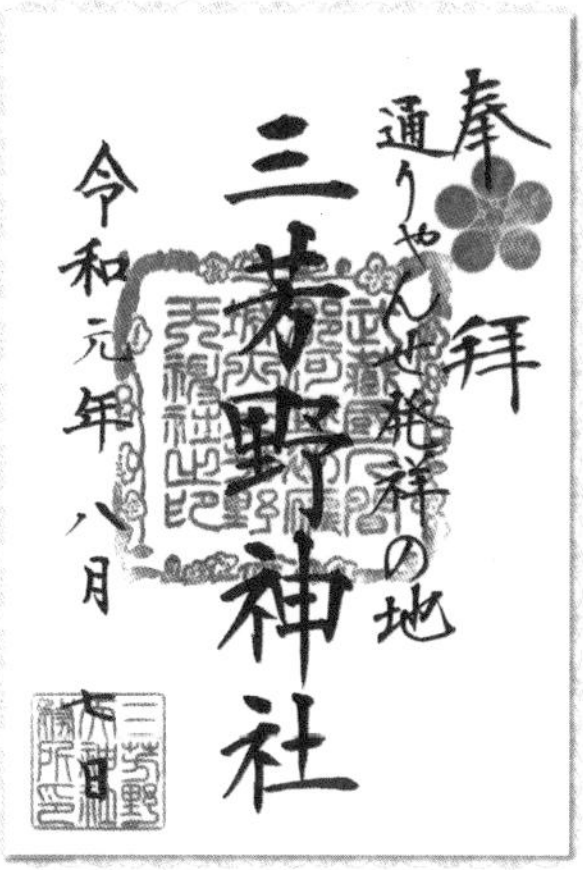

右の字……奉拝
中央の字…右・通りゃんせ発祥の地　左・三芳野神社
右の印……社紋(梅の花)
中央の印…武蔵国入間郡河越初雁城内三芳野天神社之印
左の印……三芳野天神社務所印

☞「初雁城」は河越城の別名。御朱印は川越氷川神社でいただけます

☞境内にはわらべ唄の碑や川越城七不思議の看板が。ミステリアスな土地だったのかも？

『通りゃんせ』の舞台になった天神様で学問成就を祈願

☞通常は無人。主祭神は学問の神様、菅原道真公です(右)。城内にあったため警護の侍が詰めている細道を通らなければならず、「怖いながらも通りゃんせ」と唄われていたそう(左)

DATA 三芳野神社

素盞嗚尊《すさのおのみこと》・奇稲田姫命《くしなだひめのみこと》
菅原道真公《すがわらのみちざねこう》・
誉田別尊《ほんだわけのみこと》

大同2年(807)　権現造《ごんげんづくり》

住 川越市郭町2-25-20
交 JR川越線／東武東上線
川越駅から小江戸巡回バス
喜多院先回りコースで30分、
本丸御殿下車、徒歩すぐ
料 無料

5 12:00 川越氷川神社
●かわごえひかわじんじゃ

→P54

約 1500年前創建の歴史ある神社で、出雲大社の縁結びの神、大己貴命をはじめ、2組の夫婦を含む5柱の神々が祀られており、良縁を授かる神社として人気です。

☞夏には「縁むすび風鈴」という祭事が開催。2000個以上もの風鈴が飾られます ☞七夕の時期には短冊が下げられ、にぎやかな雰囲気に

ひと足のばして

☞埼玉県の有形文化財に指定されています

関東七名城「川越城」の遺構へ

玄関周辺と家老詰所が現存している、東日本で唯一の本丸御殿です。

川越城本丸御殿
かわごえじょうほんまるごてん

☎ 049-222-5399
(川越市立博物館)
住 川越市郭町2-13-1
交 JR川越線／東武東上線
川越駅から小江戸巡回バス
喜多院先回りコースで30分、
本丸御殿下車、徒歩すぐ
時 9〜17時(入館は〜16時30分)
休 月曜(祝日の場合は翌日)、
第4金曜(祝日の場合は開館)
料 入館100円　協力:川越市立博物館

6 13:20 見立寺
●けんりゅうじ

北条氏康が10倍もの敵を打ち破った「河越夜戦」で有名な後北条氏。その重臣・大道寺駿河守政繁が、後北条一族の上人を勧請して川越城下に開山したのが始まりです。また、川越七福神の布袋尊を祀っており、この布袋様には知る人ぞ知る子宝のご利益が。子どもを授かりたい人は忘れずおまいりを。

後北条氏縁の古刹。子宝を授けてくれる布袋様にもおまいりを

☞福々しいお顔の布袋様に子宝祈願 ☞本堂には平安〜室町時代の仏像など貴重な遺物が。お彼岸の「お経を読む会」では一般の人も本堂に入れます

タイミングが合えば寺宝も見られるかも

☞「無量寿」はご本尊の阿弥陀如来の中国由来の名前

右の字…奉拝／中央の字…無量寿／左の字…川越見立寺／右の印…寿昌山／中央の印…仏法僧宝(三宝印)／左の印…浄土宗寿昌山見立寺

右の字…奉拝／中央の字…布袋尊／左の字…寿昌山 見立寺／右の印…小江戸川越七福神／中央の印…仏法僧宝(三宝印)／左の印…浄土宗寿昌山見立寺

☞小江戸川越七福神の御朱印は書置きで用意。本堂右手の寺務所でいただけます

ご利益おもちかえり

☞縁起のいい絵柄の小江戸川越七福神オリジナル手ぬぐい500円。絵柄は3種類

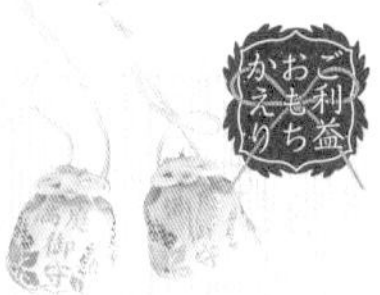

家庭円満 御守 300円

☞布袋様の袋を思わせる丸い形が愛らしい、オリジナルお守りで家庭円満に

DATA 見立寺

浄土宗《じょうどしゅう》 寿昌山《じゅしょうざん》 阿弥陀如来《あみだにょらい》

永禄元年(1558) 方形造《ほうぎょうづくり》

住 川越市元町2-9-11

交 JR川越線／東武東上線川越駅から東武バス神明町車庫行きで10分、札の辻下車、徒歩5分

料 無料

立ち寄りスポット

蔵造りの街並み

江戸時代から明治時代にかけて建てられた蔵などの歴史ある建物が立ち並んでおり、城下町の面影が色濃く残っています。

☞川越のシンボルでもある時の鐘。6時、12時、15時、18時の1日4回鐘がなります(右)。現在でも約20数棟が残る蔵は一軒一軒異なる造りになっています(左)

川越一番街
かわごえいちばんがい

☎ 049-222-5556(川越駅観光案内所)

住 川越市幸町・元町周辺

交 西武新宿線本川越駅から徒歩15分

時休料 店舗により異なる

☞老舗の駄菓子屋さんが立ち並ぶ通りです

懐かしの駄菓子たち

細い路地に小さな菓子店が並び、子どもから大人まで大人気のスポット。店頭に並ぶ駄菓子がバリエーション豊かです。

菓子屋横丁
かしやよこちょう

☎ なし

住 川越市元町

交 西武新宿線本川越駅から徒歩17分

時休料 散策自由

7 14:10 蓮馨寺《れんけいじ》

④ 450年以上の歴史をもつ浄土宗のお寺。ご本尊の阿弥陀如来のほか、飢饉で困っている農家の子どもを預かり育てた呑龍上人や、お釈迦様の弟子で神通力に優れた「おびんづる様」も祀られており、子育て・健康祈願の人も訪れます。祈願所前のおびんづる様は撫でると病気やけがを治してくれるそう。

右の字…奉拝／中央の字…上:安産子育 下:呑龍上人／左の字…川越 蓮馨寺／右の印…無量寿／中央の印…キリク(梵字)阿弥陀如来／左の印…孤峯山蓮馨寺

☞呑龍上人と阿弥陀如来。2つの名が記された有難い御朱印

右の字…奉拝／中央の字…福禄寿／左の字…孤峯山 蓮馨寺／右の印…上:孤峯山 下:小江戸川越七福神／中央の印…仏法僧宝(三宝印)／左の印…蓮馨寺印

☞小江戸川越七福神の福禄寿の御朱印もいただけます(書置きのみ)

広い境内では毎月縁日も行われます

☞具合の悪いところとおびんづる様の同じ場所を交互に撫でると早く治癒するとか ☞毎月8日は「呑龍デー」。出店や芸能でにぎわいます

「子育て呑龍上人」や「おびんづる様」で親しまれるお寺

ココだけの御朱印帳!

☞オリジナル御朱印帳1200円。徳川家康や徳川幕府と深い関わりがあり、葵の紋所の使用が許されています

DATA 蓮馨寺
浄土宗《じょうどしゅう》
孤峯山《こほうざん》　阿弥陀如来《あみだにょらい》
天文18年(1549)　入母屋造《いりもやづくり》
住 川越市連雀町7-1
交 西武新宿線本川越駅から徒歩7分
料 無料

8 15:00 川越熊野神社《かわごえくまのじんじゃ》

→P81

「お くまんさま」として親しまれ、開運と縁結びの神と信仰を集めています。天正18年(1590)、神社前の蓮馨寺の二世然誉文応僧正が、紀州熊野より勧請したことに始まります。

☞拝殿に隣接するむすびの庭。導きの神、八咫烏(やたがらす)から助言をいただける施設 ☞色とりどりの短冊が下がる、七夕の時期も楽しみです

レトロな商店街

☞4月中旬~5月上旬まで、約800匹の鯉のぼりが彩ります

約200mの通りの両側には江戸時代から続く老舗やカフェなど30軒ほどが並んでおり、映画のロケ地にも使用される人気スポットです。

大正浪漫夢通り たいしょうろまんゆめどおり
☎ 049-222-5556(川越駅観光案内所)
住 川越市連雀町周辺
交 西武新宿線本川越駅から徒歩10分
時休 店舗により異なる

秩父

パワスポをめぐりながら、自分だけのお守りを作る

秩父で願い石巡礼と御朱印旅

秩父エリアに点在する選りすぐりの「石所」と呼ばれる11のパワースポット。霊験あらたかな神社仏閣のほか、商人宿や神の山をめぐりながらの霊石「願い石」を集める旅に出かけましょう。

日本最初の貨幣「和同開珎」に由来する聖神社や、秩父開拓の祖を祀る秩父神社、秩父のなかで風水パワーの最強地といわれる秩父今宮神社など、秩父の最強パワースポットが勢揃い。美しい「願い石」を集める旅は宝石探しのゲーム感覚で楽しめると好評です。神社仏閣、古い商人宿を活用した施設、滝、山、ロープウェイなど多彩な石所やスポットをめぐるため、巡礼と同時に観光が楽しめるのもうれしい。

1 10:00 聖神社

●ひじりじんじゃ

→P80

708年に現和銅遺跡から銅が発見され、その銅で日本最初の流通貨幣「和同開珎」が作られました。遺跡の近くの和同開珎ゆかりの神社で、銭神様が鎮座しています。

☞お金に縁深い聖神社の願い石は強運を呼び込むタイガーアイ

第1番石所
聖神社の願い石
タイガーアイ

☞巨大和同開珎のオブジェが目印。小川でお金を洗うとご利益が

2 11:30 廣見寺

●こうけんじ

秩父最古の曹洞宗の寺で、聖地・武甲山も遥拝できる霊場です。境内には、山を開いて造られた遍照苑や、約200体の仏様が祀られた坂東・西国堂、トイレの神様・烏枢沙摩明王《うすさまみょうおう》を祀るお堂など見どころが満載。300年以上前に各地の寺院の額に書を残した東皐心越禅師《とうこうしんえつぜんし》による総門額の書も必見です。

☞ナポレオンもお守りにしていたとされ、勝負、出世運に向上に！

第2番石所
廣見寺の願い石
カーネリアン

☞三世佛とは、ご本尊の釈迦牟尼佛・阿弥陀如来・弥勒菩薩のこと

右の字…大林山
中央の字…三世仏
左の字…廣見寺
右の印…秩父曹洞開闢道場
中央の印…仏法僧宝（三宝印）
左の印…広見禅寺

願い石巡礼の楽しみ方

願い石巡礼って何？

秩父今宮神社（ローズクオーツ）、大陽寺（アメジスト）、西善寺（ラピスラズリ）など、秩父に点在する11の「石所」と呼ばれるパワースポットで伝承をもとに11種類の願い石（10㎜玉、各500円）が授与されます。その石を集める巡礼。

自分だけのお守りを作る

各授与所にある水晶セット（500円）を求めると、集めた願い石とつないでオリジナルのブレスレットが完成。そのほか、携帯ストラップ、ペンダントヘッドを自作したりして、自分だけのお守りを作りましょう。

☜水晶セットには水晶5玉、専用紐、針付き。すぐにお守りが完成

(1日目)
秩父駅
←車で15分
❶ 聖神社
←車で10分
❷ 廣見寺
←車で7分
❸ ほっとすぽっと秩父館
←車で1分
秩父神社

秩父駅周辺の駐車場に停めて、歩くのも◎

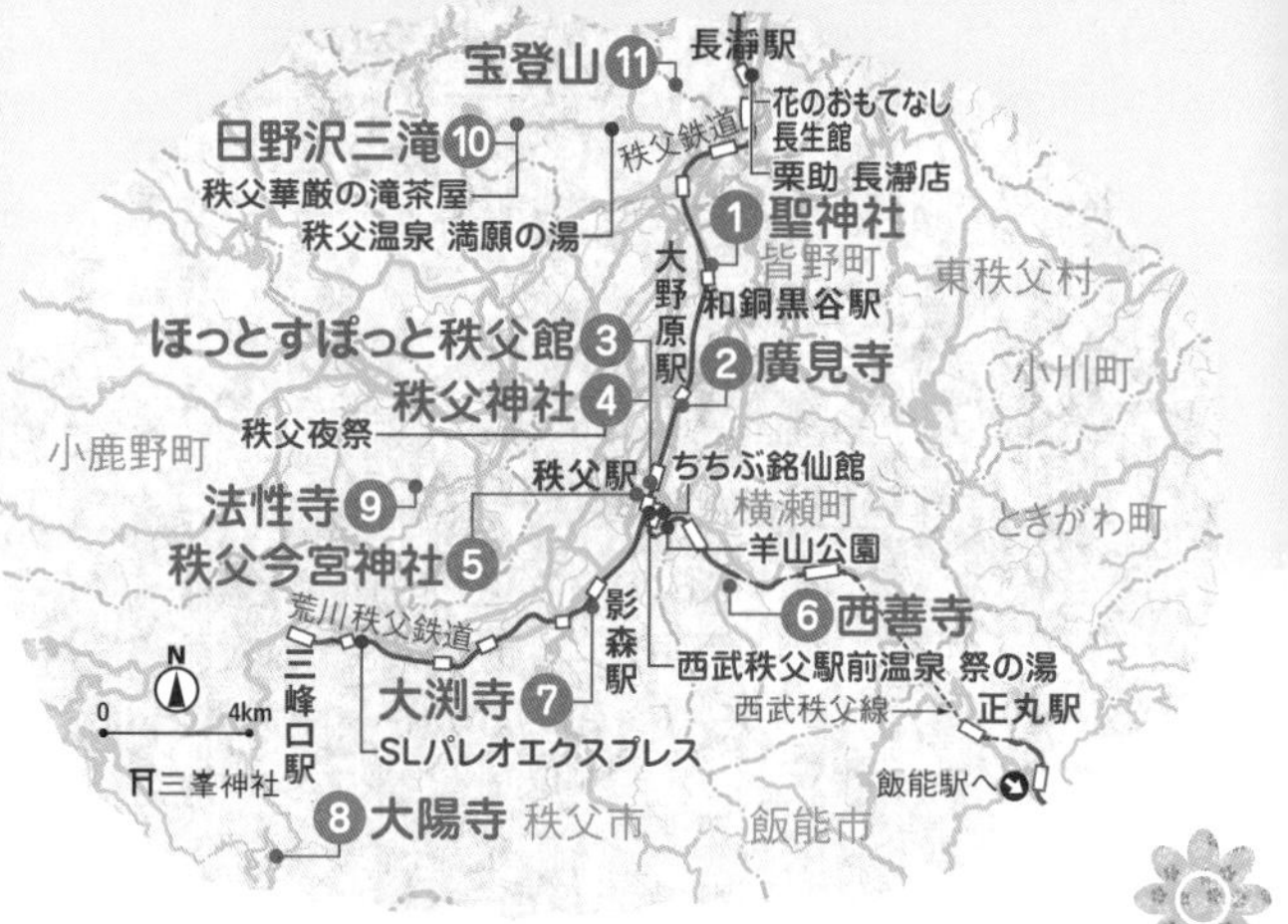

3 13:00 ほっとすぽっと秩父館

●ほっとすぽっとちちぶかん

昔の商人宿だった建物を、2007年に、観光案内所＆お休み処に改装。喫茶コーナーや大きな囲炉裏がある休憩スペースがあり、レトロ感漂う空間でくつろげます。

☝明治期に栄えた商人宿を改築した施設。商売繁昌にもご利益があります

☞エジプトの神々の石像の目に使われた石。金運、仕事運アップ!

第3番石所ほっとすぽっと秩父館の願い石 イーグルアイ

DATA ほっとすぽっと秩父館
住 秩父市宮側町18-2
交 西武秩父線西武秩父駅から徒歩3分
料 入館無料

街ネタをチェック

ノスタルジックな秩父の鉄道に注目!

秩父鉄道では、C58形蒸気機関車が熊谷駅から長瀞や秩父を通り、三峰口までの約57kmを走ります。

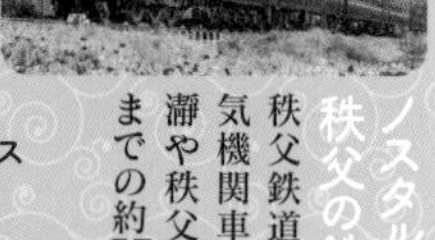

☞実際に乗車すると、美しい車窓風景や力強い走りにワクワク!

SLパレオエクスプレス
えすえるぱれおえくすぷれす
☎ 048-523-3317 (秩父鉄道SL係)
時休料 秩父鉄道HPで要確認
※2020年はSL列車全般の検査のため運転休止

願い石巡礼、曼荼羅、曹洞宗発祥の地…7つの顔をもつ禅寺

あらゆる神仏に出会えます

☝和風様式三手先造の格式高い三門

☜「下の世話にならない」ご利益が人気の烏枢沙摩明王(右)。坂東・西国の66の観音が祀られているお堂は、秩父三十四ヶ所札所めぐりの前におまいりしたい(左)

DATA 廣見寺
曹洞宗《そうとうしゅう》 大林山《だいりんざん》
釈迦牟尼佛《しゃかむにぶつ》・阿弥陀如来《あみだにょらい》・弥勒菩薩《みろくぼさつ》
明徳2年(1391)
不明
住 秩父市下宮地町25-29
交 秩父鉄道大野原駅から徒歩5分
料 無料

ご利益おもちかえり

烏枢沙摩明王絵馬 500円

☝烏枢沙摩明王は不浄を浄化する神様。邪を祓い、心願成就を助けてくれます

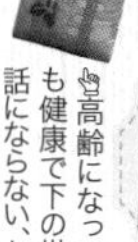

烏枢沙摩明王御守 500円

☝高齢になっても健康で下の世話にならない、というご利益で年配の方に人気

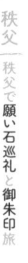

④ 秩父神社 ←車で3分← ⑤ 秩父今宮神社 ←車で5分← 秩父駅
（秩父市街の宿にチェックイン）

（2日目）秩父駅 ←車で15分← ⑥ 西善寺 ←車で20分← ⑦ 大渕寺 ←車で45分← ⑧ 大陽寺 ←車で45分← ⑨ 法性寺 ←車で35分← ⑩ 日野沢三滝 ←車で20分← ⑪ 宝登山 ←車で30分← 秩父駅
（国道140号を離れて山道を上る）
（宝登山ロープウェイ山麓駅まで）

必要な願い石だけ手に入れるのもOKです

4 14:00 秩父神社

●ちちぶじんじゃ

約2100年前、知知夫国の初代国造に任じられた知知夫彦命が、祖神の八意思兼命を祀ったのが始まり。知知夫彦命もご祭神の一柱となっており、秩父開拓の神様が運命を切り開く力を授けてくれます。極彩色の彫刻に彩られた社殿は、戦国時代に焼失したものを徳川家康が再建。当時の名工が腕をふるった絢爛豪華な姿が今に残っています。

☞立派な神門をくぐった先に拝殿や授与所があります（右）。樹齢400年の大銀杏の葉が社紋のモチーフになっています（左）

第4番石所
秩父神社の願い石
ソーダライト
☞学業、起業、開運にご利益が。心身の状態を整えてくれる石

徳川家康も崇敬した秩父屈指の古社。秩父夜祭でも有名です
☞天正20年（1592）に徳川家康が大旦那となり、成瀬吉右衛門に命じて再建した社殿

社殿を彩る彫刻が見事！
☞本殿・幣殿・拝殿の3棟からなる権現造の社殿は県の重要文化財。美しい彫刻に目を奪われます。

子育ての虎
☞左甚五郎が子育ての大切さを込めて彫ったと伝わっています

お元気三猿
☞日光東照宮の三猿と対象的に「よく見て、よく聞いて、よく話す」

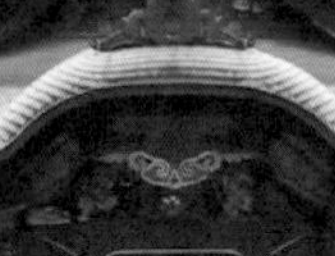
つなぎの龍
☞近くの池に現れたので、鎖でつなぎ止められた伝説を伝えています

北辰の梟
☞体は真南、顔は真北を向いて昼夜を問わず祭神を守護しています

丑寅の雷神
☞顔は牛で虎の顔が描かれたパンツを履いたユーモラスな姿

※2023年まで社殿修復工事のため、拝観できない彫刻がある場合があります

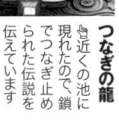

中央の字…秩父神社
右の印……知知夫国総鎮守 秩父宮家ゆかりの社
中央の印…秩父神社／左の印…秩父神社

☞「秩父宮家ゆかり」の印は、昭和天皇の弟宮・秩父宮雍仁親王が祀られているため

ココだけの 御朱印帳！

☞ユネスコ無形文化遺産に登録された例大祭「秩父夜祭」がモチーフの御朱印帳。全4色、各1500円

☞境内の禊川は武甲山の伏流水(上)。おみくじを浸すと文字が浮かぶ「水占みくじ」が当たると評判！(下)

ご利益 おもち かえり

雷神守 800円

☞雷神が社殿を400年も守り抜いたことから災いを除くご利益が

智恵梟守 各800円

☞知恵を司る北辰のフクロウのお守り。学業成就にご利益があります

DATA 秩父神社

八意思兼命《やごころおもいかねのみこと》・知知夫彦命《ちちぶひこのみこと》・天之御中主神《あめのみなかぬしのかみ》・秩父宮雍仁親王《ちちぶのみややすひとしんのう》

崇神天皇11年(紀元前87)

権現造《ごんげんづくり》

住 秩父市番場町1-3

交 秩父鉄道秩父駅から徒歩3分

料 無料

5 16:00 秩父今宮神社

●ちちぶいまみやじんじゃ

↓P 78

秩父のなかで風水パワー最強地といわれ、自然信仰の聖地。霊水の武甲山伏流水が湧き出る龍神池と、推定樹齢1000年以上といわれる大ケヤキのご神木があります。

☞近年、見つけると恋愛が成就するというご神木のハートのくぼみが話題に

第5番石所 秩父今宮神社の願い石 ローズクォーツ

☞愛と美をもたらす石。持つ者に自信と幸福感を与えてくれる

お祭りをチェック

歴史ある秩父の夜祭

300年以上歴史があるといわれる秩父神社の例大祭。重量感のある豪華な笠鉾と屋台が勇壮な屋台囃子のリズムに乗って街中を曳行され、屋台歌舞伎や曳き踊りが上演されます。また、京都の祇園祭、飛騨の高山祭とともに日本三大曳山祭のひとつに数えられています。

☞2016年12月にユネスコ無形文化遺産に登録されました。豪華絢爛な屋台や笠鉾は迫力満点です

☞2基の笠鉾と4基の屋台が町を巡行する笠鉾・屋台曳き廻しは必見

秩父夜祭
ちちぶよまつり

☎ 0494-25-5209(秩父市観光課)

住 会場は秩父神社、秩父神社周辺、本町通り、秩父駅前通りなど

交 西武秩父線西武秩父駅から徒歩10分

6 9:00 西善寺●さいぜんじ

閑

寂とした京都の古刹を思わせる境内で目を引くのは、空いっぱいに枝葉を広げるコミネカエデの巨木。苔むした根元には如意輪観音や六地蔵が祀られ、清浄な空気が漂っています。観音霊場でありつつ、古くから阿弥陀三尊の信仰のお寺として知られ、ご本尊には阿弥陀三尊像も祀られています。

樹齢600年のコミネカエデと阿弥陀三尊が座すお寺

健康、病気平癒にご利益が。危険を回避し幸せを呼びよせます

第6番石所 西善寺の願い石 ラピスラズリ

新緑と紅葉の季節のコミネカエデは圧巻！

本堂は2度の火災にあいながら嘉永4年（1851）に再建されました　ご本尊は十一面観音と阿弥陀三尊。阿弥陀三尊像は、やや前傾し、人々を救おうとしているお姿が印象的(右)。紅葉の時期は特に美しい、樹齢約600年のコミネカエデ(左)

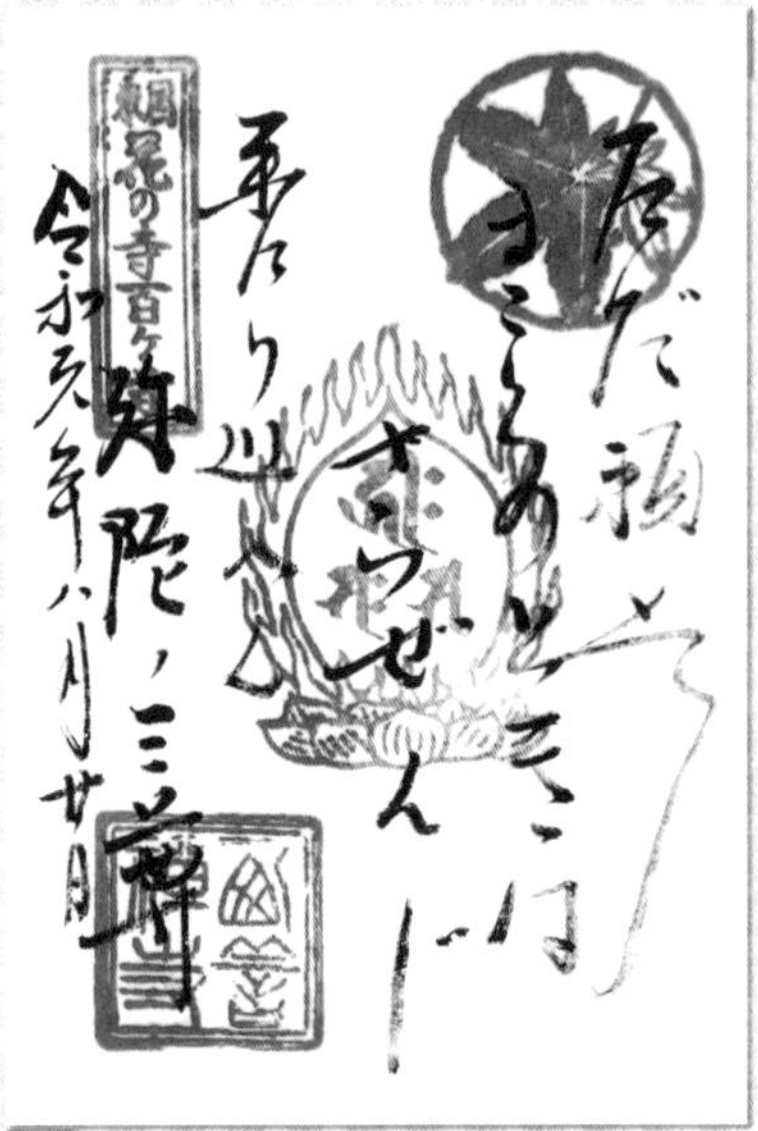

墨書……ただ頼め　まことのときはさいぜんじ　来たり迎へん　弥陀ノ三尊
右の印……コミネカエデ
中央の印……サク・キリーク・サ(梵字)阿弥陀三尊
左の印……上・東国花の寺百ヶ寺　下・西善禅寺

ただ信心すれば阿弥陀三尊が浄土へ迎えてくれるという意味の御詠歌

右の字……清泰山
中央の字…十一面大士
左の字……西善寺
右の印……秩父第八番
中央の印…仏法僧宝(三宝印)
左の印……西善禅寺

十一面大士は十一面観音のこと。ご本尊は珍しい座ったお姿です

梵天かがり御身守り 1200円

人の形をかたどったお守り。身につけていれば災厄から守ってくれます

ご利益おもちかえり

ひょうたん鈴 200円

小さなひょうたんをのぞくと、中に阿弥陀三尊のお姿が見える根付

阿弥陀三尊のお姿は、小さく折りたたんで肌身離さず持ち、身守りに。200円

DATA 西善寺
臨済宗《りんざいしゅう》　清泰山《せいたいさん》
阿弥陀三尊《あみださんぞん》
文暦元年(1234)　寄棟造《よせむねづくり》
住 横瀬町横瀬598
交 西武秩父線西武秩父駅から西武観光バス松枝・長渕・根古屋行きで15分、横瀬橋下車、徒歩10分
料 無料　※新緑・紅葉の時期に御朱印を受けない場合は拝観料が必要

7 10:30 大渕寺 ●だいえんじ

↓P 104

言い伝えによると、宝明という僧侶がこの地に来たときに足の病気になり、教えを広げるためにここに来た弘法大師が観音像を彫りその像に祈願したところ病気が治ったということです。その仏像を本尊としたというのがこの寺の始まりです。

☞月影堂から山道へ。関東三大観音像のひとつ、白衣観音があります

第7番石所
大渕寺の願い石
ホークアイ

☞危険やトラブルから未然に守ってくれる石。健康、長寿運が向上

ちょっとひと休み

☞地面を覆い尽くすように密生し、ピンクや白、紫など種類によって異なる色の花を咲かせます

丘一面に広がるピンクの絨毯に感動

秩父市街を一望できる丘陵の上にある羊山公園。4月中旬～5月上旬にかけて、約1万7600㎡の「芝桜の丘」に、9種類40万株以上の芝桜が咲き誇ります。

羊山公園
ひつじやまこうえん
☎ 0494-25-5209
(秩父市観光課)
住 秩父市大宮6360
交 西武秩父線西武秩父駅から徒歩20分
時 8～17時(芝桜の丘有料期間以外は散策自由)
休 無休
料 芝桜の開花時期のみ入園300円

8 12:00 大陽寺 ●たいようじ

悠久の時を超えて信仰されてきたお寺

後嵯峨天皇の第三皇子・仏国国師(髭僧大師)により、天狗が住むといわれていたこの地に開山。秩父十三仏霊場と秩父願い石巡礼のひとつでもあります。閻魔堂に安置されている江戸時代作の木造閻魔大王坐像をはじめとする13体の仏像も必見。恋愛、良縁にご利益があると評判です。

☞電波の届かない天空の寺でパワーをチャージしましょう。境内・館内の拝観期間は、4～11月までです。☜山門脇に立つ2本の縁結びのご神木は男木と女木があります。ここにおまいりして願い石を求めれば、良縁に恵まれるかもしれません(上)。江戸時代に建てられたという本堂の大広間で坐禅や写経体験もできます(下)

第8番石所
大陽寺の願い石
アメジスト

☞願い石はアメジスト。愛の守護石といわれています

右の字……大日向山
中央の字…阿閦如来
左の字……大陽寺
右の印……秩父十三仏霊場
中央の印…阿閦如来
左の印……大陽寺

☞御朱印がいただけるのは10～15時までです

☞境内にある子宝石に座ると子どもが授かるといわれています

DATA 大陽寺
臨済宗《りんざいしゅう》　大日向山《おおひなたさん》
釈迦如来《しゃかにょらい》
正和2年(1313)　なし
住 秩父市大滝459
交 秩父鉄道
三峰口駅から車で25分
料 無料(館内入場は500円)
※拝観は要予約

奥秩父の山にたたずむ古刹
凛とした自然のなかで
自分自身を見つめ直す

9 13:30 法性寺●ほうしょうじ

奈良時代に行基《ぎょうき》が開創したと伝わる山寺で、秩父唯一の鐘楼門は圧巻です。石段を上った先に本堂があり、さらに奥には舞台造りの観音堂が。こちらの観音様は、笠を被り櫂で舟を漕ぐ珍しいお姿。「この舟に乗ることができればすべての罪が許される」と、江戸時代には多くの参拝客が訪れました。

昔から長寿と富の石と愛されてきた石。トラブルを防ぎ邪気を払います

右の字…般若山／中央の字…聖大悲殿／左の字…法性寺／右の印…秩父三十二番／中央の印…仏法僧宝(三宝印)／左の印…般若船石船山法性寺

聖観世音菩薩の御朱印。印にはお船観音が立つ岩船山の名が

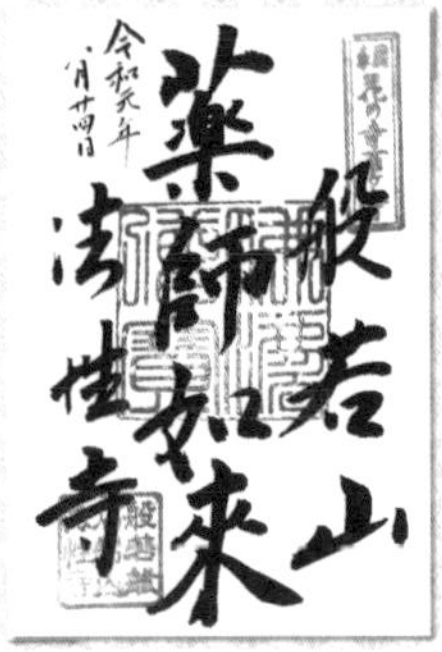

右の字……般若山
中央の字…薬師如来
左の字……法性寺
右の印……東国花の寺
百ヶ寺
中央の印…仏法僧宝
(三宝印)
左の印……般若船
石船山
法性寺

本堂に祀られている薬師如来の御朱印

秩父屈指の歴史を誇る建物

鐘楼、仁王門、本堂、観音堂は共に300年以上前の建物　門の先に続く80段ほどの石段を上ると本堂や朱印所のある境内へ(右)。本堂の手前にある遥拝所からは奥の院のお船観音が拝めます(左)

崖からせり出すような舞台造りの観音堂。中に入って参拝が可能　回廊をまわって観音堂の裏に行くと、「タフォニ」と呼ばれる蜂の巣状の奇岩が見られます　観音堂への途中には、全国百観音霊場の御砂踏み場も

珍しいお姿の「お船観音」を祀る山里に抱かれた古刹

DATA 法性寺
曹洞宗《そうとうしゅう》　般若山《はんにゃさん》
聖観世音菩薩《しょうかんぜおんぼさつ》・薬師如来《やくしにょらい》・大日如来《だいにちにょらい》
奈良時代　不明
住 小鹿野町般若2661
交 西武秩父線西武秩父駅から西武観光バス小鹿野車庫・栗尾行きで28分、松井田下車、徒歩1時間
料 無料

こちらもCHECK!

お寺のオリジナルグッズ

法性寺の住職が描いたオリジナルキャラ「南無ちゃん」は、ほっこりする姿が老若男女に人気。色紙のほか、Tシャツやバッグなど、かわいいグッズもあります。

お経を唱える南無ちゃんの住職直筆色紙1500円。玄関や部屋に飾って

ちょっとしたお買い物に便利なサイズの布製エコバッグ900円は特に人気

南無ちゃんTシャツは、M～XLの3サイズ、黒とグレーがあります。2000円

10 14:40 日野沢三滝《ひのざわさんたき》

「秩父華厳の滝」を筆頭に、「上空滝」「不動滝」の3つの滝の総称。華厳の滝には、高さ約5mの青い不動明王像もあります。散策路が整備されており、森林浴、ハイキング気分でめぐることができます。

☞落差約12mの小さな秩父華厳の滝。日光の華厳の滝に似ていることからその名がつけられました

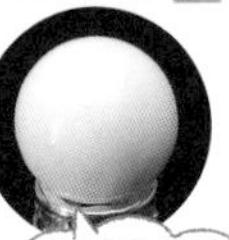

第10番石所
日野沢三滝の願い石
ホワイトオニキス

☞悪霊から身を守り肉体を強化。精神も安定させる力をもつ魔除け石

DATA 日野沢三滝

- 住 皆野町
- 交 秩父鉄道皆野駅から皆野町営バス日沢野行きで27分、秩父華厳前下車、秩父華厳の滝まで徒歩5分
- 料 無料

こちらもCHECK!

日野沢三滝の願い石はここで授与

日野沢三滝の願い石は日帰り温泉施設の「満願の湯」と「秩父華厳の滝茶屋」の2カ所で授与されます。茶屋は秩父華厳前バス停近くにあり、うどんなど飲食をしながら休憩もできます(営業時間、定休日はHPで要確認)。

秩父温泉 満願の湯《ちちぶおんせん まんがんのゆ》

- ☎ 0494-62-3026
- 住 皆野町下日野沢4000
- 交 秩父華厳前バス停から皆野町営バス皆野駅前行きで9分、秩父温泉前下車、徒歩3分
- 時 10～21時(入館は閉館の30分前まで)
- 休 6月に3日間程度
- 料 入館850円～

11 16:00 宝登山《ほどさん》

ダイダラボッチ伝説が残り、山麓に「寳登山神社(P60)」、山頂に「寳登山神社の奥宮」が鎮座する〝神の山〟。ロープウェイで山麓から山頂までを約5分で登頂できます。

第11番石所
宝登山の願い石
シトリン(黄水晶)

☞気持ちを安定させて潜在能力を引き出し、勇気と知恵を授ける石

☞山頂にある展望台からは、秩父盆地と秩父連山を見渡すことができます

☞宝登山ロープウェイで山頂にアクセス。山頂には小動物園もあります

DATA 宝登山

- 住 長瀞町長瀞
- 交 秩父鉄道長瀞駅から宝登山ロープウェイ山麓駅まで徒歩20分
- 料 宝登山ロープウェイ往復830円

こちらもCHECK!

宝登山の願い石はここで授与

宝登山の願い石は創業から90年を超える老舗旅館の「長生館」または、長瀞駅構内のおみやげ処「栗助」で授与されます。

花のおもてなし 長生館《はなのおもてなし ちょうせいかん》

- ☎ 0494-66-1113
- 住 長瀞町長瀞449
- 交 秩父鉄道長瀞駅から徒歩5分
- 時 9時～18時30分
- 休 無休

栗助 長瀞店《くりすけ ながとろてん》

- ☎ 0494-66-2280
- 住 長瀞町長瀞529
- 交 秩父鉄道長瀞駅構内
- 時 10～17時
- 休 無休

立ち寄りスポット

☞周囲の山々を借景にくつろげる露天風呂

祭りがテーマの複合施設

複合型温泉施設。温泉エリアには露天風呂をはじめ炭酸泉や岩盤浴があり、フードコートでは秩父のグルメが味わえます。

西武秩父駅前温泉 祭の湯《せいぶちちぶえきまえおんせん まつりのゆ》

- ☎ 0494-22-7111
- 住 秩父市野坂町1-16-15
- 交 西武秩父線西武秩父駅から徒歩すぐ
- 時 10～23時(金・土曜、祝前日、特定日は～24時、フードコートは11～21時)
- 休 メンテナンス日
- 料 入館990円(土・日曜、祝日、特定日は1100円)

☞秩父銘仙の技術や資料を後世に伝えています

機織りで作品づくり

秩父織物や銘仙などに関する資料を展示しています。館内の体験工房では手織りや藍染めなどが体験できます。

ちちぶ銘仙館《ちちぶめいせんかん》

- ☎ 0494-21-2112
- 住 秩父市熊木町28-1
- 交 西武秩父線西武秩父駅から徒歩5分
- 時 9～16時
- 休 無休
- 料 入館210円

大宮・岩槻

東武アーバンパークラインで行く御朱印旅

千葉と埼玉のベッドタウンを結ぶ郊外路線でのんびり御朱印旅

船橋から大宮まで運行する東武アーバンパークラインは、東京方面からの乗り継ぎ駅も複数あるので、千葉・東京から埼玉へ向かうのに便利です。沿線には有名な神社や枝垂れ桜が美しいお寺など、ぜひ参拝したい寺社もいっぱい。

今回紹介する寺社は、大宮・岩槻駅がメイン。大宮には明治18年（1885）に誕生し、県営公園のなかでは一番古い歴史をもつ大宮公園が。大きな池や約1000本もの桜、樹齢100年を超える赤松林などが人々の憩いの場になっています。岩槻は日本人形の生産量が日本一の「人形の町」。3月には職人の作品や昔から伝わる人形などがいたるところに展示される「まちかど雛めぐり」が開催されます。

武蔵国で随一のパワースポット!!氷川神社の総本社へ

1 10:00 武蔵一宮氷川神社

●むさしいちのみやひかわじんじゃ

大宮公園の隣にたたずむのは、東京都・埼玉県周辺に約280社ある氷川神社の総本社。2400年以上の歴史をもち、「大いなる宮居」から大宮の地名の由来にもなっています。武蔵一宮として関東一円の信仰を集め、明治時代以降は天皇陛下も御親拝に。約2kmも続くケヤキ並木の参道や神橋、霊水が湧くといわれる蛇の池など、パワースポットも豊富です。

自然と融合する建築美にも注目

☝昭和15年（1940）に造営された鮮やかな朱塗りの楼門。緑を背景にいっそう朱が映えます ☝神池に架かる神橋は、秋になると錦色の紅葉に彩られて夢のような美しさに

ご利益おもちかえり

身守 700円

☝ご祭神の力を分けたお守りが、災難や事故から持ち主を守ってくれます

身守（小） 500円

☝紅白の水引がおめでたい小さな身守。さまざまな災厄から守ってくれます

福守 500円

☝恵比須様と大国様が小さな絵馬に入った縁起物。開運・金運アップに◎

開運守 500円

☝福徳神が描かれたお守り。定期入れなどに入れて持ち歩けるカードタイプ

❶
大宮駅 →徒歩15分→ **武蔵一宮氷川神社** →徒歩10分→ 埼玉縣護國神社

桜の名所にも出かけます
参道沿いのお店などにも寄ってみよう

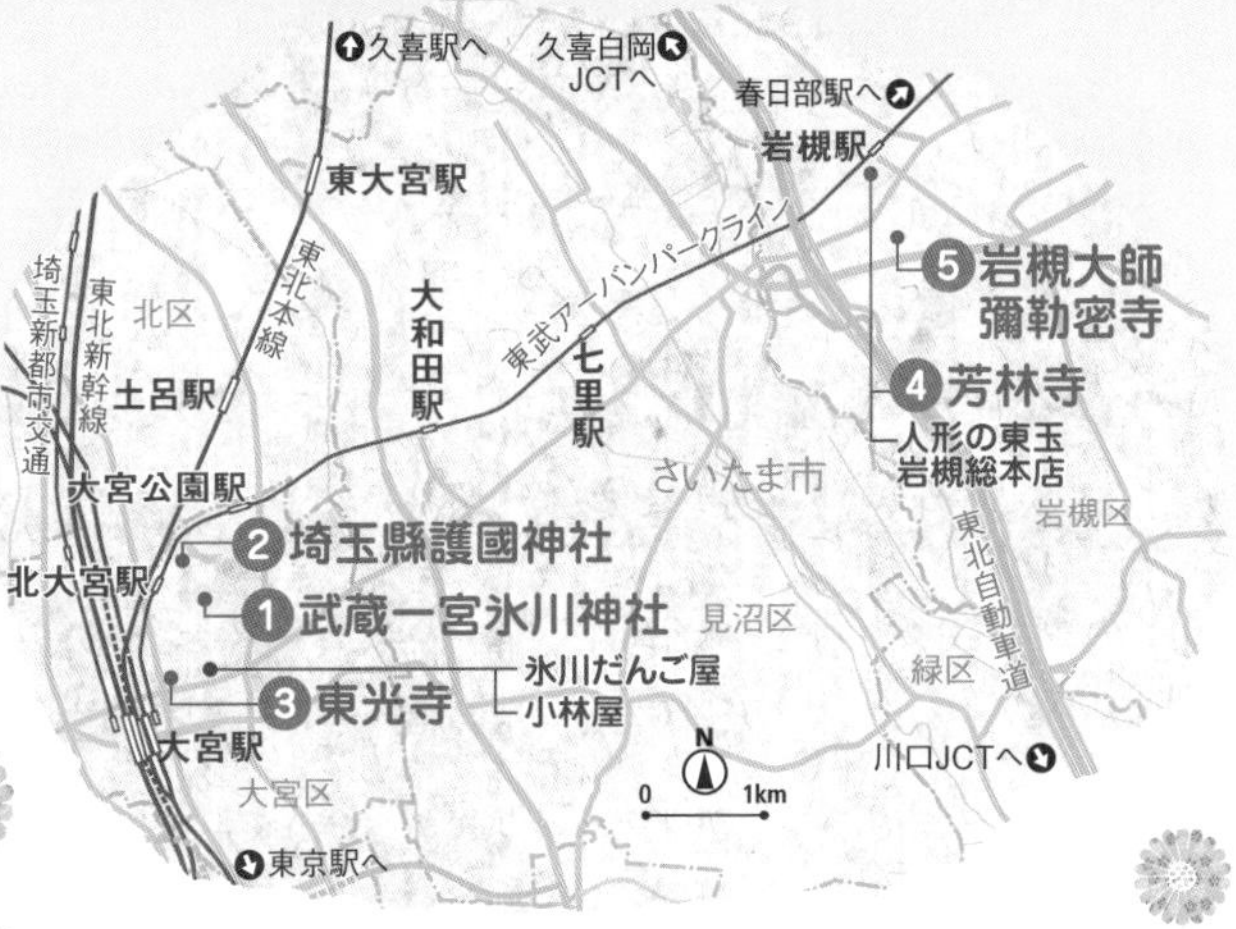

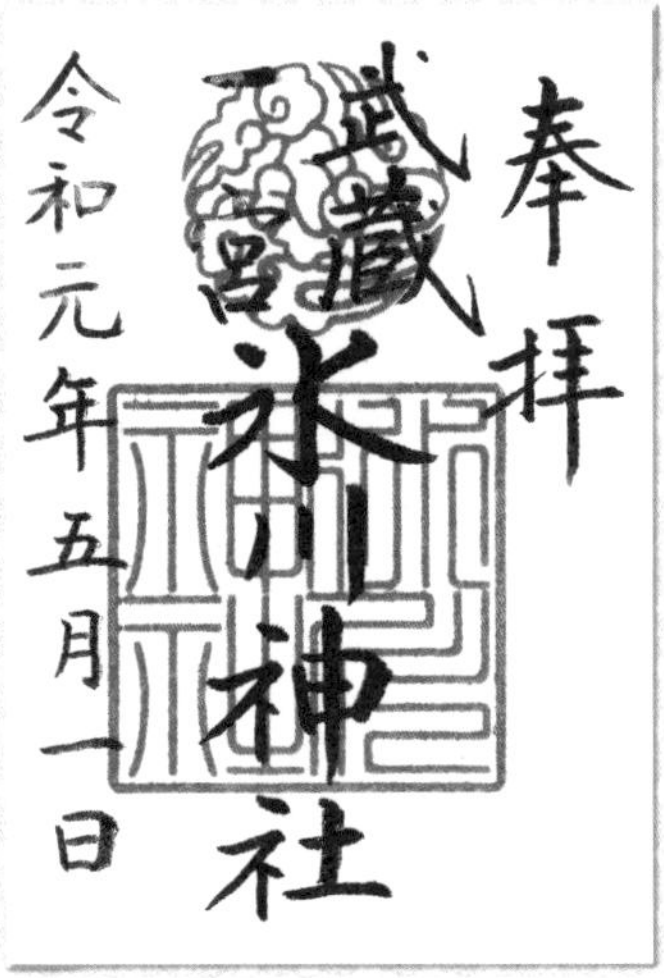

右の字……奉拝／中央の字…武蔵一宮 氷川神社
中央の印…上・八雲 下・氷川神社

ココだけの御朱印帳！

「参道」という名前の限定配布の御朱印帳。2kmものケヤキ並木の参道を美しい朱色で描いています。1700円(御朱印料込み)

境内でも特に印象深い、神橋の先にたたずむ楼門がデザインされた御朱印帳は参拝記念にもぴったり。1500円(御朱印料込み)

「蛇の池」は見沼の水源のひとつである湧泉 「向吉」や「吉凶相交」など13種類のご神託があるおみくじもぜひ

DATA 武蔵一宮氷川神社
須佐之男命《すさのおのみこと》・稲田姫命《いなだひめのみこと》・大己貴命《おおなむちのみこと》
孝昭天皇3年(紀元前473)　流造《ながれづくり》
住 さいたま市大宮区高鼻町1-407
交 JR京浜東北線ほか大宮駅東口から徒歩15分／東武アーバンパークライン北大宮駅から徒歩10分
料 無料

重厚感のある拝殿は、本殿・楼門と同じく昭和15年(1940)に造営
約650本ものケヤキが植わる参道
楼門と拝殿の間にある舞殿。神事のときには実際に使われます

ちょっとひと休み

テイクアウトスイーツならここ

店先でひとつひとつ焼き上げるだんごが名物。醤油ベースのタレにくぐらせた焼きだんごはモチモチの食感。海苔付きと海苔なしの2種類です。

焼きだんご2本200円とあげまんじゅうが人気

氷川だんご屋　ひかわだんごや
☎048-644-3782
住 さいたま市大宮区高鼻町2-130
交 JR京浜東北線ほか大宮駅東口から徒歩12分
時 9時～18時30分
休 月曜(祝日の場合は営業)

炭の香りがたまらない名物せんべい

創業約60年、2代目の女将が営むせんべいの専門店。せんべいは全部で40種類ほどあり、なかでも店内の七輪で焼く岩せんべい1枚100円が人気です。

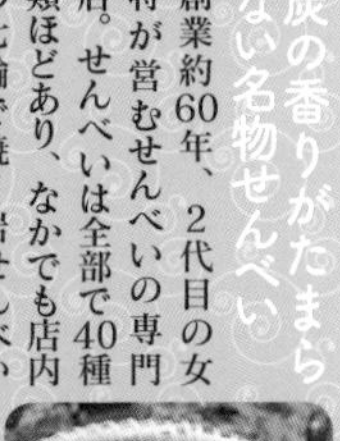

しっかりと硬い昔ながらの岩せんべい

小林屋　こばやしや
☎048-642-1133
住 さいたま市大宮区高鼻町1-66
交 JR京浜東北線ほか大宮駅東口から徒歩12分
時 9～18時
休 月曜

2 埼玉縣護國神社
← 徒歩15分
3 東光寺
← 徒歩6分
大宮駅
← 電車11分
岩槻駅
← 徒歩5分
4 芳林寺
← 徒歩10分
5 岩槻大師 彌勒密寺
← 徒歩10分
岩槻駅
← 電車11分
大宮駅

東武アーバンパークラインに乗車します

東武アーバンパークラインに乗車します

右の字……奉拝
中央の字…埼玉県護国神社
中央の印…上・社紋(桜) 下・埼玉県護国神社之印

☞写真は通常の御朱印。書き手が不在の場合は、紙に社紋の透かしが入った書置きの御朱印がいただけます

2 11:30 埼玉縣護國神社

●さいたまけんごこくじんじゃ

☞大宮公園の中に長い参道が。石碑が現れると、その先に神社があります

大宮公園内から延びる木々に囲まれた参道を進むと、道路の先に神社が現れます。鳥羽伏見の役以降に戦って亡くなった埼玉県出身の英霊5万1180柱が祭神で、毎年8月15日には戦没者を追悼するみたま祭を開催。無数の提灯が灯る境内に、戦争のない世の中と平和を願う人々が集まります。

埼玉県の英霊が鎮まる静かな境内で平和な世を願って

☞大宮公園西端奥山の聖地が鎮座地に選ばれ、昭和9年(1934)に竣工した神明造の社殿 緑豊かな松の木々に抱かれた清浄な境内

ご利益おもちかえり

御守 700円

☞身を守り、さまざまな病気や悪事から心身の健康を保つ助けになってくれます

DATA 埼玉縣護國神社
埼玉県の英霊
昭和9年(1934) 神明造《しんめいづくり》
住 さいたま市大宮区高鼻町3-149
交 JR京浜東北線ほか大宮駅東口から徒歩6分
料 無料

3 12:30 東光寺

●とうこうじ

創以来880余年の歴史がある名刹です。『新編武蔵風土記稿』巻153にも取り上げられていて、中仙道を行き来する多くの文人墨客が足を留めました。明治期には寺子屋が開かれ、漢学者・上山寿山らにより庶民教育の重要な機関ともなりました。

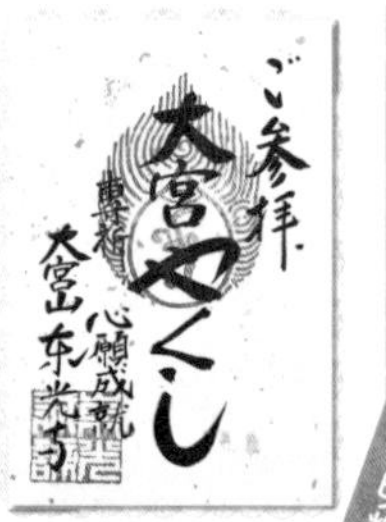

右の字…ご参拝／中央の字…大宮やくし／左の字…右・専祈 心願成就 左・大宮山 東光寺／中央の印…ベイ(梵字)薬師如来／左の印…東光誠諦

☞御朱印は、書置きでシールタイプ

熊野の青岸渡寺と深い因縁がある東国で光明輝く寺

歴史と現代の融合 重厚感あふれる本堂

☞開山500回大遠忌を迎える記念事業として1991年に本堂が落慶 ☞涅槃へ至る道筋を体験できる涅槃堂も自由に観覧できます

DATA 東光寺
曹洞宗《そうとうしゅう》 大宮山《おおみやさん》
薬師如来《やくしにょらい》
永享年間(1429～1440)
住 さいたま市大宮区宮町3-6
交 JR京浜東北線ほか大宮駅東口から徒歩6分
料 無料

4 14:00 芳林寺
●ほうりんじ

㊂室町時代初期からこの地にある禅寺で、ご本尊は釈迦如来です。岩槻城を築城した太田道灌《おおたどうかん》公の遺髪と分骨がこの地に埋葬されていると伝わっています。命日に当たる7月26日と前日25日には「道灌忌」の御朱印（P10）がいただけます。すべての御朱印は前日までに作成・祈祷をしているので、お守りと同じパワーを秘めています。

祈りを込めた四季の御朱印がいただける太田道灌ゆかりのお寺

四季折々に美しい「花の寺」
☞春の桜、初夏の紫陽花、冬の千鳥梅など花木がいっぱい。枝垂れ桜の時期は限定御朱印も用意

右の字……奉拝　釈迦如来
中央の字……仏心
中央の印……上・釈迦如来
下・太平山芳林寺

☞道灌忌の2日だけ頒布される御朱印やお正月限定など季節ごとの御朱印のほか、通年でいただける御朱印もあります（P10）

☞門のすぐ横手には、太田道灌公の騎乗武者像が　☞お寺ながら稲荷社や白山社、弁天堂といった末社があり、神々も大切に祀られています　☞豊かな草木と花に包まれて、2017年に再建された真新しい本堂がたたずみます

ご利益おもちかえり

道灌公勝守
☞文武両道に秀でた太田道灌公が、試験や試合を良い結果に導いてくれます

DATA 芳林寺
曹洞宗《そうとうしゅう》　太平山《たいへいざん》
釈迦如来《しゃかにょらい》
長禄元年（1457）
寄棟造《よせむねづくり》
㊟さいたま市岩槻区本町1-7-10
㊋東武アーバンパークライン岩槻駅から徒歩5分
㊕無料

5 15:30 岩槻大師 彌勒密寺
●いわつきだいし みろくみつじ
↓P 37

㊃奈良時代末期創建の真言宗の古刹。地下仏殿には、四国八十八カ所のご本尊と弘法大師を勧請し、各寺院の砂を奉安しています。「子育て人形大師」の像も建立。

☞鎌倉時代には北条家の崇敬を受け、江戸時代には東照宮を守る寺とされました　☞庭には数百種類もの茶花、山野草が植えられています

ひと足のばして

☞人形のプロが丁寧に指導してくれるので安心です

伝統ある人形の町で人形作りに挑戦！

嘉永5年（1852）創業の老舗人形店。木目込（きめこみ）人形作りの体験ができる。

人形の東玉 岩槻総本店
にんぎょうのとうぎょく いわつきそうほんてん
☎048-756-1111
㊟さいたま市岩槻区本町1-3
㊋東武アーバンパークライン岩槻駅から徒歩すぐ
㊐10～18時
㊡月曜（祝日の場合は営業）
㊕体験コースによって異なる

川口

9社をめぐれば、地上に勾玉のかたちが浮かび上がる勾玉巡り

川口九社詣 勾玉巡りと御朱印旅

勾玉は天皇家の三種の神器のひとつにも数えられるように、神代より重要視され、そのかたちは「魂のかたち」ともいわれています。9社を巡拝することで、勾玉を描くこととなり、神様のご加護による生命の浄化・再生が得られます。

川口市内の神社35社は、創建された時代も異なり、多彩なご祭神が祀られ、いずれもが鎮守の社として地域で親しまれてきました。その35社のなかで特に中核をなしてきたのが川口九社です。室町時代創建の元郷氷川神社、源氏ゆかりの峯ヶ岡八幡神社、東川口総鎮守の七郷神社など多種多様の九社巡りは、勾玉の軌跡を描きながら、生命を浄化、再生させ、元気がみなぎる巡拝の旅となるでしょう。

子宝・安産を願う参拝客が足繁く通う「しあわせの宮」

1 9:30 元郷氷川神社 ●もとごうひかわじんじゃ

創 建は室町時代後期で、古くからこの地の鎮守として人々を見守ってきました。拝殿の額に「四之宮」と書かれていたことから「しあわせの宮」の呼び名がつきましたが、ご祭神が父娘の神様であり、特に子宝・安産にご利益があることで今では「幸せをもたらす宮」と親しまれています。月替わりの花の御朱印もどこかに「幸」の文字が隠れているので探してみて。

狛犬や子宝いぬの像に触れて、子宝・安産の祈願をしましょう

☞拝殿の前にいる狛犬は前掛けをしています。頭やお腹を撫でて安産祈願をする参拝者が多いそう ☞子宝いぬの像もぜひ撫でて。周囲にある干支は、自分の干支か赤ちゃんの干支に触れてお祈りします

川口九社詣の楽しみ方

2通りある9社のめぐり方

❶特定の神社から、時計回りあるいは反時計回りに巡拝したうえで最初の神社へ戻り「勾玉を描く」。❷好きな順番で9社をめぐって「勾玉を形作る」めぐり方があります。掲載ルートは❶の「勾玉を描く」ルートです。

専用の御朱印帖もあり

川口神社、鳩ヶ谷氷川神社以外の神社で専用御朱印帖を授与。9社の御朱印帖を受けたあと、満願印を押印し記念品を贈呈。

☞専用の「勾玉御朱印帖」は1200円。各御朱印は300円です

鉄道の利用なら埼玉高速鉄道

埼玉スタジアム線の各最寄駅から徒歩または路線バスでアクセス。お得な一日乗車券もあります。

（1日目）
川口元郷駅
↓ 徒歩5分
❶ 元郷氷川神社
↓ 徒歩20分
❷ 川口神社
↓ 徒歩10分
川口元郷駅
↓ 電車で2分
南鳩ヶ谷駅

埼玉高速鉄道に乗車します

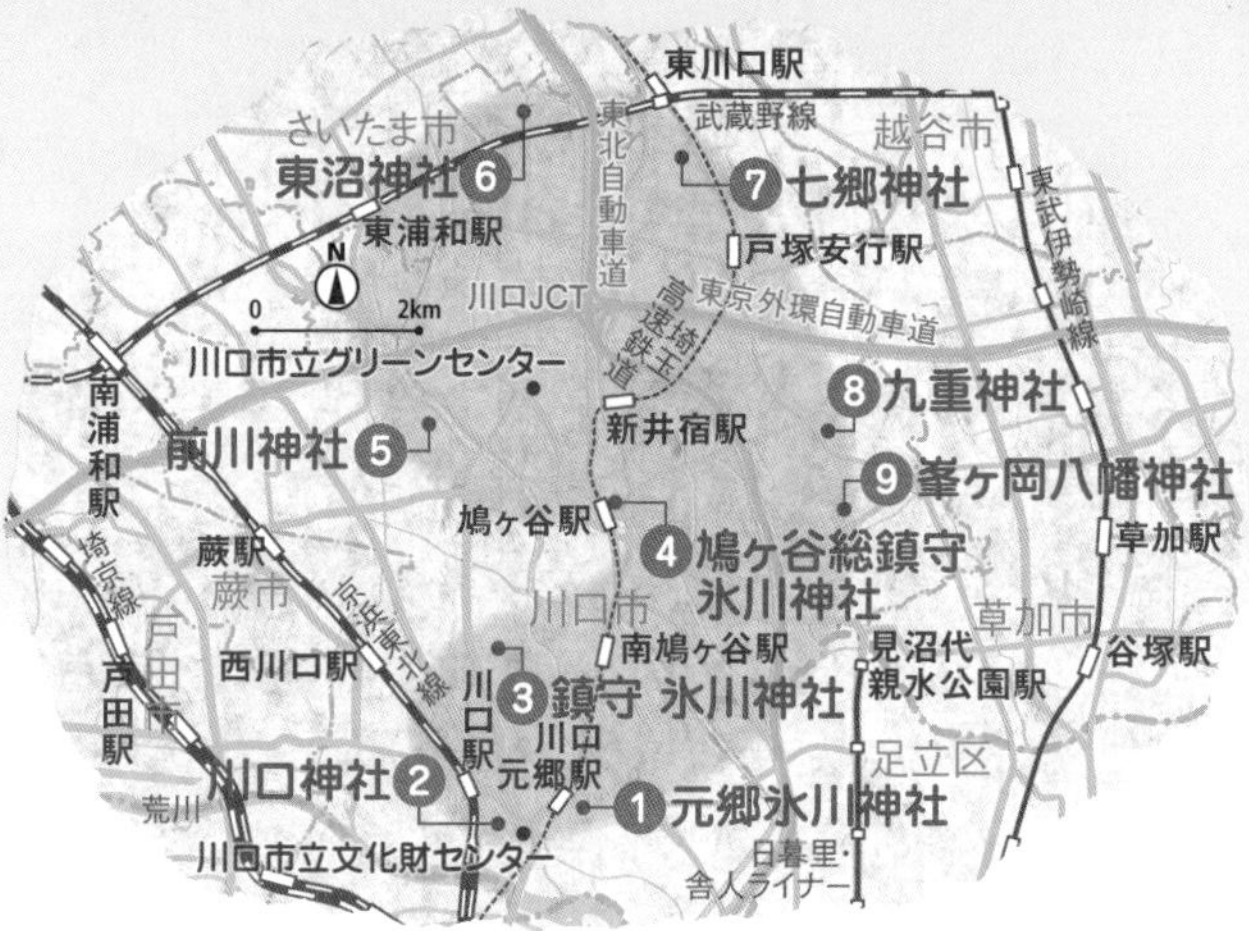

☞子宝を念じて息を吹きかけ、夫婦一対で持つ勾玉守1500円。生まれたらお礼まいりを(上)。「幸」を4分割した絵馬で4合わせ(しあわせ)パズル(下)

右の字…上･奉拝　下･川口市元郷／中央の字…氷川神社／右の印…月ごとに変わる花の印／中央の印…上･三つ雲巴　下･元郷氷川神社

☞12カ月の御朱印を揃えていて、次年度の同じ月にまた御朱印をいただく場合、花の印の中にある「幸」の字が増えます

右の字…川口市元郷／中央の字…氷川神社／右の印…上･夏詣　下･月ごとに変わる花の印／中央の印…上･三つ雲巴　下･元郷氷川神社

☞7・8月の間にいただく御朱印には「夏詣」の印が入ります

DATA 元郷氷川神社
素盞嗚尊《すさのおのみこと》・市杵島姫命《いちきしまひめのみこと》
室町時代(1336〜1573)
流造《ながれづくり》
住 川口市元郷1-30-2
交 埼玉高速鉄道埼玉スタジアム線川口元郷駅から徒歩5分
料 無料

☞挟み紙は、最初は神社の由緒ですが、2回目以降は約20種類から選べます

2 11:00 川口神社
かわぐちじんじゃ

徳 川吉宗公の時代、見沼開発に伴う芝川落口の門樋工事の成功を当社に祈願。のちに感謝し奉納された神鏡は、市指定の有形文化財となっています。昭和10年（1935）、川口市の総鎮守として県社に昇格しました。

☞天慶年間(938〜946)、武蔵一の宮、大宮の氷川神社より分祀勧請したものと伝えられています

DATA 川口神社
素盞嗚尊《すさのおのみこと》・菅原道真公《すがわらのみちざねこう》・宇迦之御魂命《うかのみたまのみこと》・保食命《うけもちのみこと》・金山彦命《かなやまびこのみこと》
天慶年間(938〜946)　流造《ながれづくり》
住 川口市金山町6-15
交 JR京浜東北線川口駅から徒歩10分
料 無料

ご利益おもちかえり

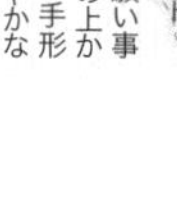

もみじ絵馬700円
☞裏面に願い事を書き、その上から子どもの手形を押し、健やかな成長を祈ります

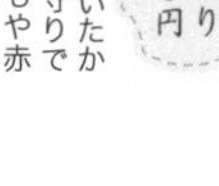

こまもり500円
☞鈴が付いたかわいいお守りです。子どもや赤ちゃんを守ってくれます

南鳩ヶ谷駅
←徒歩20分
③ **鎮守 氷川神社**
←南鳩ヶ谷駅まで戻り、埼玉高速鉄道で2分
鳩ヶ谷駅
←徒歩5分
④ **鳩ヶ谷総鎮守 氷川神社**
←鳩ヶ谷駅まで戻り、埼玉高速鉄道で2分
新井宿駅
←国際興業バス川口駅東口行きなどで11分
地蔵橋バス停
←徒歩6分
⑤ **前川神社**
←地蔵橋バス停まで戻り、国際興業バス新井宿駅行きなどで11分
新井宿駅

東川口駅はJR武蔵野線も通っています

（2日目）
東川口駅
←国際興業バス差間循環で10分
川口自然公園バス停
←徒歩5分
⑥ **東沼神社**
←川口自然公園バス停まで国際興業バス差間循環で10分
←徒歩7分
東川口駅

3 12:00 鎮守 氷川神社
●ちんじゅ ひかわじんじゃ

祭 神・素盞嗚命はヤマタノオロチを倒した、勇猛で知略にも長けた神様。その強力なパワーは、厄除け・武運長久・金運など実に多彩です。また、妻の櫛稲田姫命も共に祀られているため、縁結びのご利益も！ 素盞嗚命がどんな神様か覚えてもらうため、お姿をデザインした御朱印も話題です。

右の字……上：奉拝
下：埼玉県川口市青木鎮座
中央の字…上：鎮守 下：氷川神社
右の印……埼玉県 鎮守氷川神社 川口市
中央の印…鎮守氷川神社
左の印……素盞嗚命

☞「氷川神社の祭神を知ってもらうために」と考えられた御朱印。四季で色が変わり、4色集めると特別な御朱印がいただけます（P8）

ココだけの御朱印帳！

☞画家の横尾忠則氏のポスターをモチーフにした、毎月15日に数量限定で頒布される特別な御朱印帳3000円

☞表紙は押し印と同じ素盞嗚命。裏は石見神楽の一場面がモチーフ。2000円

オールマイティな神話のヒーローが除災招福を後押し！

ご神木や末社にもパワーをもらって

☞境内には8つの末社があるので、ぜひゆっくりおまいりを
☞樹齢400年以上の大ケヤキと、境内中央にある「夫婦椋」がご神木（右）。富士塚の頂上には浅間神社が（中）。色とりどりの千羽鶴と絵馬が参拝客の多さを物語ります（左）

ご利益おもちかえり

美守 700円
☞櫛稲田姫命のように、身も心も美しい人になれますように

強運・厄除けステッカー 400円
☞携帯やカードケースに貼れるステッカー。恐ろしい素盞嗚命に魔も退散！

DATA 鎮守 氷川神社
素盞嗚命《すさのおのみこと》・櫛稲田姫命《くしいなだひめのみこと》
不明 流造《ながれづくり》
住 川口市青木5-18-48
交 JR京浜東北線西川口駅から徒歩20分
料 無料

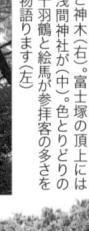

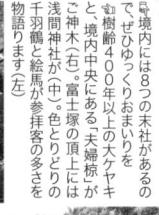

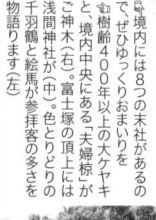

❼ **七郷神社**
東川口駅まで戻り、国際興業バス西川口駅東口行きで17分
安行支所バス停
徒歩10分
❽ **九重神社**
徒歩15分
❾ **峯ヶ岡八幡神社**
徒歩1分
八幡坂バス停
国際興業バス川口駅東口行きで18分
末広1丁目バス停
徒歩10分
❶ **元郷氷川神社**
最初の神社で記念品をいただきます
徒歩5分
川口元郷駅

4 13:30 鳩ヶ谷総鎮守 氷川神社

●はとがやそうちんじゅひかわじんじゃ

→P 44

約 600年間、地域を見守ってきた鳩ヶ谷総鎮守。厄除け、夫婦円満、縁結びにご利益が。境内にご神水が湧き出ていて、本殿裏手にはご神木「夫婦楠」があります。

右の字……奉拝
中央の字…右・鳩ヶ谷　左・氷川神社
右の印……上・社紋(三つ巴)　下・鳩
中央の印…氷川神社
左の印……上・鳩　下・猫

☞鳩と猫の印が入った御朱印。猫の印は別パターンも

☞元禄年間(1688〜1704)に再建された本殿は、重厚感あふれるたたずまいです

5 15:30 前川神社

●まえかわじんじゃ

勢 貴大明神」と呼ばれる3柱の女神を主祭神として祀り、災厄を塞ぎ止める「塞神《ふせぎがみ》」として称えられています。古くより厄除、方位除、災難除の信仰を集めています。

☞戦前まで塞祭で使用されていた狛狗を象徴として、授与品などにデザインされています

DATA 前川神社
多岐都比売命《たきつひめのみこと》・多紀理毘売命《たきりびめのみこと》・狭依毘売命《さよりびめのみこと》
不明
見世棚造《みせだなづくり》
住 川口市前川3-49-1
交 JR京浜東北線蕨駅から国際興業バス川口駅東口行きで10分、前川下車、徒歩5分
料 無料

ひと足のばして

☞縄文時代の貝塚遺跡から出土した貝や骨にふれるコーナーもあります

川口の歴史を学ぶ

民俗文化財をはじめ、獅子舞などの民俗芸能、川口の産業に関する資料などが展示されています。

川口市立 文化財センター
かわぐちしりつぶんかざいせんたー
☎048-222-1061
住 川口市本町1-17-1
交 埼玉高速鉄道埼玉スタジアム線川口元郷駅から徒歩8分
時 9時30分〜16時30分(最終入館16時)
休 月曜(祝日の場合は翌平日)
料 入館100円

☞チューリップをはじめ四季折々の花々が咲く

季節の花を観賞

「日本の都市公園100選」に選ばれた市民憩いの公園。夏は流水プール・冬はアイススケート場がオープンし、家族連れでにぎわいます。

川口市立 グリーンセンター
かわぐちしりつぐりーんせんたー
☎048-281-2319
住 川口市新井宿700
交 埼玉高速鉄道埼玉スタジアム線新井宿駅から徒歩10分
時 9〜17時(最終入園16時)
休 火曜(祝日の場合は翌平日)
料 入園310円

6 10:00 東沼神社《とうしょうじんじゃ》

境 内左手にそびえるのは巨大な富士塚。富士講のひとつ、丸岩一信講が大切にしていた神社で、古くから「見沼の東に富士山あり」といわれており、天保年間（1830～1844）の絵馬にも「見沼富士」が描かれていました。そこで、2011年に復元したのが今の見沼富士です。頂上からの眺めは絶景なので、参拝後にぜひ登ってみて。

時を超えて蘇った「見沼富士」が見守る富士講に崇敬された社

見沼富士に登って運気アップ!

☞社殿では、境内で育てた魔を祓うといわれるマコモがいただけます

☞高さ約8mの見沼富士。頂上からは境内を一望。冬の晴れた日は本物の富士山も見えます

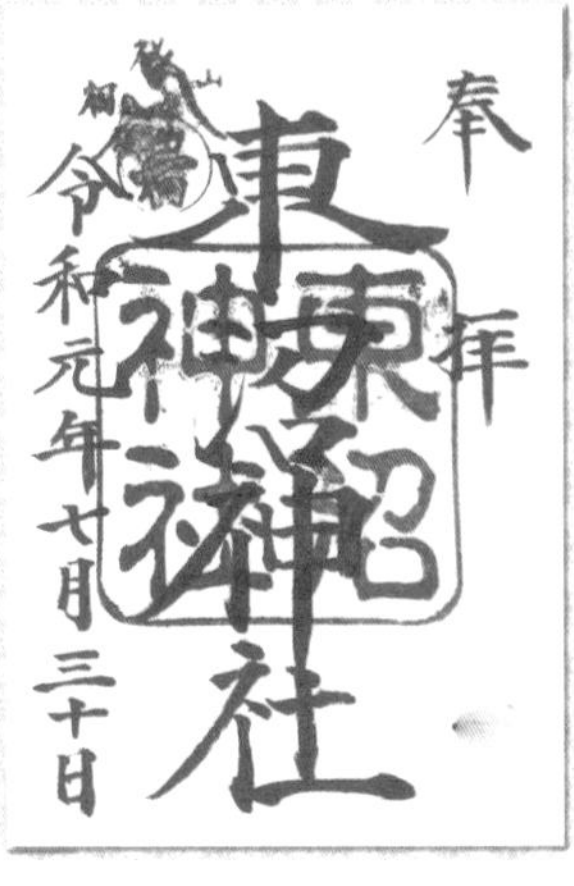

右の字……奉拝
中央の字…東沼神社
中央の印…上・祝初山岩　下・東沼神社

☞墨書きと魔を祓う朱色の2種類。本物の桜の花びらが貼られています

ココだけの御朱印帳!

☞見沼富士が描かれたオリジナル御朱印帳。裏には丸岩一信講の印が入れられています。1500円

☞富士講信仰の地となっていたことがうかがえる、天保11年（1840）に女性7人が描いた大きな絵馬

ご利益おもちかえり

見沼富士御守 500円

☞健康や安全の祈願をした内符を入れたお守り。見沼富士の絵柄もうれしい

御守 500円

☞すべてのご利益に恵まれるオールマイティなお守り。柄は複数から選べます

DATA 東沼神社

木花咲耶姫命《このはなさくやひめのみこと》・素盞嗚命《すさのおのみこと》・倉稲魂命《うかのみたまのみこと》・菅原道真公《すがわらのみちざねこう》

不明　流造《ながれづくり》

住 川口市差間2-15-45

交 埼玉高速鉄道埼玉スタジアム線ほか東川口駅から国際興業バス差間循環で10分、川口自然公園下車、徒歩5分

料 無料

7 11:30 七郷神社《ななさとじんじゃ》

創 建年は不明ながら、450年近くの歴史はあると思われる古社。ご祭神は素盞嗚尊ですが、近隣で弥生時代の祭祀土器が出土していることから、神道がおこる以前からこの場所が聖地であった可能性があります。心静かにおまいりをして清浄な気をいただいて。

右の字……奉拝
中央の字…七郷神社
中央の印…七郷神社
左の印……宮司之印

☞拝殿隣に社務所があります。不在の場合はインターホンを押して

ご利益おもちかえり

合格御守 600円

☞菅原道真公にちなんだ合格祈願のお守り。「的を得た」正解に導いてくれます

☞境内の奥には三峰社、獅子社、厳島社、疱瘡社、菅原社、稲荷社の6社が祀られています

末社には芸事や学問の神様が

弥生時代から続く祭祀の地という説も。住宅街にたたずむ小さな社

DATA 七郷神社

素盞嗚尊《すさのおのみこと》

不明　流造《ながれづくり》

住 川口市戸塚3-13-6

交 埼玉高速鉄道埼玉スタジアム線ほか東川口駅から徒歩7分

料 無料

8 13:15 九重神社
●ここのえじんじゃ

古くは氷川神社だったのが、明治時代に村社9社を合祀して「九重神社」に。境内には2本の大きなスダジイが重なるように枝を伸ばしており、2本のご神木が交差するところがパワースポットになっています。大らかな気に包まれて元気をチャージ！

樹齢500年以上のスダジイからあふれるパワーをいただいて

☞ご神木やマスコットのスダじい御朱印も（P11）

右の字…奉拝
中央の字…九重神社
右の印…上・川口の秘境 下・安行鎮守
中央の印…上・社紋（九曜紋） 下・九重神社
左の印…九重神社々務所之印

深い緑に抱かれたすがすがしい境内

☞ご神木の裏から御嶽山（海抜32m）へ登れます。安行で一番高い場所で、眺望抜群 ☞階段下の一の鳥居からもご神木がよく見えます

ココだけの御朱印帳

☞ご神木、社紋の九曜紋がデザインされた御朱印帳は2000円。黒、ピンク、ブルーの3色があります

ご利益おもちかえり

心願成就 御守 700円

☞平将門の家紋が由来になっている社紋の九曜紋が入ったお守り。9社のパワーで願い事成就

病気平癒 御守 700円

☞生命力あふれるスダジイのご神木が、病気に打ち勝つ力を分けてくれます

DATA 九重神社
素盞嗚尊《すさのおのみこと》
享保年間（1716～1736）
銅板葺流造《どうばんぶきながれづくり》
住 川口市安行原2042
交 JR京浜東北線川口駅から国際興業バス峯八幡宮行きで30分、終点下車、徒歩10分
料 無料

9 14:15 峯ヶ岡八幡神社
●みねがおかはちまんじんじゃ

一説には、源経基が平将門討伐の際に霊夢を受けてこの地に八幡神社を創建したのが始まりといわれ、源氏の武将の必勝祈願の地でした。ご神木の大銀杏は、乳房状の突起が垂れ下がっており、お乳の出がよくなる、安産によいと昔から信仰されています。

源氏ゆかりの神社で開運・必勝運アップ！ 安産・子育て祈願にも

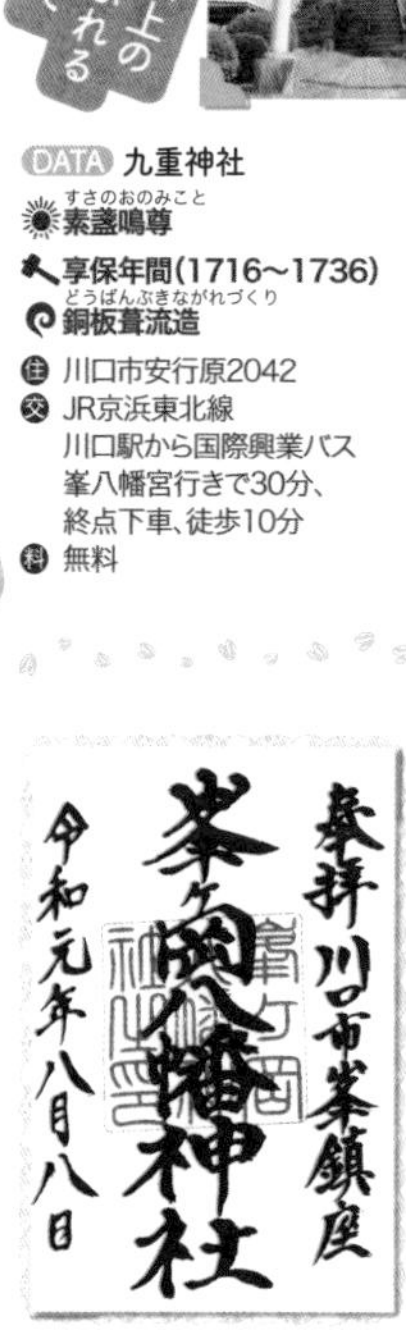

右の字…上・奉拝 下・川口市峯鎮座／中央の字…峯ヶ岡八幡神社／中央の印…峯ヶ岡八幡神社之印

☞力強くもやさしい書に、武運と子育ての神社らしさを感じます

四季折々に美しい境内を散策

☞参道の桜並木、夏の新緑、秋の紅葉と美しい自然が彩ります ☞諏訪社や稲荷社、御嶽社など7つの末社が祀られています

☞樹齢約700年といわれる大銀杏。幹の周囲は約8mも！

ご利益おもちかえり

勝守 500円

☞源氏の武将たちが戦勝祈願に訪れた地にちなんだお守り。勝利を引き寄せます

開運守 700円

☞ご神木のイチョウ柄。「末広がり」の葉の形が明るい未来を開いてくれそう

DATA 峯ヶ岡八幡神社
応神天皇《おうじんてんのう》・神功皇后《じんぐうこうごう》・仲哀天皇《ちゅうあいてんのう》
天慶年間（938～947） 流造《ながれづくり》
住 川口市峯1304
交 東武スカイツリーライン草加駅から国際興業バス川口駅東口行きで15分、貝塚下車、徒歩5分／JR京浜東北線川口駅から国際興業バス峯八幡宮行きで25分、八幡坂下車、徒歩1分
料 無料

飯能

のどかな里山が広がる飯能御朱印ドライブ

武蔵野の大自然のなかを、ありがたい御朱印とご利益を求めて!

圏央道のICから市街地まで約15分と、都内からのアクセスが良い飯能市。由緒ある寺や神社も多く、どことなく懐かしい古風な街並みや四季折々の美しい景色も魅力です。さあご利益ドライブに出かけましょう。

飯能市は埼玉県の南西に位置し、昭和の雰囲気が残る銀座通りは、映画やドラマのロケにも使われています。郊外は緑豊かな山々と清流が流れるのどかな景観が広がり、パワースポットの寺や神社も点在。紅葉の名所でもあり、鳥居観音の「なぐり紅葉まつり」や秩父御嶽神社の「東郷公園もみじまつり」には多くの人が訪れます。グルメでは埼玉県が誇るうどんどころであり、参拝のあとは名物の武州飯能うどんを味わいましょう。

山頂に立つ大観音の慈悲と武蔵野の自然に心身ともに癒やされる

1 9:30 鳥居観音 ●とりいかんのん

奥

武蔵野の名栗にあり、開祖は平沼彌太郎氏。30haもの広大な敷地には、山頂の救世大観音をはじめ玄奘三蔵塔や本堂など特徴的な建物が点在しています。境内は花の名所でもあり、特に山が赤と橙のグラデーションを織りなす紅葉は必見です。

広い境内はハイキングも楽しめる観光スポット

☞白雲山に立つシンボル救世大観音。高さは33mあります

☞玄奘三蔵塔には西遊記で有名な玄奘三蔵法師の霊骨を祀っています。インド様式、中国様式、日本様式を取り入れた独創的な建物(右)。本堂には七観世音菩薩が安置されています(左)

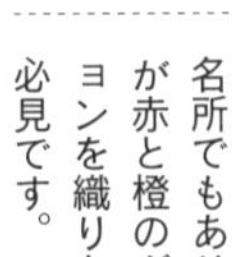

自転車御守 300円

☞馬頭観音の神通力でサイクリングの走行安全にご利益があります

輪木り 300円

☞裏に願い事を書き、山頂の救世大観音の下で山へ向かって投げ飛ばします

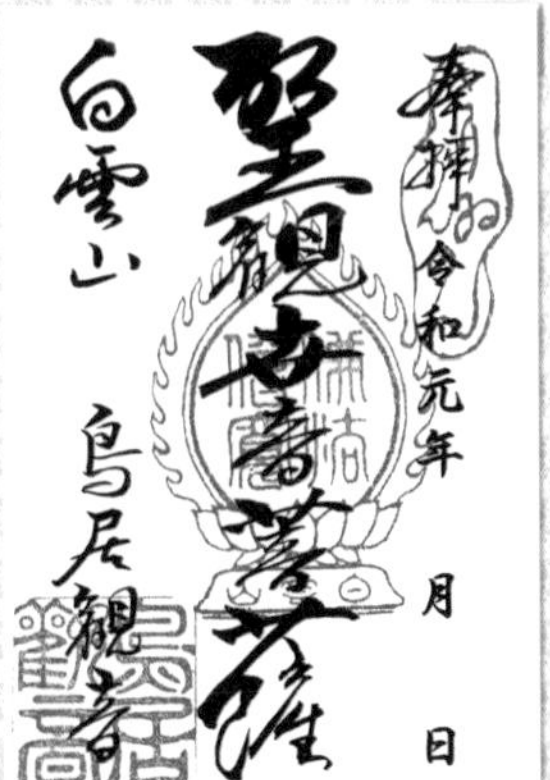

右の字…奉拝/中央の字…聖観世音菩薩/左の字…上:白雲山 下:鳥居観音/右の印…鳥居観音/中央の印…仏法僧宝(三宝印)白雲山/左の印…鳥居観音

☞御朱印は寺務所でいただけます。御朱印帳ではなく書置きになります

DATA 鳥居観音

単立寺院

白雲山《はくうんざん》

七観世音菩薩《しちかんぜおんぼさつ》

昭和15年(1940)

入母屋造《いりもやづくり》

住 飯能市上名栗3198

交 西武池袋線飯能駅から国際興業バスで40分、連慶橋下車、徒歩5分

料 徒歩200円、車500円(紅葉時期は料金の変動あり)
※水曜不定休

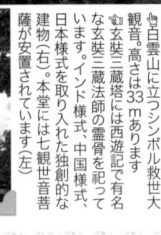

山道は気をつけて運転しましょう

飯能駅
↓ 車で35分
❶ 鳥居観音
↓ 車で30分
❷ 竹寺(八王寺)
↓ 車で25分
子ノ権現天龍寺

ココだけの御朱印帳!
☞茅の輪の刺繍が施された印象的なデザインの御朱印帳。上品な色づかいも素敵です。1500円

2 11:00 竹寺(八王寺)

●たけでら(はちおうじ)

山岳信仰の道場として千余年の歴史があり、神仏習合の姿を今も残している東日本唯一の寺院。武蔵野観音霊場第33番結願寺のほか、奥武蔵俳句寺としても知られ、境内には俳人の句碑が多く残されています。春と秋に催される、住職の法話を聴きながら竹の器でいただく季節の精進料理も評判です。

右の字…奉拝／中央の字…上・神仏習合 下・牛頭天王／左の字…上・武州 下・竹寺／右の印…牛頭天王／中央の印…仏法僧宝(三宝印)／左の印…医王山八王寺

☞神仏習合の文字が書かれた珍しい本尊牛頭天王の御朱印。天王さまと呼ばれています

右の字…奉拝
中央の字…聖観世音
左の字…竹寺
右の印…武蔵野三十三番
中央の印…サ(梵字) 聖観世音菩薩
左の印…医王山八王寺

☞観音堂に祀られている聖観世音の御朱印

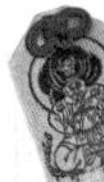

ご利益おもちかえり

牛頭天王守り 500円
☞牛頭天王の姿が描かれたお守り。疫難消除、除災招福、出世開運にご利益が

蘇民将来護符(小) 1500円
☞牛頭天王が茅の輪による災難除けを伝授した伝承に基づくお守りです

茅の輪をくぐり牛頭天王におまいり

☞境内のいちばん奥にある牛頭天王が祀られている本殿 ☞境内に立つ勇ましい姿の牛頭明王像(右)。本殿前の鳥居にある茅の輪。これをくぐって心身の清浄を願います(左)

文人墨客が訪れた歴史ある古刹で心身の清浄を願う

「竹気」のパワーを感じてみましょう

DATA 竹寺(八王寺)
天台宗《てんだいしゅう》
医王山《いおうざん》 牛頭天王《ごずてんのう》
天安元年(857)
なし
住 飯能市南704
交 西武池袋線飯能駅から車で30分
料 無料

③ 竹寺(八王寺) ←車で25分← 子ノ権現天龍寺
④ ←車で25分← 秩父御嶽神社
⑤ ←車で25分← 観音寺
←車で5分← 飯能駅

西武池袋線に沿って南東に進みます

ご本尊へ履物を奉納し願いをかける足腰守護の寺として有名

3 12:30 子ノ権現天龍寺《ねのごんげんてんりゅうじ》

延 喜11年(911)子ノ聖がこの地に十一面観音を祀り天龍寺を創建したことが起源。境内には大きな鉄のワラジがあり、足腰守護のご利益があるとされ、スポーツ選手のおまいりも多いとか。境内の見晴し処からの山並みの眺望は絶景で、天気が良ければ筑波山やスカイツリーが見えるそうです。

☞黒門をくぐると現れる仁王像。邪悪なものを退治してくれます

☞境内にある重さ2tの日本一の鉄のワラジは信仰のシンボルに ☞本堂には元三大師、十一面観音、不動明王が合祀されています

足腰の健康を願いおまいりしましょう

右の字…上・奉拝 下・大鱗山/中央の字…子ノ聖大権現/左の字…天龍寺/右の印…日本一体子ノ聖大権現/中央の印…バク(梵字)釈迦如来/左の印…子ノ山天龍寺

☞子ノ聖大権現の御朱印。本坊で8時から16時までいただけます

ご利益おもちかえり

足腰守り 500円

☞足腰の健康にご利益があるお守り。ワラジが描かれていて、色は3色

足腰健康守り 500円

☞カラフルなミニワラジがかわいいお守り。ワラジのデザインは多種あります

DATA 子ノ権現天龍寺
天台宗《てんだいしゅう》 大鱗山《だいりんざん》
子ノ聖大権現《ねのひじりだいごんげん》
延喜11年(911) なし
住 飯能市南461
交 西武池袋線飯能駅から車で40分
料 無料

立ち寄りスポット

☞鮮やかな色のムーミン屋敷は、細かい部分まで忠実に物語の世界を再現 ☞ショッピングエリアやレストランなどがあるメッツァビレッジ

© Moomin Characters ™

北欧の世界へ

北欧のライフスタイルを体験できるメッツァビレッジと、ムーミンの物語の世界を楽しめるムーミンバレーパークからなる施設。宮沢湖周辺の地形や自生している植物は可能な限りそのままに造られているのも特徴です。

メッツァめっつぁ
☎ 0570-001-630 (ナビダイヤル)
住 飯能市宮沢327-6
交 西武池袋線飯能駅から有料直通バスで13分、メッツァ下車、徒歩すぐ
時料 施設により異なる
休 不定休

☞テーマごとにハーブが植えられた薬香草の丘 ☞季節によって異なるハーブや花を見られます

一面ハーブに囲まれて

植物の魅力を楽しめるメディカルハーブの複合施設。ハーブなどを使ったワークショップも定期的に開催しています。

生活の木 メディカルハーブガーデン 薬香草園
せいかつのき めでぃかるはーぶ がーでん やっこうそうえん
☎ 042-972-1787
住 飯能市美杉台1-1
交 西武池袋線飯能駅から西武バス美杉台ニュータウン行きなどで4分、美杉台小学校下車、徒歩すぐ
時 10時～18時30分(一部施設により異なる)
休 月曜(祝日の場合は営業)
料 無料

4 14:00 秩父御嶽神社 ●ちちぶおんたけじんじゃ

木 曽御嶽山を本山とする御嶽信仰の神社で、東郷平八郎元帥ゆかりの東郷公園を境内としています。1万5000坪の境内をめぐるには1時間以上かかるので時間に余裕をもって。11月にはもみじまつりが開かれ、境内が真っ赤に染まる絶景が楽しめます。

木曽御嶽山が本山 広大な境内の山全体がパワースポットに

急峻な山に立つ本殿で運気アップ

☝頂上本殿はおまいりするときに木曽の御嶽山を遥拝する向きに立っています ☝本殿下の368段の石段はゆっくり上りましょう

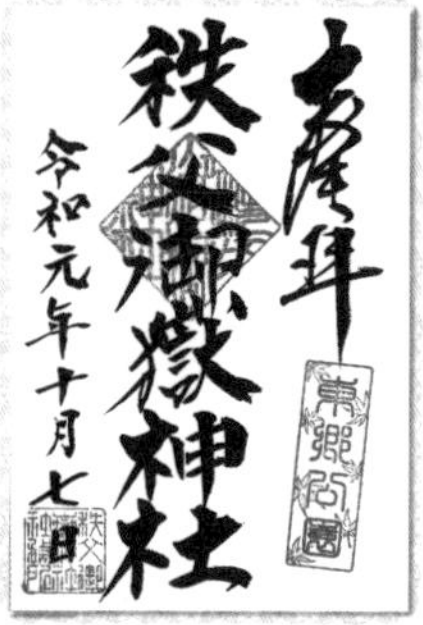

右の字…奉拝
中央の字…秩父御嶽神社
右の印…東郷公園
中央の印…秩父御嶽神社
左の印…秩父御嶽神社社務所

☝力強い筆使いが印象的な御朱印

ご利益 おもちかえり

至誠通天勝守 600円

☝東郷元帥から賜った言葉で、「誠を尽くせば願いは天に通じる」という意味

通天絵馬 500円

☝東郷元帥の言葉「通天」の絵馬。真摯な気持ちで願い事を書きましょう

ココだけの御朱印帳！

☞センの木を使用したシンプルで高級感あふれる御朱印帳。1800円(御朱印料込み)

DATA 秩父御嶽神社
国常立尊《くにとこたちのみこと》・大己貴命《おおなむちのみこと》・少彦名命《すくなひこなのみこと》
明治28年(1895) 流造《ながれづくり》
住 飯能市坂石580
交 西武池袋線吾野駅から徒歩20分
料 無料(もみじまつり期間は100円)

5 15:30 観音寺 ●かんのんじ

入 間川の近くの緑に囲まれた場所にある寺院。武蔵野七福神の寿老人、四国八十八カ所霊場でもあり、市民の篤い信仰を集めてきました。境内にはアニメにも登場した白象や松尾芭蕉の句碑などもあり、夏は蓮の花が参拝者の目を楽しませてくれます。

静かな市街地に立つ市民のよりどころとなっている古刹

市内とは思えない自然豊かな境内

☝不動堂には不動明王や寿老人が安置されています ☝厄落の玉は落として砕くことによって厄難を砕きます

右の字…奉拝／中央の字…寿老人／左の字…観音寺／右の印…上・七福神 下・武蔵野七福神／中央の印…寿老人／左の印…飯能観音寺

☞武蔵野七福神の御朱印。ほかに如意輪観音の御朱印もあります

こちらもCHECK！

境内で味わうお寺うどん

境内の小さな小屋で営む手打ちうどん店。営業は金～日曜で、10時～売り切れ次第閉店なので早めにどうぞ。

☞うどん310円、ちくわ天120円。地粉を使ったコシのある手打ちうどん

DATA 観音寺
真言宗《しんごんしゅう》 般若山《はんにゃさん》
如意輪観世音菩薩《にょいりんかんぜおんぼさつ》
弘仁元年(810) なし
住 飯能市山手町5-17
交 西武池袋線飯能駅から徒歩20分
料 無料

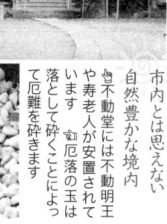

長瀞

豊かな自然と歴史を感じながら、秋の七草を愛でる旅に出発!

秋の長瀞七草寺をめぐる御朱印旅

長瀞町では晩夏から初秋にかけて「長瀞七草寺めぐり」を開催しています。町内7つのお寺に咲く秋の七草を愛でながら心癒やされる御朱印旅を満喫しましょう!

町全体が県立長瀞玉淀自然公園に指定されている長瀞町。景勝地として有名な長瀞渓谷や宝登山の豊かな自然に抱かれた町内には、秋の七草を1種類ずつ植えた7つのお寺が点在しています。秋の七草とは、万葉の歌人・山上憶良に詠われた萩、尾花《おばな》、葛、撫子《なでしこ》、女郎花《おみなえし》、藤袴《ふじばかま》に桔梗《ききょう》を加えた七つの草花のこと。さわやかな秋の風を感じながら、境内に咲く七草の美しい景色と出合う御朱印旅に出かけましょう。

秩父路に春を告げる関東一の規模を誇る長瀞火祭りが有名

撫子《なでしこ》

1 9:40 不動寺 ●ふどうじ

昭和55年(1980)に品川寺《ほんせんじ》三十一世・仲田順和和上が開山。本尊の不動明王は東京・池袋で池袋不動と呼ばれて信仰を集めたのち、品川寺を経てこの地に安置されました。毎年3月の第1日曜に「長瀞火祭り」が開催され、開運厄除を祈願する火渡荒行が行われます。

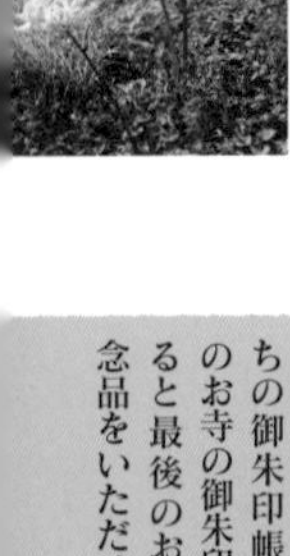

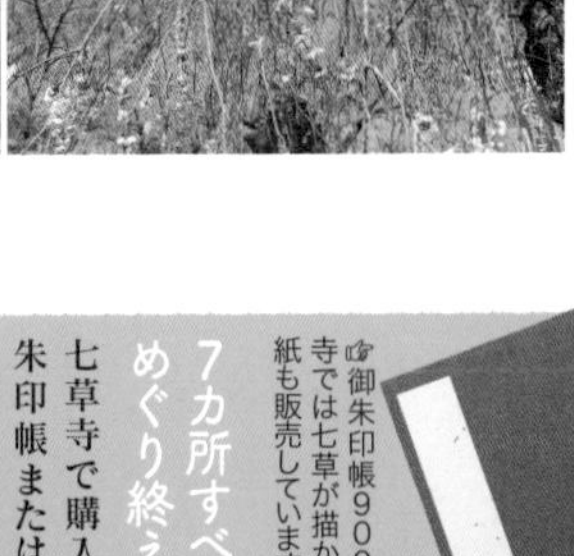

参道沿いに咲く枝垂れ梅も見どころ
2月下旬～3月上旬にかけて参道沿いを彩る枝垂れ梅(右)、9月下旬～10月上旬には境内に植えられた1万株の白い曼珠沙華(左)が美しく咲く花の景色と出合えます

長瀞で七草寺と御朱印さんぽを満喫するために

長瀞七草寺の楽しみ方

七草寺は長瀞町内に点在し、最寄駅から離れた場所も多く、徒歩でめぐると距離にして約15km、約4時間ほどかかるため、車や自転車での移動がおすすめ。長瀞町観光協会では電動式自転車を貸し出しているのでチェック。七草寺霊場会事務局のある不動寺を最初に訪れ、各お寺の情報と御朱印帳を手に入れて出発しましょう。

御朱印帳900円。不動寺では七草が描かれた花色紙も販売しています

7カ所すべてめぐり終えたら

七草寺で購入した御朱印帳または、手持ちの御朱印帳に7つのお寺の御朱印を集めると最後のお寺で記念品をいただけます。

❶ 真性寺 ←車で8分← 不動寺 ←車で8分← 長瀞駅

宝登山ロープウェイの乗り場も近くにあります

のどかな景色が待っています

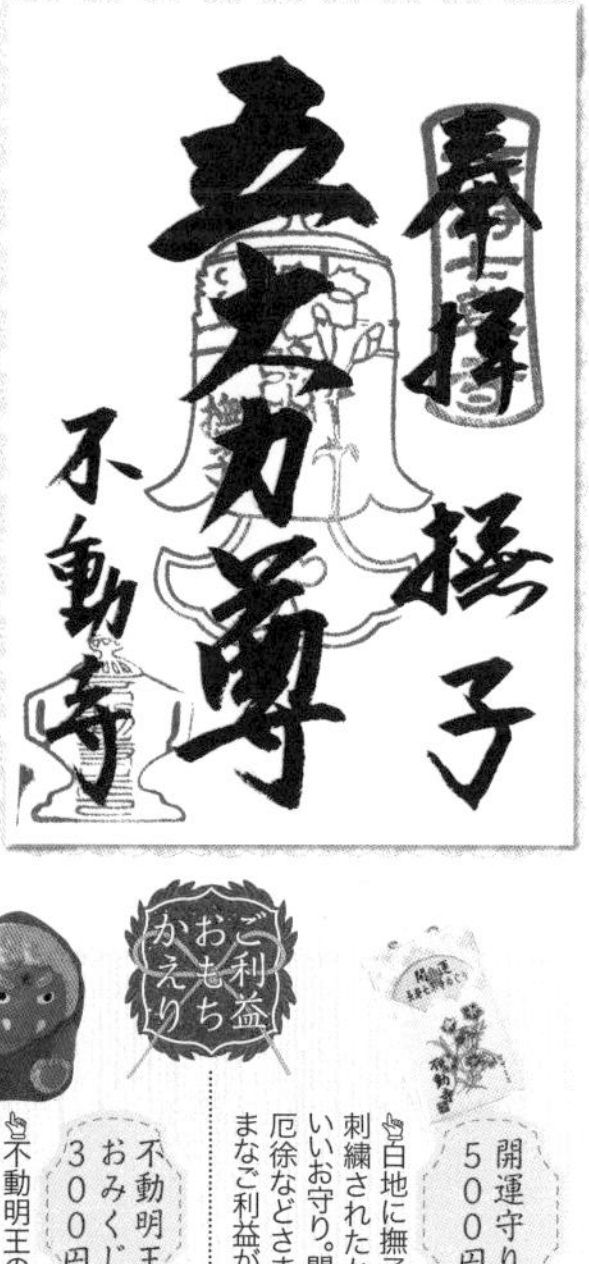

右の字……上・奉拝
下・撫子
中央の字…五大力尊
左の字……不動寺
右の印……長瀞七草寺
中央の印…撫子
左の印……不動寺

☞無人の場合は、書置きの御朱印で対応。御朱印料は料金箱へ奉納しましょう

七草寺めぐりの記念にぴったり

☞七草のイラストが描かれた花色紙。縦タイプは本尊入り。各1000円で御朱印料は各寺にて別途200円が必要になります

長瀞七草寺めぐり

DATA 不動寺
真言宗《しんごんしゅう》
長瀞山《ちょうしょうざん》
不動明王《ふどうみょうおう》
昭和55年(1980)　なし
住 長瀞町長瀞1753-1
交 秩父鉄道長瀞駅から徒歩15分
料 無料

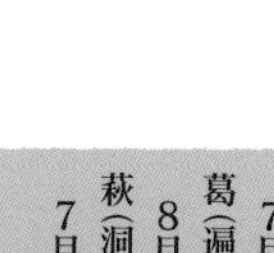

撫子絵馬 300円

☞ピンク色の撫子が描かれた絵馬に願い事をしたためて境内に奉納しましょう

ご利益 おもちかえり

不動明王おみくじ 300円

☞不動明王の愛らしい表情にほっこり。赤い紐を引くとおみくじが出てきます

開運守り 500円

☞白地に撫子が刺繍されたかわいいお守り。開運厄除などさまざまなご利益が

花の開花時期をチェック！

開花時期に合わせてカメラ片手にめぐるのもおすすめです！

撫子（不動寺）
7月下旬～10月上旬
女郎花（真性寺）
7月中旬～9月下旬
藤袴（法善寺）
9月上旬～10月上旬
桔梗（多宝寺）
7月下旬～9月下旬
尾花（道光寺）
7月下旬～10月上旬
葛（遍照寺）
8月上旬～9月中旬
萩（洞昌院）
7月中旬～9月下旬

巡回バスやイベントもあり

「長瀞七草寺めぐり」の期間中は、無料巡回バスが運行（9月の平日限定）。また、「長瀞七草めぐりハイキング」、秋の七草の写真などを車内に展示する「秩父鉄道秋の七草トレイン」、「七草俳句コンクール」など楽しいイベントが開催されます。

不動寺
←車で8分←
❷ 真性寺
←車で4分←
❸ 多宝寺
←車で4分←
❹ 法善寺
←車で7分←
❺ 道光寺
←車で10分←
❻ 遍照寺
←車で7分←
❼ 洞昌院
←車で7分←
長瀞駅

荒川に沿って北に進みます

最後のお寺で記念品をいただきましょう

右の字…上・奉拝　下・女郎花／中央の字…不動明王／左の字…東谷山真性寺／右の印…長瀞七草寺／中央の印…女郎花／左の印…真性密寺

☞期間中以外は書置きの御朱印で対応。御朱印料は料金箱へ奉納しましょう

☞中世に造立された供養塔として町の有形文化財に指定されている青石塔婆

黄色い女郎花と白い男郎花の美しき花の競演

2 10:45 真性寺●しんしょうじ

大化2年（646）に建立、室町時代末期に本尊の不動明王が安置された古刹。寺宝として弘法大師の作と伝えられる秘仏の薬師如来像、秩父古生層の砂岩を含む猿岩が本堂に祀られています。七草の女郎花と合わせて白花の男郎花を観賞できるのも魅力です。

☞赤い屋根の本堂。1m前後まで成長した女郎花が参道沿いを色鮮やかに染める風景を楽しめます

静けさに包まれた境内

DATA 真性寺
真言宗《しんごんしゅう》
東谷山《とうやさん》
不動明王《ふどうみょうおう》
大化2年(646)
なし
住 長瀞町本野上436
交 秩父鉄道野上駅から徒歩10分
料 無料

ちょっとひと休み

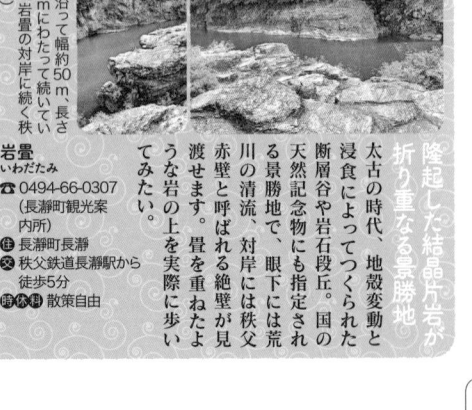

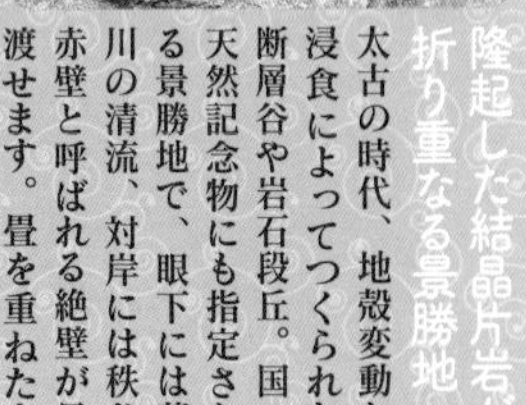

☞荒川に沿って幅約50m、長さ約600mにわたって続いています(右)。岩畳の対岸に続く秩父赤壁(左)

隆起した結晶片岩が折り重なる景勝地

太古の時代、地殻変動と浸食によってつくられた断層谷や岩石段丘。国の天然記念物にも指定される景勝地で、眼下には荒川の清流、対岸には秩父赤壁と呼ばれる絶壁が見渡せます。畳を重ねたような岩の上を実際に歩いてみたい。

岩畳
いわだたみ
☎ 0494-66-0307（長瀞町観光案内所）
住 長瀞町長瀞
交 秩父鉄道長瀞駅から徒歩5分
時休料 散策自由

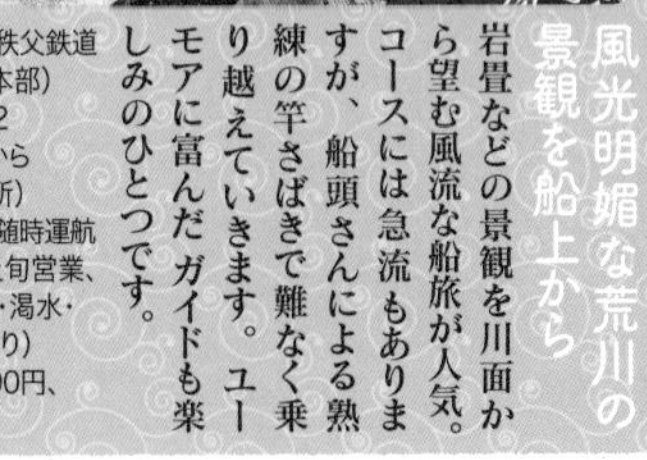

☞見どころのひとつでもある急流ポイント・小滝の瀬。水の流れが二手に分かれ、川幅が狭くなることにより、急な流れになります

風光明媚な荒川の景観を船上から

岩畳などの景観を川面から望む風流な船旅が人気。コースには急流もありますが、船頭さんによる熟練の竿さばきで難なく乗り越えていきます。ユーモアに富んだガイドも楽しみのひとつです。

長瀞ラインくだり
ながとろらいんくだり
☎ 0494-66-0950(秩父鉄道長瀞ラインくだり本部)
住 長瀞町長瀞489-2
交 秩父鉄道長瀞駅から徒歩1分(受付場所)
時 9～16時頃の間に随時運航
休 3月上旬～12月上旬営業、期間中無休(増水・渇水・荒天による運休あり)
料 A・Bコース各1800円、全コース3300円

紫、ピンク、白の可憐な桔梗が咲く境内をおさんぽ

3 多宝寺《たほうじ》

11:30

元 享元年(1321)、英明法印により創建。行基の作とされる十一面観音菩薩を本尊とする古寺で、老朽化により現在の本堂、客殿、庫裡は昭和55年(1980)に建立されました。歌川広重調の筆法で描かれた風俗画『奉納絵馬』は町指定有形文化財です。

右の字…奉拝／中央の字…右・ききょう　左上・キャ(梵字)十一面観世音　左下・十一面観世音／左の字…金玉山多宝寺／右の印…上・長瀞七草寺　下・良縁吉祥／中央の印…桔梗／左の印…金玉山多宝寺

☞留守の場合は書置きの御朱印です。御朱印料は料金箱へ奉納しましょう

埼玉の柔術家の記念碑にも注目

☝風格漂う木造建築の本堂。境内に柔術家・福田柳儀斉の記念碑が建立されています

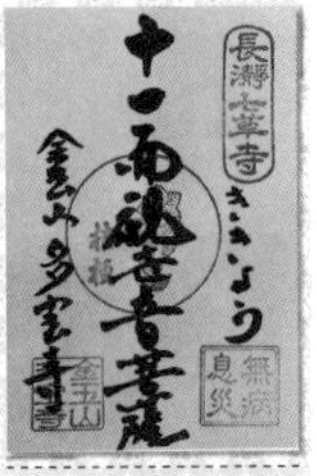

右の字…ききょう／中央の字…十一面観世音菩薩／左の字…金玉山多宝寺／右の印…上・長瀞七草寺　下・無病息災／中央の印…桔梗／左の印…金玉山多宝寺

右の字…ききょう／中央の字…上・キャ(梵字)十一面観世音　下・十一面観世音／左の字…金玉山多宝寺／右の印…上・長瀞七草寺　下・無病息災／中央の印…桔梗／左の印…金玉山多宝寺

☞🖎埼玉県・小川町の伝統工芸品として受け継がれている小川和紙を用いた御朱印もいただけます

DATA 多宝寺
真言宗《しんごんしゅう》　金玉山《きんぎょくざん》
十一面観世音菩薩《じゅういちめんかんぜおんぼさつ》
元享元年(1321)　なし
住 長瀞町本野上40-1
交 秩父鉄道野上駅から徒歩10分
料 無料

春は枝垂れ桜、秋は藤袴に迎えられる由緒正しき古刹

4 法善寺《ほうぜんじ》

12:15

一 家胤西堂《いっけいんせいどう》和尚が開山、初代天神山城主の藤田康邦が開基となり創建。十一面観音菩薩像、阿弥陀三尊仏、獅子・竜・虎の3面を描いた後藤茂右衛門作の欄間彫刻など数多くの文化財を今に伝え、長瀞七草寺めぐりの期間中や桜の季節に拝観できます。

町の天然記念物枝垂れ桜の名所

☞東西16mに枝を張る笠鉾のような美しさが見事です　☝樹齢100余年の「与楽の地蔵ざくら」と「阿弥のさくら」が町指定天然記念物に

右の字…藤袴／中央の字…南無阿弥陀如来／左の字…金嶽山法善寺／右の印…長瀞七草寺／中央の印…藤袴／左の印…法善禅寺

☞長瀞七草寺めぐり期間以外でも御朱印帳に書いていただくことができます

☞素朴な音色を奏でる手描きの土鈴。七寺の土鈴を揃えて飾るのも◎

DATA 法善寺
臨済宗《りんざいしゅう》　金嶽山《きんがくざん》　阿弥陀如来《あみだにょらい》
文明8年(1476)　入母屋造《いりもやづくり》
住 長瀞町井戸476
交 秩父鉄道野上駅から徒歩40分
料 無料

尾花《おばな》

佗びた雰囲気の境内と尾花が風になびく風情豊かな景色

5 13:15 道光寺 ●どうこうじ

文亀2年（1502）に泉福寺の十八世智猷《ちしゅう》大和尚が開山。享保年間（1716〜1736）の初めに戦火で焼失するも数年がかりで再興し、現在の本堂は宝暦2年（1752）に再建されました。本堂には鎌倉時代に活躍した仏師・運慶の作とされる釈迦三尊が祀られています。

佗び寂びが息づく禅寺

☝約40種類の尾花が植えられ、なかには紅葉する品種も。9月中旬頃に見頃を迎えるそうです ☝六地蔵尊が静かにたたずむ境内

右の字……尾花寺
中央の字…南無釈迦三尊
左の字……吉祥山道光寺
右の印……長瀞七草寺
中央の印…尾花
左の印……吉祥山道光寺

☞御朱印は七草寺めぐりの期間中（9〜17時）のみの対応となります

DATA 道光寺
臨済宗《りんざいしゅう》　吉祥山《きちじょうざん》　釈迦如来《しゃかにょらい》
文亀2年（1502）　なし
住 長瀞町岩田735
交 秩父鉄道樋口駅から徒歩13分
料 無料

葛《くず》

足腰痛にご利益あり！葛の花のトンネルをくぐって境内を散策

6 14:15 遍照寺 ●へんじょうじ

資料によると元亀年間（1570〜1573）以前に林《はやし》助之進国政《すけのしんくにまさ》が開基、開山は盛胤《せいいん》和尚と伝えられる古寺。本堂に等身大の役行者神変大菩薩を安置。本尊の役行者にちなみ、古くから足腰痛の平癒や小児の夜泣きなどにご利益があるといわれています。

甘い香り漂う葛のトンネル

☝☞10m以上も茎を伸ばし、紫色の花を咲かせる葛。境内や参道で甘い香りが漂う葛の花のトンネルを楽しめます

☞秋のお彼岸の時期に咲く曼珠沙華。赤色の花びらが鮮やかに境内を彩ります

右の字……上・奉拝　下・くず
中央の字…神変大菩薩
左の字……野上山 遍照寺
右の印……長瀞七草寺
中央の印…葛
左の印……遍照寺之印

☞期間中以外は書置きの御朱印で対応。御朱印料は賽銭箱に奉納しましょう

DATA 遍照寺
真言宗《しんごんしゅう》　野上山《のがみさん》　神変大菩薩《じんぺんだいぼさつ》
元亀（1570〜1573）以前　なし
住 長瀞町野上下郷2322
交 秩父鉄道野上駅から徒歩40分
料 無料

萩《はぎ》

関東三十六不動のひとつ
1万本の萩が咲く
日本一を誇る萩の寺

7 15:15 洞昌院

●とうしょういん

平

安時代に元仲法印によって建立。煩悩を断ち切り、幸運と繁栄を招く不動明王を本尊とする関東三十六不動のひとつ。境内に虚空蔵大菩薩を祀るお堂があり、毎年1月13日に開かれる縁日ではだるま市が立ち、大小の招福だるまと招き猫が並びます。

萩の美しさを詠んだ句碑も!

☞紅萩と白萩を合わせて1万本が咲く萩の寺「舞うごとし萩の寺いま夕暮れて」と萩の句を詠んだ金子兜太句碑も見学できます

右の字…上・奉拝 下・萩／中央の字…上・カーン(梵字)不動明王 下・不動明王／左の字…不動山 洞昌院／右の印…長瀞七草寺／中央の印…萩／左の印…真言宗不動山洞昌院

☞長瀞七草寺めぐり期間以外でも御朱印帳に書いていただけます

☞萩のイラストを添えた「花だより 一筆箋」350円(右)。吸収性に優れた「ガーゼてぬぐい 万葉百花」550円(左)

ご利益 おもちかえり

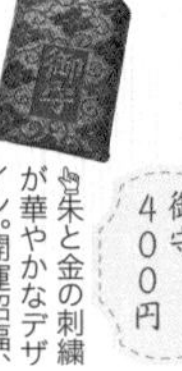

御守 400円

☞朱と金の刺繍が華やかなデザイン。開運招福、厄除けなどご利益は多彩

虚空菩薩の御守 500円

☞福徳円満を授ける虚空菩薩像のお守り。学問や商売繁盛などにご利益あり

DATA 洞昌院

真言宗《しんごんしゅう》　不動山《ふどうさん》

不動明王《ふどうみょうおう》

平安中後期(1100)頃　なし

住 長瀞町野上下郷2868

交 秩父鉄道野上駅から徒歩20分

料 無料

ちょっとひと休み

☞炭火で炙った香ばしい炙り豚みそ重1100円

お得に地元の味を

秩父・長瀞の郷土料理メニューが豊富に揃い、長瀞名物のざるそばをはじめ、季節ごとにさまざまな味を堪能できます。

ガーデンハウス有隣
がーでんはうすゆうりん

☎ 0494-66-0951
住 長瀞町長瀞704
交 秩父鉄道長瀞駅から徒歩10分
時 11～15時
休 不定休

☞蔵元秘伝みつのかき氷1200円。和三盆糖を天然氷と一緒に煮溶かした蜜が、氷の味をいっそうひきたてます

自家製の蜜も美味

ジャズが流れる店内は椅子やテーブルが木調で統一されており、シックな雰囲気です。

阿左美冷蔵 寶登山道店
あさみれいぞう ほどさんどうてん

☎ 0494-66-1885
住 長瀞町長瀞781-4
交 秩父鉄道長瀞駅から徒歩5分
時 10～17時(状況により早く閉店する場合あり)
休 火曜(8月は無休)

☞前菜、お造り、川魚の塩焼き、デザートが付く、ずりあげうどん会席3500円～

豪快な郷土料理

旅館・花のおもてなし長生館にある個室食事処。ずりあげうどんはコース料理のメイン。夏期限定の流しそうめんも人気です。

囲炉里庵花水木
いろりあんはなみずき

☎ 0494-26-5058
住 長瀞町長瀞449
交 秩父鉄道長瀞駅から徒歩3分
時 11時～14時30分LO
休 無休

さいたま市

与野《よの》七福《しちふく》神《じん》

鎌倉街道沿いの歴史ある町の神

旧与野市内、埼京線と大宮バイパスの間に広がる七福神で、歩いても2～3時間でめぐれる距離です。毎年、元旦から3日間が七福神の対応期間とされ、1月3日には七福神仮装パレードなども開催。例年、多くの人でにぎわいます。

開運を願って七福神におまいり！

開運招福

埼玉の七福神めぐり

社寺で七福神を拝んだり家に絵や像を祀り招福する信仰は室町時代から。埼玉には十数カ所の七福神があります。

所沢市　入間市　飯能市

武蔵《むさし》野《の》七福《しちふく》神《じん》

秘めやかに祀られる7柱の神をめぐる

所沢、入間、飯能各市の広い地域に点在する埼玉最古の七福神。御朱印の台紙の頒布は元旦～10日頃まで。飯能恵比寿神社は日曜のみ。

全箇所おまいりで開運グッズを手に入れよう！

七福神とは？

七福神は、恵比寿、大黒天、毘沙門天、弁財天、福禄寿、寿老人、布袋尊の7柱でそれぞれ招福や商売繁盛などのご利益があります。すべてを参拝すると開運効果もフルパワー。福を呼ぶ姿に癒やされます。

川越市

小江《こえ》戸《ど》川《かわ》越《ごえ》七《しち》福《ふく》神《じん》

江戸情緒が残る川越の七福神

蔵の街、菓子屋横丁など、小江戸の風情が楽しめる地域で、開運や諸願成就、健康増進などを願い七福神めぐりができます。

お正月の七福神めぐりはいっそうにぎやか！

まだある！ピックアップ7

街ごとの楽しいイベントにも注目してみよう！

越生町

武《む》蔵《さし》越《お》生《ご》七《しち》福《ふく》神《じん》

毎年1月4日に七福神めぐりのイベントが行われ、招福・長寿・蓄財を願う参拝者たちでにぎわいます。

北本市

北《きた》本《もと》七《しち》福《ふく》神《じん》

新春の北本の恒例行事。スタンプ台紙を手に市内の七福神をめぐり、各所でスタンプやクーポンをゲット！

秩父郡・市

秩《ち》父《ち》七《しち》福《ふく》神《じん》

秩父札所三十四ケ所観音霊場とは異なる古刹寺院で構成。車利用なら3時間で巡拝することもできます。

草加市

草《そう》加《か》宿《じゅく》七《しち》福《ふく》神《じん》

冬の風風物詩、スタンプラリー形式で楽しめる七福神めぐりです。元旦と3日は振る舞い甘酒もあります。

三郷市

三《み》郷《さと》七《しち》福《ふく》神《じん》

元旦から7日まで三郷市内の各寺院でスタンプラリーを開催。色紙（スタンプ台紙）の頒布も行います。

深谷市

深《ふか》谷《や》七《しち》福《ふく》神《じん》

深谷の七福神の寺社には「秋の七草」がそれぞれ植えられており、参拝とともに夏から秋の植物観賞も。

川口市

武《ぶ》州《しゅう》川《かわ》口《ぐち》七《しち》福《ふく》神《じん》

幕府の要所として栄えた頃から観音巡礼者でにぎわった川口。そのご利益を受け継ぐ七福神めぐりです。

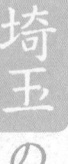

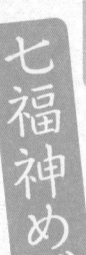

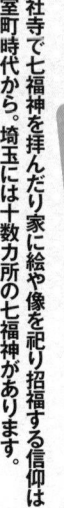

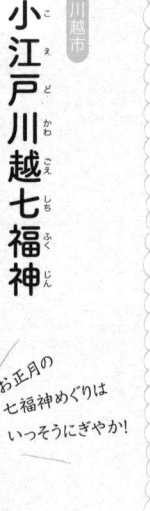

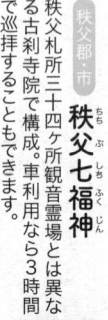

さくいん
五十音順

数字の色は紹介している章ごとに色分けしています
1章ほか　3章ほか　4章ほか　5章

掲載一覧マップ

数字はさくいん(P141)と対応しています
数字の色は紹介している章ごとに色分けしています
1章ほか　3章ほか　4章ほか　5章

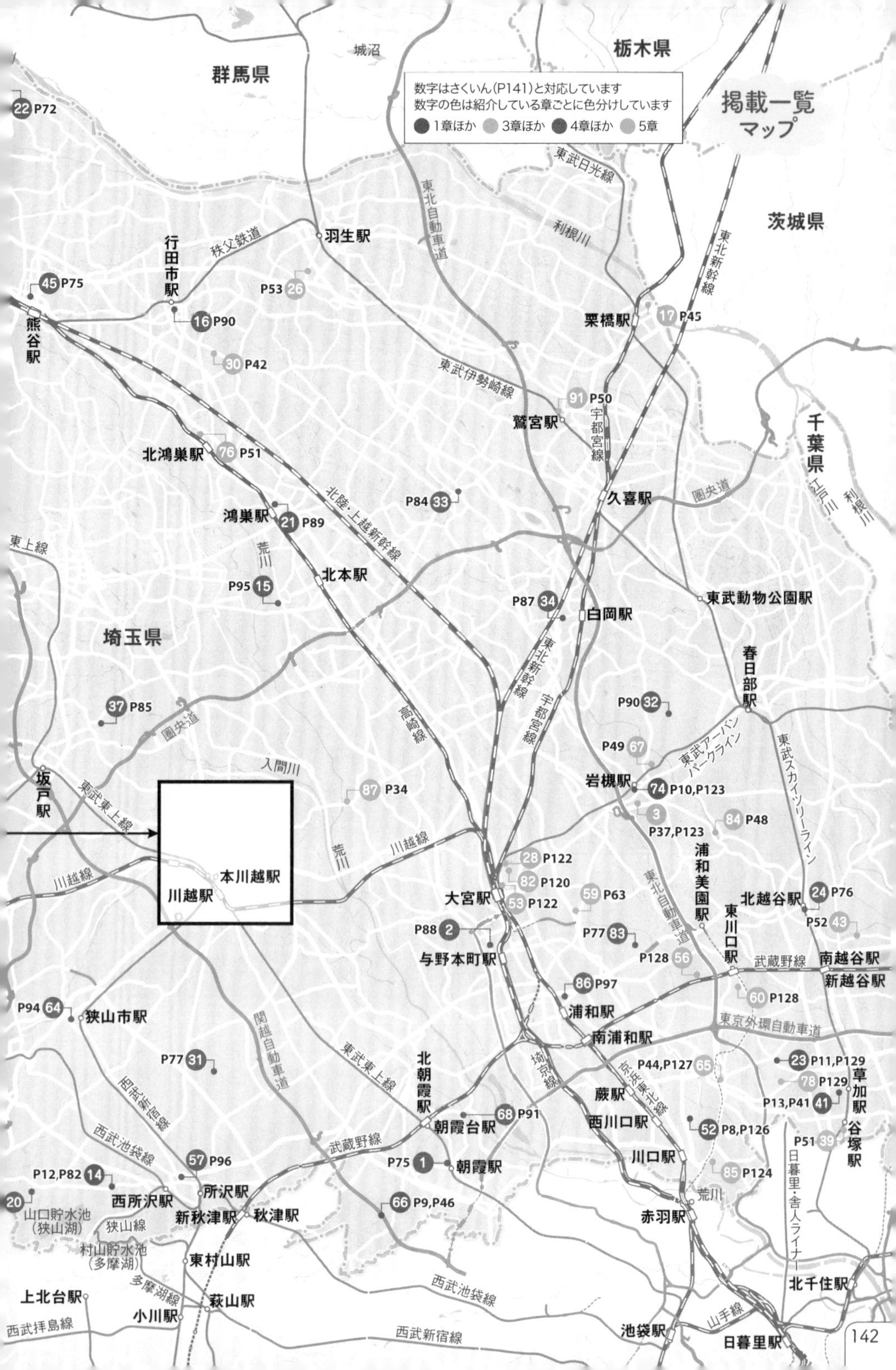

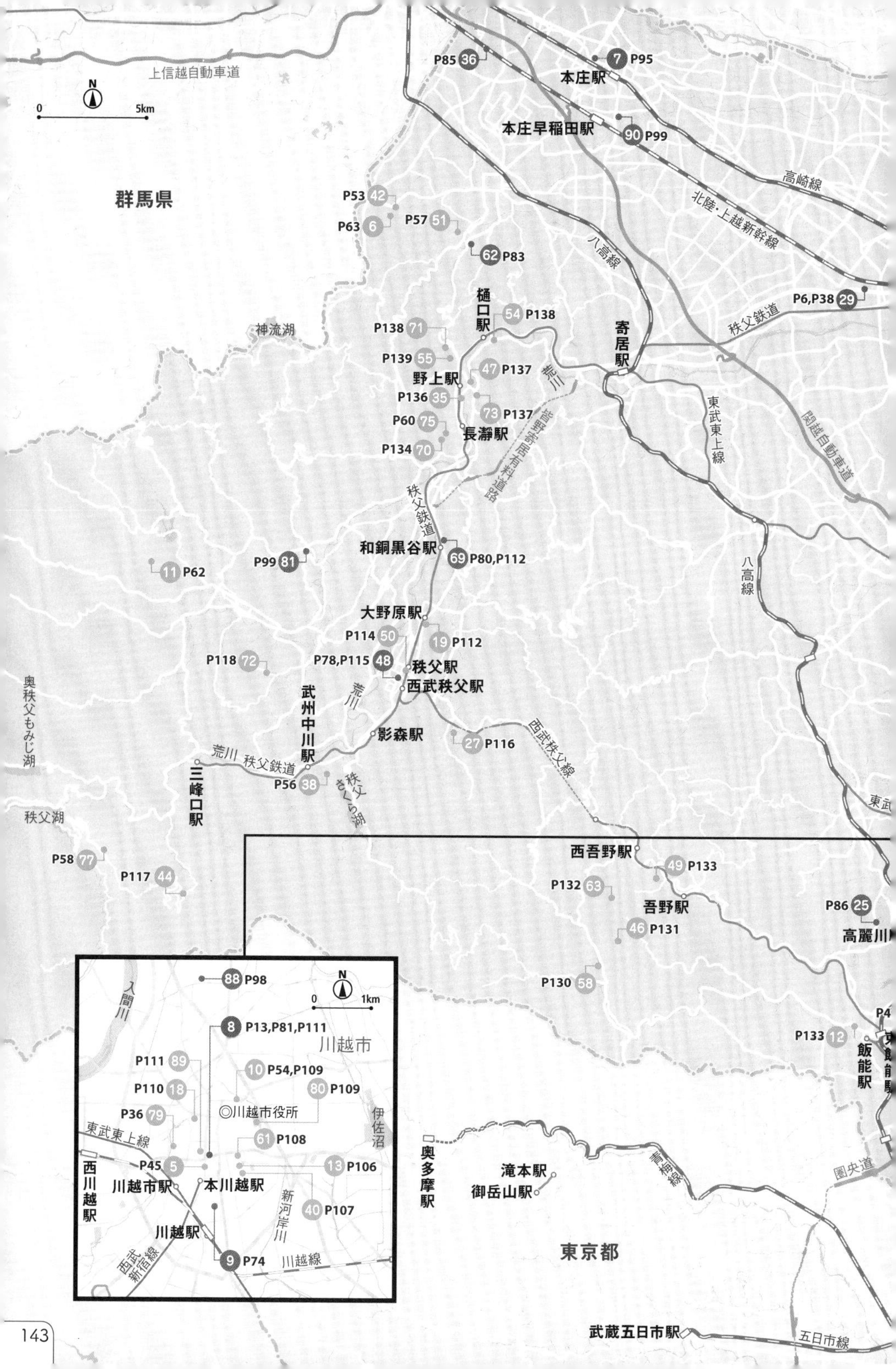
上信越自動車道
0 5km
群馬県
本庄駅
P95 7
P85 36
本庄早稲田駅
90 P99
高崎線
北陸・上越新幹線
八高線
P53 42
P63 6
P57 51
62 P83
樋口駅
54 P138
P6,P38 29
秩父鉄道
寄居駅
神流湖
P138 71
P139 55
野上駅
47 P137
P136 35
73 P137
P60 75
長瀞駅
P134 70
荒川
皆野寄居有料道路
東武東上線
関越自動車道
秩父鉄道
和銅黒谷駅
69 P80,P112
P99 81
11 P62
八高線
大野原駅
P114 50
19 P112
P118 72
P78,P115 48
秩父駅
西武秩父駅
奥秩父もみじ湖
武州中川駅
荒川
影森駅
27 P116
西武秩父線
荒川 秩父鉄道
三峰口駅
P56 38
秩父さくら湖
秩父湖
東武
西吾野駅
49 P133
P58 77
P117 44
P132 63
吾野駅
P86 25
46 P131
高麗川
P130 58
P4
P133 12
飯能駅
奥多摩駅
滝本駅
御岳山駅
青梅線
圏央道
東京都
武蔵五日市駅
五日市線
入間川
88 P98
0 1km
8 P13,P81,P111
川越市
P111 89
10 P54,P109
P110 18
80 P109
◎川越市役所
伊佐沼
P36 79
東武東上線
61 P108
西川越駅
P45 5
13 P106
川越市駅
本川越駅
新河岸川
40 P107
川越駅
西武新宿線
9 P74
川越線

御朱印さんぽ
埼玉 秩父・川越の寺社

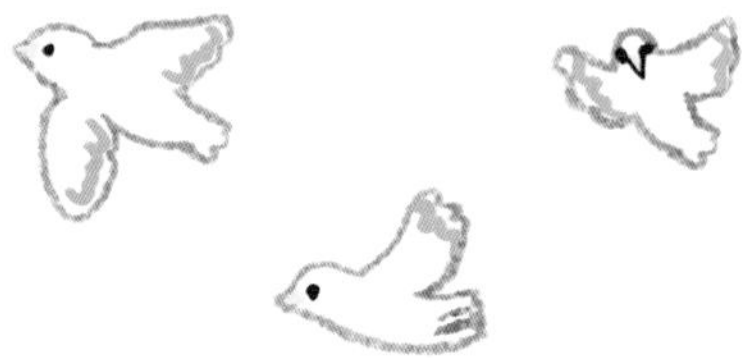

2019年12月15日 初版印刷
2020年 1月 1日 初版発行

●編集人
岡 陽子
●発行人
今井敏行
●発行所
JTBパブリッシング
〒162-8446 東京都新宿区払方町25-5
https://jtbpublishing.co.jp/
●編集・制作
時刻情報・MD事業部(櫻井昌子・桜井晴也)
●取材・執筆・撮影・編集協力
K&Bパブリッシャーズ・
舟橋愛(able-fool)・矢羽野晶子・
I&M(岩下宗利、室田美々)・
雪岡直樹・篠原史紀・堀井美智子・中島亮
●イラスト
入江めぐみ
●表紙デザイン
川口繁治郎+リバーズ・モア
●地図
アトリエ・プラン
●印刷所
大日本印刷

図書のご注文は、営業部 直販課
☎03-6888-7893
本書の内容については、時刻情報・MD事業部
☎03-6888-7846

194566　807660
ISBN978-4-533-13718-1 C0026
●落丁・乱丁はお取替えいたします。
●おでかけ情報満載
https://rurubu.jp/andmore

※本書掲載のデータは2019年10月末日現在のものです。
※拝観料等のデータや御朱印の内容は、発行後に変更になることがあります。また、各種データを含めた掲載内容の正確性には万全を期しておりますが、おでかけの際はHP等で事前にご確認ください。なお、本書に掲載された内容と実際が異なることによる損害等は、弊社では補償いたしかねますので、あらかじめご了承ください。
※本書掲載の拝観料等の料金は、大人料金です。原則として取材時点で確認した消費税込みの料金です。税率改定等により、各種料金が変更されることがありますので、ご注意ください。
※定休日は原則として年末年始・お盆・ゴールデンウィーク・臨時休業は省略しています。
※交通アクセス等における所要時間は、目安の時間となります。とくにバスでは渋滞による遅延等が起きる可能性がありますことをご了承ください。

諸ガイド
807660

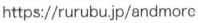